Kallimni 'Arabi fi Kull Haaga

International Language Institute, Cairo
International House

The Kallimni 'Arabi series:
Kallimni 'Arabi Bishweesh
Kallimni 'Arabi
Kallimni 'Arabi Aktar
Kallimni 'Arabi Mazboot
Kallimni 'Arabi fi Kull Haaga

كَلِّمْنِي عَرَبِي فِي كُلْ حَاجَة

Kallimni 'Arabi
fi Kull Haaga

A Higher Advanced Course
in Spoken Egyptian Arabic 5

Samia Louis

Illustrations by
Nessim Guirges

The American University in Cairo Press
Cairo • New York

First published in 2009 by
The American University in Cairo Press
113 Sharia Kasr el Aini, Cairo, Egypt
420 Fifth Avenue, New York, NY 10018
www.aucpress.com

International Language Institute, Cairo (www.arabicegypt.com), is affiliated
to International House, London.

Dar el Kutub No. 13902/08
ISBN 978 977 416 224 4

Dar el Kutub Cataloging-in-Publication Data

Louis, Samia
    Kallimni 'Arabi fi Kull Haaga: A Higher Advanced Course in Spoken Egyptian Arabic /
    Samia Louis.—Cairo: The American University in Cairo Press, 2008
        p.   cm.
        ISBN 977 416 224 2
1. Arabic language—Study and teaching   I. Title
        492.707

1 2 3 4 5 6 7 8   14 13 12 11 10 09

Printed in Egypt

Contents المحتويات

الشكر والتقدير

Acknowledgments

I would like to thank **Colin Rogers**, the CEO and founder of the International Language Institute (ILI), whose vision and support made this series happen. Mr. Rogers provided all the necessary finances for consultants, an artist, and a recording studio, and most of all believed in our capabilities.

Mohamed Amer, Project Manager who edited the work and helped with the recording.

Hoda Adeeb, director of studies at the ILI, for sharing her opinions, grammatical analysis, editing the text, and for providing teacher support in recording.

The **ILI** teaching staff for recording and pioneering the book in class, and giving their constructive feedback and suggestions.

Dalia Abou El Ezz, who helped with the illustrations and editing the work on computer.

Mafdy Thabet, Dream Studio sound engineer, for his special sound effects and professionalism in producing the CD.

Nessim Guirges, the artist, who, with forty years of experience in illustrating children's books and working for newspapers, has made the illustrations so helpful as a teaching aid.

Master Media managing director, **Dr. Sabry Botros**, and his staff for editing and designing the book.

The staff of **AUC Press**, especially **Neil Hewison**, associate director for editorial programs, and **Nadia Naqib**, managing editor, for their meticulous work.

Kallimni 'Arabi Fi Kull Haaga
Introduction - مقدمة

Kallimni 'Arabi fi Kull Haaga is a two-level multi-skills course for high-advanced–superior students who have completed upper intermediate and mid-advanced courses in Egyptian colloquial Arabic, and follows on from the other books in the Kallimni 'Arabi series—*Kallimni 'Arabi Bishweesh, Kallimni 'Arabi Aktar, and Kallimni 'Arabi Mazboot*—acclaimed as one of the most successful series of Egyptian colloquial Arabic coursebooks for adult learners of Arabic worldwide.

The course combines authentic everyday cultural content, comprehensive grammar, and real-life functional language. It follows the guidelines for teaching and learning Arabic of the American Council for Teaching Foreign Languages (ACTFL) and therefore covers the four skills of listening, speaking, reading, and writing, with particular emphasis on speaking, structure, and vocabulary.

This course seeks to develop both fluency and accuracy in Arabic through a topic-based syllabus. Interesting topics have been chosen to provide maximum opportunities for speaking and discussion, promoting both linguistic and communicative skills.

Methodology:
Students using this book will be able to:
- Communicate fluently, accurately and effectively in Arabic, conversing on a variety of different topics in formal and informal settings from both concrete and abstract perspectives.
- Discuss their interests and special fields of competence, explain complex matters in detail, and compose lengthy and coherent narrativs.
- Discuss their opinions on a number of topics, such as social and political issues, and employ structured arguments to support their opinions.
- Construct and develop hypotheses to explore alternative possibilities.
- Use a variety of interactive and discourse strategies.
- Consistently explain their opinions or ideas in detail and narrate fully and accurately in all time frames.

Course Length
The material of this course provides 80 to 100 hours of class instruction. In situations where more time is available, the teacher may use the section in each unit entitled More Culture and Chatting. To enhance the learning process the author also provides film clips, extracts from TV programs, real life interviews, field surveys by students, and a range of suggested social issues for discussion. The teacher therefore has a wide range of materials that can be used and is able to extend or shorten the course according to the needs and preferences of the students.

Course Components and Organization
Kallimni 'Arabi fi Kull Haaga is composed of a book of eight units, an MP3 CD of audio files (indicated throughout the book by an icon of a CD), and a DVD of video files (indicated by an icon of a TV). Each unit is organized around a central topic or theme and is divided into two lessons that complement each other by taking the topic from a different perspective. Each lesson also provides different language functions, grammar, and structures.

The units consist of:
Presentation A
This consists of 2 parts:
The first part begins with a video program called 'People's Opinions,' in which the interviewer asks various people about the topic of the unit. In this way, the student hears different accents and varied points of view to prepare him to talk about this topic himself and act as an introduction to the lesson where he can learn rich vocabulary and styles of speaking. The tasks for these video programs are at the end of the book before the Glossary to be used by the teacher; all the interviewer's questions are available at the end as well. The duration of this video is about 10 minutes.

Note to teachers: if you choose to use the suggested films and TV programs mentioned in each chapter;

- Get these materials from the sources suggested in each chapter.
- Decide which part of the film you are going to use.
- Pre-teach the new vocabulary or structure needed in this part.
- Prepare tasks for the students before displaying the clip.

The second part consists of an open discussion. In this part there is an introduction to the topic of the lesson in the form of statements or facts that are to be discussed in class by students, and new vocabulary to be introduced by the teacher through the course of the discussion.

Presentation B
Involves new expressions, structure, or grammar.

2. Language Highlights
This section clarifies all the grammar needed to support the language presented and new compound tenses presented or used.

3. Exercises
The following types of exercises are used throughout the book:

a. Information-based Tasks
These tasks present real-world information, surveys, films, and interviews. They are often used at the beginning of the lesson to stimulate students' interests in the topic. These tasks are recycled again at the end of the lesson using new pre-taught grammar and structure in the forms of field surveys to encourage talking to native speakers.

b. Oral Exercises
These exercises consist of fluency-focused pair- and group-activities including discussion tasks and other activities that encourage exchange of information.

c. Listening Exercises
These exercises are a combination of both controlled and less controlled practice which gradually lead to freer practice and develop a variety of listening skills, such as listening for general ideas, listening for comprehension, giving specific information and listening for inference. These activities are based on authentic recordings of interviewers and discussions with native speakers or the teacher can use authentic films or TV shows in class.

d. Grammar Exercises
Grammar exercises focus on areas that advanced-superior students need to cover and are

of importance to them. The aim is to:

1. Help students to use the structures and grammar items they have previously studied and use them in a more complex way.
2. Increase and expand their grammar base and knowledge in speaking and understanding.

e. Vocabulary Exercises
Are presented in each unit to develop knowledge of lexical sets or synonyms as well as idioms, expressions, proverbs, and collocations.

4. Reading and Writing
Is used as an aid for learning to communicate, reading passages to stimulate discussions, write stories, make comments or give advice on certain issues, and fill surveys.

Revision
The book comes with 3 revision sections: one at the beginning of the book which the teachers can use as a placement test for the students to establish and confirm their levels and 2 other revision sections.

Author's comment
It is my aim in *Kallimni 'Arabi fi Kull Haaga* to provide stimulating and real-life Egyptian cultural subjects to make learning Arabic as a foreign language fun and enjoyable, while giving students the tools they need to communicate in real life.

I hope that you enjoy the book and look forward to your comments on the course.

Samia Louis

Plan of Module 1

قضايا وآراء

Skills			
Listening	Speaking	Reading	Writing
- Listening to 2 friends commenting on a film and discussing the social problems involved. - Listening to 3 government employees discussing different issues.	- Students discuss the reasons for economic recession in countries. - Role play: students represent different UN countries. - Discussion about poverty and its relation to crime.	- Reading about Egyptian social issues, such as housing, inflation, working mothers, and homeless children living on the street. - Students present in class.	- Writing statements about different problems and changing phrases to the passive voice.
- Listening to a TV show discussing girls' underage marriage and its effect on husbands and wives. - Listening to a wife talking to a counselor about her divorce.	- Students discuss underage marriage. - Students use a survey to examine the effects of divorce on the family among Egyptians and other nationalities.	- Reading a report about a real-life victim of underage marriage. - Reading short comments about social problems.	- Watching a movie about a social problem and writing an article for presentation in class. - Gap-filling exercise about social facts.

xii كلمني عربي في كل حاجة

Plan of Module 1

Module 1	Function	Grammar	Vocabulary
1st Presentation Talking about the economy a- What is the solution? b- Economic issues كلام عن الاقتصاد أ – إيه حلّ المشكلة؟ ب– مشاكل اقتصاديّة.	- Stating problems and supporting opinions. - Analyzing reasons, adding information to sentences. - وصف المشاكل، التعبير عن الرأي وتدعيمه. - تحليل الأسباب ونتائجها، إضافة معلومات للجملة.	- Passive voice in present simple and continuous tense. - Use of connectors to add information. - استخدامات الفعل المضارع في صيغةالمجهول. - استخدام أدوات ربط الجملة لإضافة معلومات و للكلام عن السبب والنتيجة.	Based on that/on top of all that/over and above/in addition to/and as a result و بناءً عليه/ وفوق كل ده/ وعلاوة على كده/بالإضافة لكده وكنتيجة لكده. . . إلخ.
2nd Presentation Social burdens a- I am still young b- Program (A guest in our house) هموم اجتماعيّة أ – أنا لسّة صغيّر. ب– برنامج في بيتنا ضيف.	- Discussing social issues that affect young people: early marriage and divorce. - Reporting meetings, narration, and commenting. - مناقشة مشاكل اجتماعية محليّة وعالميّة. - سرد الحوارات و الأحاديث و التعليق عليها.	Use of indirect reported speech in different tenses. سرد والتعليق على الحوارات باستخدام الكلام الغير المباشر.	Legal age/awareness/age determination certificate/ population explosion/ crime/forged/early age/ position/as of etc. السن القانوني، الحدّ الأدنى، التوعية، شهادة تسنين، الانفجار السكّاني، الجريمة، مزيّفة، سن مبكر، مكانة، اعتبار. .إلخ

Plan of Module 2

استراتيجيات و تعليم

Skills			
Listening	Speaking	Reading	Writing
- Listening to Ministry of Education officials discussing ideas and projects to improve education. - Listening to friends sharing their strategies about learning. - Listening and watching a play/story at a school about difficult and undisciplined students.	- Talking about different types of education - Sharing opinions about, and suggestions for, better ways of learning. - Field survey asking about the pros and cons of different kinds of education. - Role play between school management and students. - Discussion about discipline in schools.	- Students read about different types of education and compare them with their own countries.	- Writing facts and statements using the passive form. - Writing about public education and home schooling and presenting it in class.
- Listening to a workshop between a teacher and students giving suggestions on how to improve education, the syllabus, schools, and teachers. - Listening to a TV show about students being violent to a teacher.	- Students give opinions on statements about the advantages of education. - Students talk about their vision for schools and their ideal school day. - Students discuss free education, homework, merits and demerits. - Students discuss skills that they gained through learning and education.	- Reading statements about the value of education. - Short statements about the skills acquired through learning. - Comments on violence in schools.	- Writing sentences in the past and future passive to express opinions about the best type of education. - Writing a short essay about disciplinary action in schools and presenting it in class.

Plan of Module 2

Module 2	Function	Grammar	Vocabulary
1st Presentation Types of education a- Talking about education b- Schools and education أوضاع التعليم أ – كلام عن التعليم ب – مدارس وتعليم	- Stating facts about schools and educational strategies. - Talking about the current state of education. - Describing different types of education in Egypt. - عرض وتقديم حقائق عن التعليم. وصف استراجيات أفضل للتعليم. - الكلام عن أوضاع و أنواع التعليم المصريّة الحاليّة. - مشاكل التعليم و تقديم اقتراحات.	- Passive verb in the past tense and negation. - Passive verb in the future tense and negation. - Negation of passive verbs in different tenses. - الفعل الماضي في صيغة المجهول. - الفعل المضارع في صيغة المجهول. - نفي الفعل في صيغة المجهول في الأزمنة المختلفة.	Education terminology: free, compulsory, facilities, workshops, educational institutions, elementary stage, etc. كلمات خاصّة بالتعليم: بالمجّاني، إجباري، أبنية تعليميّة، مرافق، ورش عمل، مرحلة إبتدائيّة.. إلخ.
2nd Presentation How to improve education a- Do you agree or not? b- Practical suggestions أزاى التعليم يبقى أحسن؟ أ – موافق وللا مش موافق؟ ب – اقتراحات عمليّة.	- How to give recommendations and suggestions. - Talking about violence in schools. - Suggestions and solutions. - إعطاء توصيّات و اقتراحات. - الكلام عن العنف في المدارس وتحليل الأسباب. - اقتراح العلاج والحلول.	- Use of modals + passive present tense. - Negation of passive sentences. - استخدام لازم، مفروض، محتاج، عايز + الفعل المضارع في صيغة المجهول. - نفي الجملة في صيغة المجهول.	Knowledge, application, strength, practice, extra lessons, re-evaluated, legislation tightened, whether in ... or, grant, adopt, ceiling, literary subjects, collaboration, etc. معرفة – تطبيق – قوّة– ممارسة– حصص إضافيّة– يتعاد النظر فيها– القوانين تتشدد– سواء في..أو– منح– تتبنّى– حدّ اقصى– مواد أدبيّة– مشاركة..إلخ.

Plan of Module 3

السفر برّة بلدي

Skills			
Listening	Speaking	Reading	Writing
- A dialogue between 2 friends talking about plans for the future. - A psychology professor talking about changes that take place when you change your environment. - Listening and watching movie clips about immigration.	- Discussion about experiences in changing one's environment, such as studying abroad. - Asking about unusual movies. - Asking about personal future plans. - Discussion about the advantages and disadvantages of travel and its effects on one's character. - Commenting on some movies.	- Reading comments about psychological changes that emigrants may endure after leaving their country. - Reading about Egyptian culture and traditions. - Reading a businessman's agenda.	- Filling gaps in short comments about future plans. - Filling in a real-life agenda of a businessman. - Writing a short essay about the advantages and disadvantages of travel.
- Listening to short dialogues of people talking to their friends about difficulties faced while traveling.	- Discussion about the most tiring, frightening, and unusual experiences during traveling. - Discussion about problems that might occur while traveling.	- Reading sentences describing the benefits of traveling abroad. - Reading about the ideal traveler.	- Writing suitable sentences about a good trip and conditional sentences about what to prepare or use while traveling.

Plan of Module 3

Module 3	Function	Grammar	Vocabulary
1st Presentation Talking about travel a- Culture shock b- "Dad, I'm traveling abroad" كلام عن السفر أ – صدمة حضاريّة وثقافيّة. ب– أنا مسافر برّه يا بويا.	- Describing reactions to changes in life or society. - Predicting the future and talking about future plans. - Talking about the advantages and disadvantages of traveling. - وصف ردود الأفعال عند تغيير نمط الحياة وتغيير المجتمع أو البيئة. - التكهّن بالمستقبل والتخطيط لمشروعات المستقبل. - الكلام عن مميزات و عيوب السفر.	- Use of compound tenses - Use of future continuous and perfect tenses - Using connectors and modals with compound tenses. – استخدام الازمنة المركّبة المستقبل المستمرّ والبعيد. – استخدام أدوات الربط والأفعال المساعدة مع الأزمنة المركّبة هيكون + لسّه + اسم فاعل أو + ب + فعل مضارع + بقى له + شهر متخرّج + اتخرّج	Talking about travel and planning for the future, enrolled in a doctoral program, cultural shift, settled, get used to, fix himself up, earns good money, someone who gets around كلمات عن السفر و التخطيط للمستقبل: مسجّل دكتوراه، نقلة حضاريّة، مراحل نفسيّة، مستقرّ، يتعوّد، يظبّط نفسه، راجل كسّيب، واد حرك . . . إلخ.
2nd Presentation Travel and tourism a- Do all people like to travel? b- Problems of traveling سفر وسياحة أ – ياترى الناس بتحب السفر؟ ب– مشاكل السفر.	- Talking about traveling and tourism and the problems involved. - Stating facts and giving advice. - الكلام عن السفر و مشاكله. - إبداء النصيحة و تقرير حقائق.	Using connectors expressing exceptions and conditionals. (Except– unless–even if– until). استخدام اسلوب الإستثناء والشرط في العاميّة. (إلا– ماعدا– غير– إلا إذا– إلا إن– حتى إذا– حتى لو– حتى وإن).	Expressions such as: Long-faced, prank, get it out of my head, I overslept, etc. تعبيرات زى: قالب وشّك – مقلب محترم – طلع من نافوخي – راحت عليا نومة . . . إلخ.

Plan of Module 4

الشكوى دبلوماسية وفن

Skills			
Listening	Speaking	Reading	Writing
- A wife and her husband complaining about the bad hotel service they received during their vacation.	- Students discussing the things that bother people and neighbors in different situations. - Students discuss annoying situations that take place in real life. - Using adjectives to describe different personalities.	- Reading comments about different types of people complaining. - Reading famous different folk expressions and scanning the text to give opinions.	- Joining sentences to form a complete meaning. - Getting acquainted with morphology. - Writing a dialogue followed by a role play.
- Listening for informing and inferring meaning. A dialogue between an interviewer and someone from the Consumer Affairs Office. - Listening to different complaints for comprehension, followed by a discussion where students share ideas to solve these problems.	- Asking colleagues what they would do in different situations. - Exchanging opinions and discussing options. - Role plays between a customer and a salesman.	- Reading sentences that assume different problems, and suggesting solutions and precautions. - Students match and read different options for giving advice.	- Rewrite given situations and formulate as suggestions. - Match sentences to complete meaning, followed by a discussion. - Students formulate advice for the customer for a returns policy.
Revision using all skills for module 1 – 4			

Plan of Module 4

Module 4	Function	Grammar	Vocabulary
1st Presentation Everyday troubles a- The things that upset me b- The things that bothered me مدايقات كل يوم أ – الحاجة اللي بتدايقني. ب– الحاجة اللي دايقتني.	- Using expressions to express everyday annoyances, disturbances, and complaints. - Offering advice on how to handle problems when dealing with different personalities. - الكلام و التعبير عن المضايقات و الشكوى والإزعاج اليومي. - وصف اختلاف طرق التعامل مع الشكوى حسب نوع الشخصيّة.	Connectors such as: although, in spite of, despite of. تدريس أدوات الربط مثل: على الرغم من– بالرغم من– مع إن – برغم – رغم إن– إلا إن – رغم.	- Phrases related to expressing one's feelings, such as: things that irritate me, make me fume, annoy me, etc. - New adjectives such as: patient, fair, forbearing, long-suffering - كلمات خاصة بالتعبير عن المشاعر مثال: الحاجة اللي بتغيظيغني– بتنرفزني – بتدايقني.. إلخ. - صفات جديدة مثل صبور– حمول– حقّاني – مناضل .. إلخ.
2nd Presentation Neighbors' problems Let us do something a- People's complaints b- Problems of our neighborhood ياللا نعمل حاجة أ – كلام وشكاوي الناس. ب– مشاكل حيينا.	- Filing complaints. - Responses to complaints. - Identifying the problems and offering solutions. - Giving advice. - تقديم الشكوى. - التجاوب مع المشكلة. - التعرف على نوع الشكوى. - إعطاء النصيحة.	- Teaching different styles of making complaints. - Use of: "you should have" or "you shouldn't have." - تدريس عبارات الشكوى و الاستنكار مع تقديم سؤال الاستنكار أو تأخيره. - استعمالات كان مع الفعل المضارع للاقتراح و تقديم النصيحة. مثال: كان أحسن + تعمل مش كان أفضل+ تعمل ما كنت + تعمل كان ينفع إن	Tenants' union, report, they have no right, fraud كلمات خاصّة بالسياق مثل: اتحادالسكّان/ يبلّغ/ ملهمش حقّ/ اعتراض/ الغش .. إلخ.
	Revision using all skills for modules 1 – 4		

Plan of Module 5

اخبار وحكايات

Skills			
Listening	Speaking	Reading	Writing
- Listening to a story and building for comprehension. - Listening to unusual situations for details and sequences of events. - Listening to a folk tale for the descriptions of 3 types of men.	- Telling stories about uncomfortable situations. - Colleagues talk about their personal experiences and share their feelings and opinions. - Creating a story with a fellow student.	- Reading about funny situations and sentences for scanning. - Reading a muddled storyline in order to build up the meaning and the correct sequence of events.	- Completing phrases to build meaning. - Connecting and rearranging sentences in the right order to make a story.
- Listening to a storyteller tell a story for detailed comprehension. - Listening to a story for inference.	- A discussion about the storyteller's character. - 2 friends talking about a trip to Ain el-Sukhna. - A discussion about a film in which Arab women are given the right to divorce. - Recounting current news items. Students exchange real news items and discuss them. - Making up news items.	Reading phrases that describe certain incidents or different news items in order to skim through them and gather information.	- Rewriting given situations with the right match sentences to build a meaningful story. - Completing short sentences to make brief news. - Writing short news items.

Plan of Module 5

Module 5	Function	Grammar	Vocabulary
1st Presentation Stories and situations a- What a story!! b- Strange stories حكايات ومواقف أ – أمّا حكاية!! ب – مواقف غريبة.	- Identify and use the narrative structure to create stories. - Narrating real-life stories and folklore. - Use of famous expressions and idioms in narration. - التعرّف على عناصر تركيب القصّة و استخدامها في السرد. - سرد قصص واقعية أو قصص من التراث. - استخدام تعبيرات مشهورة في سرد القصص.	- Learn about the use of story structure. - Using compound tenses in narration. - Use of auxiliary verbs in narration. - التركيب البنائي للقصة. - استخدام الازمنة المركّبة في سرد القصص. - استخدام المزيد من الأفعال المساعدة مثل: قام – راح – فضل – عمّال+ فعل مضارع من غير ب. - استخدام اسم المفعول في الوصف.	- Expressions used to tell stories such as: I've never heard such a thing in my life, until my age I've never seen anything like it. - More adjectives such as: enthusiastic, well balanced, pessimistic, desperate, jumps straight in, hasty, gangster – تعبيرات خاصة بسرد القصص. التعبيرات مثل:عشت كتير وقليل ما مرتش بحاجة كده. لغاية السن ده وما شفتش حاجة كده. – مزيد من الصفات المعنويّة مثل: متحمّس – رزين – متشائم – يائس – مندفع – متهوّر – شضلي . . إلخ.
2nd Presentation A story from each country a- The storyteller b- Angels on the road حكايات من كل بلد أ – الحكواتي. ب – ملايكة على الطريق.	- Learning how to tell a story. - Reporting news events. - The difference between storytelling and reporting news. – تعلّم طريقة إلقاء القصّة. – سرد أخبار مواقف وأحداث اجتماعية وأخبار حاليّة أو واقعيّة. – الفرق بين طريقة سرد القصّة والخبر.	- Use of the past perfect tense - Negation of the past perfect tense – استخدام الماضي التام المستمرّ. كان + بقى لـ + ضمير + زمن + اسم فاعل. – كان+ بقى لـ ضمير + بـ + فعل مضارع. للنفي: ماكانش بقالي + زمن + اسم فاعل. كان + بقالي + زمن + نفي الماضي.	Storyteller, professional, traditional, contemporary, fascinating, etc كلمات خاصّة بالسياق مثل : حكواتي–محترف– تقليدي– معاصر– مشوّق– . . إلخ.

Plan of Module 6

مراهقة وشباب

Skills			
Listening	**Speaking**	**Reading**	**Writing**
- Listening to and discussing a commentary about the differences between Egyptian youth. - Listening for details to 4 young people describing how they have changed or differ. - 2 young people compare similarities and differences in their lifestyles.	- A conversation between 2 friends talking about their different personalities. - A class survey followed by a discussion about the unique or common personality traits among friends. - Discussion about behavior of teenagers in different countries.	Reading by skimming different short phrases and sentences describing differences and similarities.	Completing phrases to build meaning and filling in tables about similarities and differences.
- A TV interviewer talking to 4 young people about why they are pessimistic or optimistic. - 3 friends describe different ways of forming decisions. - Listening to and watching a movie showing the problems of young adults.	- Role play. Talking about different sets of problems and discussing solutions. - Field survey with people to discuss causes of fears and worries, and hopes for the future. - Discussion about a film showing fears and problems of young adults.	Reading sentences about worrying issues for making interferences and to encourage discussion and suggestions.	- Rewriting sentences to express concerns. - Connecting sentences for building the meaning of negative or positive feelings. - Filling out a table of different opinions on how to make decisions.

Plan of Module 6

Module 6	Function	Grammar	Vocabulary
1st Presentation Teenage behavior a- “I am just a normal teenager” b- Egyptian youth and youngsters تصرّفات المراهقين أ – أنا مراهق عادي. ب– الشباب المصري.	- Describing similarities and differences between young Egyptian adults using comparative language. - Talking about the distinctive characteristics of personal habits and customs in different countries. - الكلام عن التشابه والاختلاف والمقارنة بين عادات الشباب المصري زمان ودلوقتي. - الكلام عن التشابه والاختلاف والتفرد في العادات الشخصيّة والعادات والتقاليد بين الناس في البلاد المختلفة.	- Using the language of comparison, such as: in comparison to, as for, in contrast to, and so on. لغة المقارنة: جملة١ + لكن + جملة ٢ أما . . فـ/ في حين إن/ إنما/ كان . . بقى بالمقارنة مع، بـ . . فـ . . / بالنسبة لـ . . فـ للتشابه: جملة١ + زى + جملة٢ الاختلاف: على عكس/ بخلاف . . إلخ.	Ideology, fat, technical school graduate, extremism, individualistic etc – كلمات خاصة بالسياق زي العقيدة/ السمنة/ فنّي صنايع/ تطرّف/ متفرّد . . إلخ.
2nd Presentation Young people’s fears a- Why are young people worried? b- Are you optimistic about tomorrow? مخاوف شبابيّة أ – الشباب متدايق من إيه؟ ب– إنت متفائل من بكرة؟	- Talking about teenagers' problems using statistics and the language of generalization. - Expressing concerns and fears for young people. - Talking about how you make decisions; advantages and disadvantages. - الكلام عن مشاكل الشباب باستخدام أسلوب التعميم والتعبير عن النسب المختلفة للاحصاءات. - التعبير عن مخاوف الشباب واختلاف نوع شخصيّتهم في صنع القرار. - وصف حلول للمشاكل. - استخدام تعبيرات وصفات مركّبة إيجابيّة وسلبيّة لوصف الشخصيّة والمشاعر.	- Determiners, expressing connections and relationship language: all of us, some of us, not all of us, none of us etc... - Use of positive or negative compound adjectives – استخدام لغة التعميم والتعبير عن نسبة الأعداد المختلفة مثال: كل/ معظم/ أغلب/ بعض من/ مش كل واحد/ ندرة من/ ولا واحد. – استخدام الصفات المركّبة الإيجابيّة أو السلبيّة.	-Inflation, well-balanced, great, decisive, indecisive, suitable, etc. -Compound adjectives: something disgusting, depressing, bad, annoying, cheering, astonishing, great, etc كلمات خاصّة بالسياق مثل: ارتفاع معدّل/ متّزنة/ عظيم/ حاسم متردّد/ حريص/ ملائم . . إلخ. الصفات المركّبة: حاجة مقرفة/ محبطة/ سيئة/ شيء مزعج/ مفرح/ مدهش/ رائع.

Plan of Module 7

طباع وشخصيّات

Skills			
Listening	Speaking	Reading	Writing
- A dialogue between 2 friends describing their colleagues. - Listening to 3 friends identifying the changes in their personalities. - Watching a film for inference, showing the development of different characters.	- Students discuss traits of different characters. - Students compare families and friends' personalities. - Discussion about preferences and dislikes. - Field survey in cafés about different personality traits and their effect on relationships.	- Reading to skim for different short phrases describing a variety of characters. - A personality test.	- Connecting sentences for building meaning of character definition. - Filling a table with students' information about themselves. - Writing opinions about characters students like to deal with.
- Listening, for inference and discussion, to a dialogue between two old friends talking about living abroad and being homesick. - Listening for details to a dialogue of 2 friends talking about family traditions.	- Discussion about different structures and types of families: big, small, with divorced parents, multicultural, single parent. - Students talk about the rules and traditions of their families. - Discuss a film talking about Egyptian customs and compare it with their culture.	Reading to scan different opinions about families and their traditions, to be followed by a discussion.	- Students fill out a survey for information about each other's family rules. - A gap-filling exercise to identify the proper use of the structure and modals taught. - Write a short article about traditions of families in his/her country

Plan of Module 7

Module 7	Function	Grammar	Vocabulary
1st Presentation Types and personalities a- What kind of personality are you? b- This is my personality!! أنواع النلس والشخصيّات أ- شخصيّتك من أنهي نوع؟ ب- أنا شخصيّتي كده!!	- Describing personalities. - Expressing likes and dislikes. - Describing personal traits and their effect on behavior. - وصف الشخصيّات المختلفة. - التعبير عن الميول و أسباب تفضيل شخصيّة عن الأخرى. - الكلام عن التغيير في الشخصيّة و تأثير الطباع على حياة الشخص و قرارته.	- Gerunds. - Positive and negative abstract adjectives. - تدريس المزيد من المصادر. - تدريس الصفات المعنويّة.	Jealous, sociable, honest, careful, angry, sly, etc. كلمات خاصّة بالسياق مثل: غيّور – عشري – أمين – حريص – متذمّر – مكّار .. إلخ.
2nd Presentation Families and relatives a- Every family is different b- "Homesickness is hard, Dad!" قرايب وعيلات أ- كل عيلة مختلفة. ب- ليالي الغربة قاسية يا بويا.	- Describing personal changes and hypothetical future changes in a character. - Talking about family types. - Talking about family rules and their advantages and disadvantages. - الكلام عن التغيير في الحالة و افتراض تغيير الحالة في المستقبل. - وصف الأشكال الاجتماعيّة المختلفة للعائلة. - الكلام عن المميّزات و المساوئ في عادات العائلات.	- Using modals: eventually. استخدام الكلمات المساعدة مثال: مسيره – زمانه + الفعل في الأزمنة المختلفة. أو زمانه + اسم فاعل	Make do without, living abroad, gathering, world is full of cares, sibling, honor guests, give in, follow, etc. كلمات خاصّة بالسياق مثل: استغنى – الغربة – لمّة – الدنيا مشغوليّات – شقيق – نكرم الضيف – يستسلم – نتابع .. إلخ.
Remember	- Grammar consolidation.		

Plan of Module 8

عادات وآداب التصرف

Skills			
Listening	Speaking	Reading	Writing
- Listening for details of a dialogue between 2 friends describing a picture of a murder seen in the paper. - Listening for inference to a couple commenting on a case of sexual harassment on the Metro.	- Discussion about proper behavior in many hypothetical social situations. - Role plays of different situations to state proper actions. - Discussion about suitable cultural behavior in different situations. - A survey to check the variety of behaviors in different cultures. - A survey to check Egyptian society's reactions in different social situations.	Reading to identify different situations describing a variety of social events to stimulate discussions.	- Completing missing passive adjectives in short dialogues to clarify meaning. - Filling in surveys for gaining knowledge and stimulating discussions.
Listening for recognition to a dialogue of 2 village women describing a bad marriage and the groom's character.	- Students talk about famous proverbs in their own country and their effect on society. - Students create field surveys to discuss and identify meaning of different proverbs	Reading proverbs about people in different situations and describing each character.	- Students connect sentences to build meaning. - Write meaning of different proverbs - Filling field surveys.
General revision for all 8 modules in different skills.			

Plan of Module 8

Module 8	Function	Grammar	Vocabulary
1st Presentation Is this proper behavior? a- When do we behave like that? b- How do we behave? التصرف ده مظبوط؟ أ - إمتى نتصرّف كده؟ ب- إزاى نتصرّف؟	- Talking about propriety and improper behavior in the Egyptian and eastern cultures. - Describing situations or objects. - الكلام عن العيب و المناسب ومايصحّ أو لا يصحّ في المجتمع المصري والشرقي. - وصف المواقف أو الأشياء باستخدام صيغة المجهول.	- Use of passive participle in describing situations or objects. - More use of modals. - استخدام اسم المفعول في الوصف. - استخدام كلمات مساعدة للتعبير مثل: عيب - مايصحّش- حقّك- ممنوع.	To warn, threaten, moderate, interfere, whisper, many considerations, justify, etc كلمات خاصّة بالسياق مثل يحذّر - يهدّد - يتوسّط - يتدخّل - يوشوش - اعتبارات كتيرة - يبرّر . . إلخ.
2nd Presentation From folklore a- Famous sayings and proverbs b- My brother and I against my cousin من التراث أ - أوصاف وأمثال ب- أنا وأخويا على ابن عمّي وأنا وابن عمّي على الغريب.	- Talking about different personal characteristics using abstracts and compound physical adjectives. - Using famous Egyptian proverbs to express meaning and describe situations. - الوصف باستخدام الصفات المعنويّة المركّبة. - استخدام الأمثال العاميّة المصريّة في التعبير عن المواقف.	- تدريس مزيد من الصفات الشخصّية والمعنويّة التي تصف شخصيّة الانسان مع مواءمتها مع الأفراد و الجمع. - تدريس الفعل يبقى كفعل مساعد في الجملة أو اعتباره كلمة زائدة. - Teaching more personal and abstract adjectives. - Using the verb (to be) as an auxiliary verb or as an additive.	Lover, busybody, blind in one eye, weasel, eyebrow, cries of a newborn, nerves of steel, was blinded, what ensued, etc. صفات خاصّة بالسياق مثل: عاشق - قرشانة - عورة حرباية - حاجب - صرّيخ ابن يومين - أعصابه حديد - ضَل بصيرة - دار . . إلخ.

راجع معلوماتك (مراجعة على ماسبقت دراسته)

السؤال الأوّل

١- اسأل زميلك عن أنواع الأفلام اللي بتفضّلها أفلام رُعب - مغامرات - كوميدي - إلخ.

الجواب: بافضّل اتفرّج على .... عن ....

٢- اتكلّم مع زميلك عن عاداتك وهواياتك المختلفة في حوار زيّ كده:

سؤال: إنت بتحبّ تعمل إيه في وقت الفراغ؟

جواب: أنا بافضّل العوم في الصيف، و باموت في .... و بيعجبني ....

٣- اعملوا حوار عن الحاجات اللي مابتحبّش - بتكره - مابتطيقش تعملها أو تاكلها أو تتفرّج عليها.

السؤال التاني

عبرّ عن نفسك

١ - أنا باحسّ إنّي متدّايق لمّا ....

٢ - أنا قلقان عشان ....

٣ - أنا باخاف لمّا ....

٤ - أنا باكون غضبان لمّا ....

٥ - أنا إمبارح حسّيت إنّي فرحان عشان.......

٦ - أنا باتغاظ قوي لمّا ....

٧ - أنا اندهشت جداً لمّا ....

السؤال التالت

فكّر في حاجات عملتها وحاجات هتعملها وكمّل الجمل دي من حياتك اليوميّة

١ - إمبارح أنا .... قبل ما .... بسبب الـ ....

٢ - بعد ما....... هـ....... عشان ....

٣ - بكرة .... قبل ما .... أصل ....

٤ - النهاردة بعد ما .... هـ .... لإنّ ....

السؤال الرابع

اسأل زملاءك في الفصل عن خبراتهم في السفر - السياحة - أنواع الأكل.

مثال: سؤال: عمرك زرت اليابان؟

جواب: لا عمري ما ....

أو: أيوه زرت اليابان سنة ماالتخرجت من الجامعة.

وقت ما ....

أيّام ما ....

ساعة ما ....

السؤال الخامس

وصّل جملة من (أ) مع جملة مناسبة من (ب)

(أ)	(ب)
١- هتعمل إيه إذا ضاع كتابك وامتحانك بكرة؟	خدُ تاكسي من جنب البيت طبعاً
٢- هاروح إزّاي الجامعة إذا صاحبي اتأخّر عليّا؟	تشتريلي الدوا بتاعي و إنت راجع من الشغل
٣- لو كسبت الجايزة الأولى في الشطرنج	لازم تلبس كويّس و تاخد جاكتة تقيلة
٤- إذا كان الجو برد بكرة	رحت الفيلم ده أصله مخيف قوي
٥- ياريتك	هاروح أذاكرعند واحد صاحبي
٦- ياريتني ما	هاآخد فلوس و تذكرة طيارة ببلاش

السؤال السادس

املا الفراغ بأداة الربط المناسبة.

على ما - علبال ما - طول ما - لمّا - كلّ ما - بدل ما.

١- .... باخلّص الأكل بيكون جوزي رجع من الشغل.

٢- جوزي ساعات بيساعدني ويعمل لي السلطة .... أرجع من الشغل.

٣- .... أنا باذاكر باحبّ أسمع موسيقى خفيفة.

٤- جوزي دايماً بيجيبلي بارفان من السوق الحرّة .... يسافر برّه.

٥- بافضّل أستنىّ جوزي .... يرجع من الشغل عشان نتغدّى سوا.

٦- ليه مابتتفرّجش على أفلام مضحكة .... تشوف الأفلام المُرعبة دي؟

٢ كلمني عربي في كل حاجة

السؤال السابع

كمّل الجملة الناقصة

١- ياريتني ما . . . .

٢- لولا أمّي . . . .

٣- لو ماكانتش العربيّة وقفت بسرعة . . . .

٤- لو كان هشام حضر الحفلة . . . .

٥- لو كانوا عرفوا إنّك متدّايق قوي كده . . . .

٦- لو ماكانش هيسافر . . . .

٧- لو ماكانش نبيل اشتغل في المصنع ده . . . .

السؤال التامن

جاوب على السؤال واستعمل الكلمات المساعدة

السؤال	كلمات مساعدة
١- هوّ أحمد اتخرّج من زمان؟	(بقى له)
٢- إنت لسّه هتذاكر تاني؟	(فاضل لـ)
٣- إنت واقف على المحطّة من مدّة؟	(بقى لـ)
٤- إنت هتتجوّز إمتى؟	(ناوي)
٥- تفتكر الستّات أحسّن وللا الرجّالة في الشغل؟	(بيتهيألي)
٦- إمتى الواحد لازم ياخد علاوة؟	(باعتقد إنّ)
٧- إيه أحسّن طريقة عشان أتفرّج على أوروبا؟	(باتخيّل إنّ)

الوحدة الأولى ١

قضايا وآراء

محتويات الموضوعات في الوحدة الأولى

- تقديم (١) التعبير عن الرأي وتدعيمه.
تحليل الأسباب – إعطاء مزيد من التفاصيل – السبب والنتيجة.

- تقديم (٢) وصف المشاكل الاجتماعيّة المحليّة و العالميّة المختلفة.
سرد الحوارات و الأحاديث و التعليق عليها باستخدام الأسلوب غير المباشر.

فهرس الكلمات في وحدة ١

تقديم (١)

الضعف الاقتصادي - اِرتفاع الأسعار - قِلّة فُرص العمل - المعاش المبكّر - اِضْطِرار الوالدين للنزول للعمل - الحضانات - بدون - الزيادة السكانيّة - أزمة - المساكن العشوائيّة - حواليه - قضايا - بُناءً عليه - مرتبطين - يتْطوّر - يتقدّم - البطالة - بطريقة جديّة - بتِتْمضي - البورصة - بتتْطوّر - بتِتْقدّم - بتأسّس - علاوة على كده - بتِتأثّر - بيتْنَفّذ - بتِتْبني - بتِنْتشر - بالتقسيط - فوق كلّ ده - يكوّنوا نفسهم - بتِشْغلْني - حِمَاية الأسرة - بتِتْغيّر - بتِترفع - المصاريف المدرسيّة - بالإضافة لـ - القطاع الخاص - المشْرِفات - الوضع الاقتصادي - تكاليف المعيشة - مؤيّد - مُعْتَرِض - اِستِثْمارات أجنبيّة - الطاقة النوويّة - جمعيّات أهليّة - اِتفاقيّات - الأُميّة - غاز طبيعي - طاقة - دخْل قومي - يتْصَدّر - طاقَة شمسِيّة.

تقديم (٢)

شَهادة - تسنين - مُزَيّفة - السن القانوني - الحدّ الأدنى - التوعيّة تزيد - الانفجار السكّاني - العادات والتقاليد المصريّة - يتفاهم مع المَأْذون - يخاف - ربنا - العمر بيجري - يفْقِد شبابه - الأخلاق - توعيّة - هُروب - التربيّة - الإعلام - الجريمة - مَحَبّة - اِحترام - مَكَانَة - اِعْتبار - اكْتِئاب - أناني - ساخِر - مُتشَائم - باتْشِتِم - يأَسْت.

كلام عن الاقتصاد

تقديم (١أ)

إيه حلّ المشكلة؟

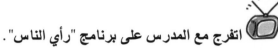

اتفرج مع المدرس على برنامج "رأي الناس".

دردشة حرة:

أ – كلّ صورة بتتكلّم عن مشكلة. بُصّ للصور و اقرا الكلمات و حاول تعرف إيه المشكلة؟

ب – ناقش مع زميلك المشاكل اللي في الصور واسأل:

١– المشاكل دي في بلدكم؟

٢– ليه؟

٣– عملتم إيه عشان تعالجوا المشكلة؟

٤– إيه اقتراحاتك للمشكلة دي في بلدك؟

٥– إيه اقتراحاتك لمصر؟

الضعف الاقتصادي في معظم دول العالم التالت – توفير الموظفين – قلّة فرص العمل – خروج مُبكّر للمعاش – ارتفاع الأسعار و قِلّة المرتّبات.

اضْطِرار الأب و الأم للنزول للعمل – تَرْك الأولاد في الحضانة – ارْتِفاع سِعر الحضانات – تربيّة الأولاد في سن مُبكّرة بدون الوالدين.

الزيادة السكّانيّة سبّبت أزْمِة شُقَق ومساكن – أسعار الإيجارات – شُقَق خالية بدون سكّان – المساكن العشوائيّة حوالين المدن.

ج – اسأل زميلك إيه اهتمامات تانية أو أزمات في بلدك أو في العالم دلوقتي؟ اكتب لستة.

شارك الاهتمامات دي مع باقي الزملاء و قول ليه اخترت المشاكل دي؟

تقديم (١ب)

مشاكل اقتصاديّة

اسمع لرأي ٣ مسئولين في الحكومة بيتكلّموا في برنامج تلفزيوني مشهور اسمه (عندي رأي) بيتكلّموا عن مشاكل وهموم مصريّة.

١- اسمع و جاوب كلّ واحد بيشتغل إيه؟

٢- اسمع مرّة تانية و املا الجدول

الاسم	القضيّة	الرأي
مصطفى مساعد وزير	مشكلة	عدد السكّان بيتْغيّر – مساكن بتِتْبني – مشروعات بتِتْعمل ......

نصّ الاستماع لتقديم (١ب)

مُذيعة: سيداتي سادتي إحنا معانا في الإستوديو دلوقتي ٣ من المسئولين في الدولة أستاذ مصطفى وكيل وزارة الاقتصاد. . أستاذ محسن عبد الرؤوف مُساعد وزير الإسكان. . مدام سعاد عبد الغني من وزارة الشئون الاجتماعيّة. . و هناقشهم في بعض المشاكل و الهموم في مجتمعنا المصري. . أستاذ مصطفى وكيل وزارة الاقتصاد. إيه أكتر مشكلة شاغلاك حالياً بالنسبة لمصر؟ ٢

مصطفى: أعتقد إنّنا محتاجين نفكّر في مشكلة البطَالة بطريقة جديّة. عدد السكّان بيتْغيّر كلّ سنة وبيزيد. . و بُناءً عليه الحكومَة بتحاول تساعد في المشكلة دي. بس لازم برضه الناس تساعد. بالنسبة لدور الحكومة. . فافيه مشروعات بتتعمّل دلوقتي. . و أعمال خاصّة و استثمارات أجنبيّة بتتمضي حالياً و بيتوافق عليها من سيادة الوزير. وكنتيجة لكده طبعاً فيه فرص عمل بتتوفّر بسبب الشركات الجديدة الأجنبيّة والمصريّة اللي بتتأسّس. كمان البورصة بتتْطوّر و المصانع بتتْجدّد. و الصناعة بتِتْطوّر و بتِتقدّم. و عشان كده التجارة بتِتْحسّن جداً دلوقتي.

مُذيعة: أستاذ محسن عبد الرؤوف مُساعد وزير الإسكان. إزاي مشكلة الإسكان بتِتْأثّر بالوضْع الاقتصادي؟ ٣

محسن: طبعاً لو المرتّبات قلّت يبقى فُرَص شراء الشُقق هتْقلّ. . و اليومين دول أسعار الأراضي بتِتْغيّر وبتْزيد. . و كنتيجةَ لكده البيوت بَتغْلى. . فبُناءً عليه الحكومة بَنت مُدن جديدة زَيّ مدينة ٦ أكتوبر اللي بقت محافظة. . بالإضافة لمدينة القَاهرة الجديدة. . و فوق كلّ ده فيه هناك شُقَق بتِتْبني و أسعارها مُنَاسْبة للشباب اللي لسّه هيتجوّز و مرتّبُه صُغيّر. و علاوة على كده فيه مشروع اسمه إسكان الشباب في القاهرة الجديدة بيتْنفّذ حالياً. . و بتِتْباع الشقق بالتقسيط عشان الخريجين الجُداد يقدروا يتْجوّزوا و يكوّنوا نَفْسُهم.

مُذيعة: مدام سعاد عبد الغني من وزارة الشئون الاجتماعيّة. إزاي الأسرة الصغيّرة بتتأثّر في حياتها اليوميّة بسبب الاقتصاد؟ ٤

سُعاد: أنا أهم قضيّة بتشغلني حالياً هيّ حماية الأسرة و الأطفال بسبب نزول الأطفال في سن مُبكّرة للحضانات. . و طبعاً لأن الأسعار و تكاليف المعيشة بتتْغيّر و بتْزيد و بتغْلى. . فبُناء عليه طبعاً أسعار الحضانات بتْزيد. . عشانَ كده فيه حضاناتَ حكوميّة بتِتْبني و حضانات خاصة بتتْفتِح بأسعار مناسبة لدخْل الأسرة المتوسطة. . و برامج لأطفال الحضانات بَتتْعرض. . و بتتْدَرّس للمُشْرفات عشان يساعدوا الأطفال و ده طبعاً لأنّ الأمَ بَتتأخرّ لساعاتَ عمَل طويلَة عشان تحسّن الوضع الاقتصادي للأسرة.

لاحظ القواعد

لاحظ (١)

١- الفعل المضارع بصيغة المبني للمجهول

الجملة بصيغة المبني للمعلوم	بصيغة المبني للمجهول	فين الفاعل في الجملة
بتعمل الحكومة مشروع الإسكان	بيتعمل مشروع الإسكان	مين بيعمل مشروع الإسكان؟ (مذكر)
بيطوّر المصريين الصناعة فعل ← بيطوّر، فاعل ← المصريين، مفعول به ← الصناعة	بتتطوّر الصناعة فعل مجهول ← بتتطوّر، فاعل (جديد) ← الصناعة	مين بيطوّر الصناعة؟ (مؤنّث)
	لاحظ: بيـ (مذكّر) الإسكان بتـ (مؤنّث) الصناعة	

٥

٢- التصريف

المفرد			الجمع	
مذكّر	الولد	بيِتْغيّر	الأولاد	بيِتْغيّروا
مؤنّث	البنت	بتِتْغيّر	البنات	بيِتْغيّروا أو(بتِتْغيّر)

٦

٣- تحويل الفعل المضارع من صيغة المبني للمعلوم إلى صيغة المبني للمجهول

الفعل الصحيح	السالم	المهموز	المضعّف
المبني للمعلوم	بيكْتِب	بيقرا / بيسأل	بيعدّ / بيحطّ
المبني للمجهول	بيتْكِتِب / بينْكِتِب	بيتقِري / بيتسِئِل	بيتعَدّ / بيتحَطّ
الفعل المعتلّ	**معتلّ الأوّل**	**معتلّ الوسط (أجوف)**	**معتلّ الآخر (ناقص)**
المبني للمعلوم	بيقَف / وِقف	بيخاف من / بيشوف/ بيبيع	بينسى
المبني للمجهول	بيتْوقِف	بيتْخاف من / بيتشاف/ بيتباع	بيتْنَسَى / بيتْنِسِى

٤- **صوّر تانية لصيغة المجهول**

المعلوم	بينضّف	بيقابل	بيستعمل
المجهول	بيتْنَضّف	بيتْقابِل	بيُسْتَعْمَل (ضمّة في أوّل الفعل على الياء فتحة في الحرف قبل الأخير)

٥- **الأفعال اللازمة مالهاش صيغة مبني للمجهول، زي: يتعب**

لاحظ (٢)

١- **كلمات تستعمل لتوضيح النتيجة في الجملة**

السبب النتيجة	التعبير
عندنا استثمارات أجنبيّة جديدة و بُناءً عليه الاقتصادّ بيتحسّن.	و بُناءً عليه ....
الصناعة بتتطوّر و عشان كده التجارة بتتحسّن.	و عشان كده ....
المصانع بتتجدّد و نتيجة لذلك الصناعة بتتقدّم.	و نتيجة لذلك ......
فيه مشروعات جديدة و نتيجة لكده فيه فرص عمل بتتوفّر.	و نتيجة لكده ......

٢- **كلمات تستعمل لزيادة المعلومات في الجملة**

الجملة	التعبير
تكاليف المعيشة بتتغيرّ و بتزيد، علاوة على مصاريف المدارس اللي بتغلى.	علاوة على + اسم ... على ذلك/ لذلك/ كده
الحكومة بَنِت مدينة ٦ أكتوبر بالإضافة لمدينة القاهرة الجديدة.	بالإضافة لـ + اسم ... بالإضافة لكده/ لذلك
الحكومة بَنِت مُدن جديدة و فوق كلّ ده هناك شُقق بتتبني بأسعار مناسبة للشباب.	و فوق كلّ ده مش كده و بس ... ياريت على كده و بس ...

تدريب (١ – أ)

كلمات مفيدة: جمعيات أهلية / اتفاقيات

حوّل الفعل اللي تحته خط لصيغة المبني للمجهول

١– الحكومة بتطوّر السياحة و نتيجة لكده الاقتصاد بيبقى أحسن.

٢– الأعمال الخاصّة بتستعمل الكومبيوتر في كلّ المكاتب عشان الشغل يبقى أسرع.

٣– المستثمرين الأجانب بيمضوا اتفاقيّات تجاريّة كبيرة الأسبوع ده. و الحمد لله الحكومة بتبني كباري أكتر دلوقتي.. و بتصلّح الشوارع المهمّة.. علاوة على إنّها بتصلّح و بتسدّ بلاعات كتيرة عشان الطرق تبقى أحسن للنقل و التجارة.

٤– الشباب بيقدروا يعرفوا معلومات كتيرة دلوقتي نتيجة لدراسة الكومبيوتر و توصيل شبكة المعلومات لكلّ بيت.

٥– القطاع الخاص بيبنى مصانع كتيرة دلوقتي و بُناءً عليه طبعاً الصناعة هتطوّر.

٦– الجمعيات الأهليّة بتأسّس حضانات خاصة بأسعار معقولة.

مثال للحل (١)

السياحة بتتطوّر و نتيجة لكده الاقتصاد بيتحسّن.

تدريب (١ – ب(١))

اتنينات بالتبادل

كلمات مفيدة: يتصدّر / الأميّة / دخل قومي / غاز طبيعي / طاقة

١– كوّن جملة / جُمل من عمود (أ) بصيغة المبني للمجهول و انتهي بجملة مناسبة من عمود (ب).

(أ)	(ب)
١– انخفاض الدخل – الأسرة ٢– هروب من التعليم – الجهل ٣– الكومبيوتر في المدارس ٤– الزراعة – أحسن ٥– البترول – المصانع – طاقة شمسيّة ٦– الغاز الطبيعي – يتصدّر ٧– الأولاد – الحضانة	أ– عشان كده الأميّة بتنتشر و بتزيد و فوق كلّ ده طبعاً الاقتصاد بيتأثّر عشان الشباب مش بيتعلّم. ب– علاوة على أن التصدير بيتحسّن و الدخل بيزيد. ج– و نتيجة لكده سُرعة التعليم بتزيد و الطلبة بيتعلّموا أسرع و كفاءة الموظّف في المستقبل بتتحسّن. د– و بناء عليه الطاقة بتتوفّر. هـ– ياريت على كده و بس و لكن الأولاد مابتقعدش مع الأب و الأم وقت كفاية في البيت. و– بالإضافة إلى إن الدخل القومي بيتحسّن و بيزيد. ز– و فوق كلّ ده حياة الأم بتتغيّر و بتضّطر تنزل الشغل عشان مصاريف المعيشة كتيرة.

٢– اتناقش مع زميلك في كلّ رأي أو قضية من التدريب اللي فات. اتكلّم عن بلدك. المشاكل أو الرأي ده بيتعمل أو بيحصل في بلدك؟ الحكومة رأيها إيه؟ بتعمل إيه في القضيّة دي عشان الاقتصاد يتحسّن؟

تدريب (١ – ب(٢))

مقدّمة للاستماع: اقرا العبارة و ناقشها مع زميلك.

الفقر نتيجة لانخفاض و ضعف الاقتصاد في أي بلد. موافق على العبارة دي؟

ناقش: ١– ليه موافق على الكلام ده؟ ٢– ليه مش موافق؟

٣– إيه أشكال الفقر الموجودة في أي بلد؟

(شوارع – تعليم – شحاتين – خدمات عامة – مرتّبات – صناعة – تجارة – زراعة – مرور . . إلخ)

٤– اتكلّم عن مظاهر و أشكال الفقر في بلدك أو أي بلد قريّب منها.

٥– المجهودات اللي بتعملها الحكومة أو المؤسسات الخيريّة عشان تحلّ المشكلة دي.

تدريب (١ – ب(٢))

إحنا ساكنين في الشارع

الاستماع: ده حوار بين زملاء في الشغل . سونيا بتتكلّم عن فيلم شافته في السينما إمبارح .

١- اسمع رأيها في الفيلم

٢- اسمع مرّة تانية و اتناقش مع زملائك في الفصل

أ‌- إيه أسباب المشكلة دي عموماً؟

ب‌- المشكلة دي موجودة في بلدك؟

ج‌- لو كنتم المسئولين في حكومة بلدكم إزّاي تساعدوا البلد؟

د‌- إيه اقتراحاتك لحلّ المشكلة دي؟

هـ- انقسموا فريقين: فريق (١) يمثّل مُنظّمة اليونسكو، و فريق (٢) مندوبين من حكومة بلد بتطلب مساعدات و اقتراحات و حلول لمساعدة البنات دول.

تدريب (١ –ج(١))

اتنينات

١– كوّنوا مجموعات اتنينات أو أربع أفراد و اتناقشوا في آراء الجدول

الرأي	مؤيّد بشدة	موافق	معترض	معترض بشدة
١– الحكومة مش لازم تستعمل الطاقة النوويّة عشان خطيرة. الاقتصاد ممكن يتحسّن بطرق تانية.				
٢– الستّات لازم ياخدوا فرصتهم في الترقيّة و الوظايف زيّ الرجّالة عشان يشتغلوا بحماس و الاقتصاد يتحسّن.				
٣– الأولاد مايروحوش الحضانة قبل ٣ سنين.				
٤– مش لازم كلّ الطلبة تتعلّم كومبيوتر.				
٥– مش مهم كلّ الطلبة تدرس في الجامعة.				
٦– الدول الغنيّة لازم تساعد الدول الفقيرة.				
٧– الأزواج بيضربوا زوجاتهم بسبب سوء وضعهم الاقتصادي و عشان فقرا و ماعندهمش فلوس.				
٨– لازم الراجل الفقير يسيب مراته اللي خانته بسبب الفقر عشان تجيب فلوس لعيلتها.				

٢– اشرح قدّام الفصل ليه قلت الآراء دي و إيه علاقتها بالاقتصاد.

٣– اختار موضوع من اللي فات و حضّر محاضرة شفهيّة قصيّرة عن رأيك. قدّم المحاضرة دي قدّام الفصل تاني يوم.

استخدم في تعبيرك عن نفسك كلمات التعبير عن الرأي اللي درستها قبل كده زي: أعتقد – ماأعتقدش – أشك – أنا متأكدّ – أنا مقتنع – بيتهيألي – أفتكر إن – بأتصوّر إنّ – أنا حاسس إنّ – أظن – ماأظنّش – ماافتكرش إنّ – أنا عارف إنّ – موافق – مش موافق – مُؤيّد – مُعْترض – أرفُض.

تدريب (١ – ج(٢))

كلمات مفيدة: مستوى المعيشة / مُتَشَرّدِين / تربيّة

(يقسّم الفصل لمجموعات ويتبادلوا المشاكل)

ناقش مع زميلك القضايا دي

١– أسباب انخفاض مستوى المعيشة.

٢– أسباب كثْرِة المُتَشَرّدين في شوارع المُدن الكبرى و مشاكلهم.

٣– دخْل الأسرة بيتحسّن لمّا الأب و الأم بيشتغلوا في أكتر من وظيفة، لكن الأولاد بتضيع.

٤– أحسن حلول علشان تنتهي مشكلة الفقر و بنات الشوارع في المدن الكبرى أو الفقيرة.

٥– مشاكل تربيّة الأولاد في حضانات في سن صغيّر. الإيجابيّات و السلبيّات.

٦– الاقتصاد بيضعف / الناس بتكتر / البيوت بتغلى إيه العلاقة بين العبارات دي؟

ثقافة أكتر – دردشة أكتر

١– مع الكاريكاتير اتناقش مع زميلك عن موضوع كلّ صورة و بتتكلّم عن أنهي مشكلة؟

فكّر في تعليق تاني لكلّ صورة. اقرا التعليق قدّام الفصل. الفائز هوّ اللي يقول أحسن تعليق.

٢- من المكتبة - شبكة المعلومات

١- اتفرّجوا على فيلم / أفلام مع المدرّس بتحكي عن موضوع من الموضوعات اللي ناقشتها مع زملائك في الفصل

٢- قدّم للفصل فكرة الفيلم وناقش:

أ- أحداث القصّة .   ب- دور بطل الفيلم .   ج- أهم الأدوار اللي عجبتك .
د- مشكلة الفيلم .   هـ- علاج المشكلة في الفيلم .   و- رأيك في علاج الفيلم للمشكلة .

مثال: (فيلم "تيتو")

قصة و إخراج: طارق العريان

سيناريو و حوار: محمد حافظي

توزيع: أوسكار - النصر - الماسة

(www.egyfilm.com)

ووضّح:

• المجتمع بيساعد المجرم؟ الإنسان بيتولد مجرم؟

• المسجون بعد خروجه من السجن .. بيتقبل في المجتمع؟

• إيه مشاكل المجرم التائب و دوره في مساعدة الولاد الفقرا اللي في الشارع؟

ناقش معاهم وجهة نظرك . اسمع الآراء المختلفة بين مؤيّد ومُعارِض للأفكار اللي قدّمتها .

٣- حضّر موضوع من قراءاتك للجرايد و سماعك لبرامج الراديو و التليفزيون عن أهم المشاكل الاقتصاديّة اللي بتأثّر و بتسبّب مشاكل عائليّة و هموم للمجتمع المصري .

مثال:

١- أزمة المساكن و ارتفاع أسعار الشُقق .

٢- العلاقة بين سوء الحالة الاقتصاديّة و الفقر / و الجريمة . . . إلخ .

٨

نصّ الاستماع لتدريب (١- ب(٢))

ماجدة	كنتي فين ياسونيا إمبارح؟ أنا دوّرت عليكي كتير و طلبتك في التليفون ماحدّش ردّ! إيه فينك؟
سونيا	كنت في السينما. شفت حتّة دين فيلم خطير قوي. مانمتش طول الليل كنت باتفرّج على فيلم عن ولاد و بنات ساكنين في الشوارع مش قادرة أصدّق إن المشكلة دي موجودة. و إن البنات بيتربّوا و بيكبروا في الشارع.
ماجدة	فعلاً. . دي مشكلة كبيرة . . بالإضافة طبعاً للعيشة الصعبة بتاعتهم و الجرايم الوحشة اللي بتحصل في الشوارع بسبب كده. سرقة. و مخدرات. و دعارة و قتل. بس دي مشكلة في كلّ بلاد العالم. يعني في دول أمريكا اللاتينية و شرق آسيا و أوروبا الشرقية.
سونيا	آه طبعاً. ماأنا عارفة كده. و علاوة على العيشة الزفت بتاعتهم دي . . بتلاقي اللي بيناموا في المقابر. . و اللي بيناموا وسط الزبالة. و طبعاً فوق كلّ ده بيتقابلوا في الأماكن دي مع ناس سيّئة. و طبعاً المخدرات بتتباع و الحقن بتتضرب. عشان كده البيوت بتتسرق و الجريمة بتنتشر و خصوصاً في الليل.
ماجدة	و ياريت على كده وبس و لكن البنات دول معظمهم بيتقتلوا و في دُوَل تانية بيخطفوا البنات دول و ماحدّش بيعرف عنهم حاجة.
سونيا	و تصوّري إنّ دي مش مشكلة البنات بس. دي الشوارع في البلاد الفقيرة مليانة أولاد صغيرين كمان مالهمش أهل. و بيشتغلوا في سن صغيّر. و مالهمش بيوت أو سكن. الشارع هوّ بيتهم.
ماجدة	آه. فعلاً. ده أنا لسّه مقابلة ولد صغيّر عند الميكانيكي. . ساب بيته و هرب لأن أمّه بتتضرب كلّ يوم. . عشان أبوه بيرجع سكران كلّ ليلة و بيضربه هوّ كمان. و هوّ مش عايز يعيش في الجوّ ده. . مافيش حبّ. و مافيش فلوس و جعان و خايف.

سونيا	معاكي حقّ . . و أنا شفت ولاد و بنات في الشارع و بالليل . . اللي بيبيع مناديل . . و اللي بيبيع جرايد و اللي بيبيع لبان و شيبسي . و طبعاً بيناموا في الشارع جنب الرصيف و في محطات القطر .
ماجدة	ده طبعاً نتيجة للعنف اللي في البيت أو الفقر .
سونيا	لا ياماجدة مش بس كده . . الأسباب أكتر من كده بكتير . . و فوق كلّ ده الجرايم اللي بيسببها التشرّد جرايم خطيرة .
ماجدة	خسارة . . المجتمع اللي فيه ناس كده . . طيّب تفتكري إيه اللي ممكن يتعمل ياسونيا عشان المشكلة دي تتحلّ؟

هموم اجتماعيّة

تقديم (٢أ)

أنا لسّه صغيّر ياناس

اتفرج مع المدرس على برنامج "رأي الناس".

دردشة حرّة:

انقسموا مجموعات صغيّرة و اتناقشوا في الموضوع ده:

١- إيه رأيك في الصورة؟ إيه رأيك في سن العريس و العروسة؟

٢- ليه الناس في القرية و المناطق الفقيرة بيتجوّزوا بدري؟

٣- إيه تأثير المشكلة دي على عدد السكّان؟

٤- ليه الناس في مجتمعات تانية بتتجوّز بدري؟

٥- إيه مشاكل الزواج المُبكّر؟

٦- إيه أحسّن سن مناسب للجواز في رأيك؟ ليه؟

٧- إيه تأثير الزواج المُبكّر على تربيّة الطفل - صحّة المرأة - التعليم؟

٨- إيه الإيجابيّات و السلبيّات في الظاهرة دي؟

تابع تقديم (٢أ)

١- ادرس الكلمات دي

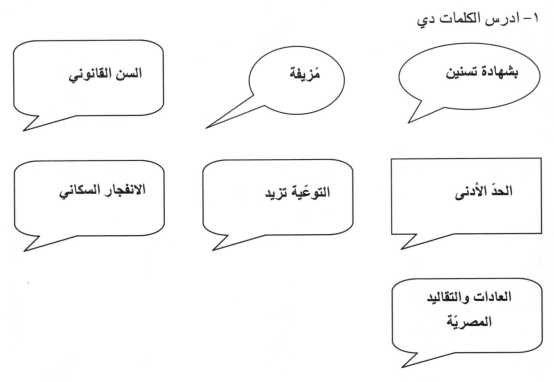

بشهادة تسنين

مُزيفة

السن القانوني

الحدّ الأدنى

التوعّية تزيد

الانفجار السكاني

العادات والتقاليد المصريّة

٢- اتناقش مع زميلك عن معاني الكلمات اللي فاتت.

٣- وصّل الكلمة بالمعنى.

الكلمة	المعنى
١- التوعيّة تزيد يعني	أ- الوقت اللي ممكن الشاب يبقى مسؤول عن تصرّفاته و يقدر يسوق عربيّة و يفتح حساب بنفسه في البنك.
٢- الانفجار السكّاني	
٣- العادات و التقاليد المصريّة	ب- شهادة رسميّة من الحكومة بيتكتب فيها يوم و مكان الميلاد.
٤- شهادة ميلاد	
٥- السن القانوني	ج- حاجة مش أصليّة أو حقيقية لكن تقليد.
٦- الحدّ الأدنى	د- عادات الأسرة و المجتمع اللي بتتكرّر جيل ورا جيل.
٧- مُزَيّفة أو مزوّرة	هـ- أقلّ مستوى أو سن مقبول من جهة رسميّة.
	و- الناس بتكتر و بتزيد أكتر من أماكن السكن و الشغل.
	ز- الناس تعرف و تفهم أكتر عن مشاكل الزواج المبكِّر.

تقديم (٢ب)

برنامج في بيتنا ضيف

كلمات مفيدة: يتفاهم مع المأذون / يخاف ربنا / العمر بيجري / يفقد شبابه / الأخلاق

الجزء الأوّل

بصّ للصورة. همّ فين؟

اسمع الحوار و جاوب و قول:

١- المذيعة سألت كام سؤال؟

٢- إيه هيّ أسئلة المذيعة؟

نصّ الاستماع: ٩

نوال	أهلاً ياحاجّة نادية . . أنا اسمي نوال مكّاوي . . صحفيّة و عايزة أعمل معاكي حوار عن تقاليدنا في الريف في القرية أيّام زمان.
نادية	أهلاً بيكي يامدام نوال أنا تحت أمرِك. اسألي أيّ حاجة.
نوال	إنتي منين ياحاجّة؟ و اتجوّزتي إمتى؟
نادية	أنا من قرية صغيرة جنب سمالوط. . صدّقيني ماأنا فاكرة اتجوّزت إمتى بالظبط يمكن من حوالي ٥٠ سنة.
نوال	إبنك الكبير عُمره قدّ إيه؟
نادية	إبني الكبير عُمره دلوقتي حوالي ٤٩ سنة.
نوال	٤٩ سنة؟ ياه! ليه؟ كان عندك كام سنة لمّا اتجوّزتي؟
نادية	كان عندي ١٢ سنة. أصل زمان ماكانيتش البنت بتكمّل تعليمها و فوق كده كانت أوّل مابتوصل سن البلوغ . . على طول تتجوّز. أبويا ماكانش بيدخّل بنات مدارس ثانوي و ماكانش بيقَعّد بنات في البيت . . بيجوّزهم على طول.
نوال	إيه ده؟ طيّب وإزّاي اتجوزتي؟ ده أنا عارفة إنّ السن القانوني للجواز عند البنات ١٦ سنة و الحدّ الأدنى عند الأولاد ١٨ سنة.
نادية	و مالُه! أبويا ماكانش بيخاف من الحكومة و لا حتى بيخاف ربنا. . كان بيطلّع شهادة ميلاد مُزَوّرة و يغيّر تاريخ الميلاد. . و علاوة على كده كان بيتفاهم مع المأذون. . و ممكن البنت تتجوّز غيابي من غير ماياخد رأيها أو رأي إخواتها.
نوال	طيّب كنتي سعيدة؟ و إيه هيّ المشاكل اللي قابلتك؟

نادية	من جهة سعيدة.. لا.. طبعاً ماكنتش سعيدة.. و في الحقيقة أنا قابلتني مشاكل كتيرة.. أنا كنت صغيّرة قوي.. عايزة ألعب و أجري مع أصحابي.. طبعاً ضاعِت طفولتي بالجواز ده.. و مش كده و بس.. ماكنتش بافهم حاجة عن الجواز و العلاقة الزوجيّة.. و عشان كده كرهت الجواز و العلاقة الزوجيّة.. و خُفت من جوزي سنين طويلة.
نوال	طيّب و عملتي إيه مع الأولاد؟
نادية	زي ماقلت لحضرتك خلّفت ابني الكبير و أنا صغيرّة قوي.. ولا كنت أفهم حاجة عن الأمومة.. كنت طفلة بتخلّف طِفل. و كانت النتيجة إنّي تعبت جداً و ماعرفتش أرَبّي إبني كويّس.. و بُسبب ده ماكنتش أم كويّسة لباقي الأطفال في بداية حياتهم. لكن الحمد لله بعد شويّة اتعلّمت منازل و اتثقّفت و قدرت أساعدهم بعد كده.
نوال	إنتي اشتغلتي ياحاجّة؟
نادية	لا مااشتغلتش.. ماكانش عندي خبرة في أي حاجة و ماكنتش فاضية. عشان كنت مشغولة بتربيّة الأولاد و بتثقيف نفسي. و الحمد لله أنا ذاكرت معاهم و علّمت نفسي و أخدت شهادة ثانويّة منازل.
نوال	تنصحى بنات و عائلات الأيّام دي بإيه ياحاجة؟ من خبرتك الشخصيّة؟
نادية	أنصح إن كلّ بنت لازم تكمّل تعليمها.. و تعيش طفولتها و كلّ مرحلة من عُمرها.. الجواز قاعد.. هيروح فين؟ لكن العُمر بيجري و لازم البنت تعيش حياتها صحّ. و أقول كلمة للأهل.. حرام.. حرام عليكم أولادكم.. و حرام عليكم العيلة اللي بتتكوّن في سن مُبكّر و قبل الأوان.
نوال	و إيه خطورة جواز الأولاد في سن مُبكّر و قبل الأوان؟

نادية	أولاً.. العيال بتكتر و بتزيد.. و ثانياً هيحصل انفجار سكّاني. و علاوة على كده الأخلاق و التربيّة هتقلّ.. عشان مافيش خبرة عند الأب و الأم لتربيّة الأطفال دول.. و مش كده و بس.. و الأزواج الصغيّرين دول هيفقدوا شبابهم و تعليمهم.. بسبب التعب و الشغل و تربيّة الأطفال.. أو يسيبوا عيالهم في الشوارع و الجريمة هتزيد. اكتبي يابنتي.. اكتبي في الجورنال وللا المجلّة بتاعتك عشان المجتمع يعرف الحقيقة و التوعيّة تزيد.. و تتغير العادات و التقاليد المصريّة و الريفيّة اللي في البلاد العربيّة.

اسمع مرّة تانية وجاوب

١- الحاجّة نادية اتجوّزت إمتى؟ كان عندها كام سنة؟

٢- اوصف شعورها أيّام ماتجوّزت؟

٣- هيّ قالت إيه عن تربية الأولاد – العلاقة مع جوزها – تعليم البنات – رأي البنت في العيلة؟

٤- إيه رأيها في موضوع الزواج المُبكِّر؟

الجزء التاني

اقرا مقالة الصحفيّة نوال مكّاوي. كتبت إيه في مجلّة "البيت السعيد" عن الحوار ده.

أعزائي القرّاء:

كنت محظوظة في مقابلة واحدة من ضمن ستّات ريف بلدنا.. اللي قابلوا مشكلة مهمّة و مؤسفة جداً في بداية حياتهم. و أتمنّى تكونوا سمعتم حوارنا في برنامج «في بيتنا ضيف». أنا باكتب لكم تاريخ حياة الستّ دي في سطور.. عشان تقروا بنفسكم المشكلة.

سألتها عن اسمها و بلدها.. فقالت إنّها من سمالوط و اسمها نادية.

سألتها عن سنّها و إذا كانت متجوّزة.. فقالت إنّها متجوّزة و عندها حوالي ٥٠ سنة.

سألتها كان عندها كام سنة لمّا اتجوّزت.. فقالت إن كان عندها ١٢ سنة.

سألتها إذا / لو كانت سعيدة.. فقالت إنّها ماكانتش سعيدة أبداً.

سألتها إذا / لو كانت اشتغلت.. فقالت إنّها مااشتغلتش أبداً عشان كانت مشغولة مع الأولاد و ماكانش عندها وقت.

و لمّا سألتها عن وجهة نظرها في الجوازّ المبكّر.. قالت إنّه بيضيّع طفولة و شباب الأولاد.

و لّما سألتها عن خبرتها و نصيحتها للشباب.. قالت إنّ كلّ بنت لازم تتعلّم و تشتغل و كلّ شاب يكمّل تعليمه و يشتغل الأوّل.

اكتب في جدول إيه الفرق بين سؤال المذيعة المباشر و سؤالها المكتوب في المقالة.

لاحظ القواعد

١٠

١- الفرق بين السؤال المباشر و غير المباشر

سؤال مباشر في حوار	سؤال غير مباشر أو مكتوب
١- اسمِك إيه؟	سألتها عن اسمها.
٢- إنتي منين؟	سألتها عن بلدها.
٣- إنتي متجوّزة؟	سألتها إذا كانت متجوّزة.
٤- عندك كام سنة؟	سألتها عن سنها.
٥- كان عندك كام سنة لمّا اتجوّزتي؟	سألتها كان عندها كام سنة لمّا اتجوّزت.
٦- إزّاي اتجوّزتي؟	سألتها اتجوّزت إزّاي.
٧- كنتي سعيدة؟	سألتها إذا كانت سعيدة.
٨- إنتي اشتغلتي؟	سألتها لو كانت اشتغلت.
٩- تنصحي البنات بإيه؟	سألتها تنصح البنات بإيه.
١٠-إيه وجهة نظرك؟	سألتها عن وجهة نظرها.
١١-إيه خطورة جواز الأولاد في سن مُبكِر؟	سألتها عن خطورة جواز الأولاد في سن مُبكِر.

٢- تركيب الجملة

كلام مباشر	كلام غير مباشر
السؤال باستخدام أدوات الاستفهام: إيه؟ فين/ منين؟ إمتى؟ إزّاي؟	 سألته / ها / همّ .. عن + الإسم سألته / ها / همّ .. عن + المكان سألته / ها / همّ .. عن + الوقت سألته / ها / همّ .. عن + الطريقة إزاى
أسئلة إجابتها أيوة / لأ: ١- السؤال باستخدام اسم الفاعل (إنت متجوّز؟)	سألته إذا كان متجوّز. أو لو كان متجوّز.
٢- السؤال باستخدام الفعل إنت اشتغلت؟ إنت بتشتغل؟ إنت هتشتغل؟	سألته إذا/ لو + كان + اشتغل + كان + بيشتغل + كان + هيشتغل
٣- السؤال باستخدام الجملة الاسميّة كنت سعيد؟	سألته إذا/ لو + كان + سعيد.

تدريب (٢ – أ)

كلمات مفيدة: الجريمة / هروب / الإعلام / التربيّة

كمّل الجملة بكلمة مناسبة. صحح مع زميلك

بيفْقِد – حدّ أدنى – الانفجار السكّاني – الجريمة – الأخلاق – السن القانوني – مُزَيَّفَة – توعيّة هروب – التربيّة – الإعلام.

١- زمان البنات كانت بتتجوّز أقلّ من ....

٢- الجواز في سن مبكّر ...... الأولاد طفولتهم.

٣- البنت ماعندهاش ...... كفاية بخطورة الزواج المُبكِّر.

٤- البنات و الصبيان بيتجوّزوا وهم أقل من .... للسن في القرية.

٥- الفلاّح في القرية بيعمل شهادة ميلاد ...... عشان يجوّز بنته.

٦- .... بيحصل بسبب الزواج المُبكِّر.

٧- ...... بتزيد بسبب الزواج المُبكِّر.

٨- ...... و ...... بيقلّوا بسبب كترة العيال.

٩- الجوازّ المبكّر بيسبب ...... الشباب من التعليم.

١٠- ...... لازم يقوم بدور مهمّ في التوعيّة بالمشكلة دي.

تدريب (٢ – ب(١))

حوّل السؤال المباشر لكلام غير مباشر.

١- تفتكري إنّ الحبّ في سن صغيّر هوّ السبب في الزواج المُبكِّر؟

٢- إنت اتجوّزت بشهادة ميلاد مزوّرة؟

٣- إنت كنت بتشتغل إيه لمّا اتجوّزت؟

٤- إنتي كنتي مبسوطة لمّا خلّفتي بدري؟

٥- إنتي ندمتي عشان اتجوّزتي صغيّرة؟

٦- إيه دور الإعلام في موضوع الزواج المُبكِّر؟

٧- تعتقدي إنّ الحبّ في سن المراهقة سبب في الزواج المُبكِّر؟

٨- إيه رأيك في فكرة الزواج في سن صغيّر؟

٩- إيه هيّ نتيجة الزواج المبُكِّر؟

١٠- بنلاقي مشكلة الزواج المُبكِّر فين؟

تدريب (٢-ب(٢))

عايزة أتطلّق يادكتورة

كلمات مفيدة: اكتئاب / أناني / ساخر / مُتَشائم / باتشتم / يأَسْت / مَحَبّة / اِحْتِرام / يشْتِم / مَكَانَة / اِعْتبار

ياسمين في عيادة دكتورة نسرين عبد الوهاب أخصائيّة الأمراض النفسيّة بمستشفى ناصر للأمراض النفسيّة بالمعادي.

اسمع وجاوب

١- مدام ياسمين عايزة إيه؟

٢- دكتورة نسرين سألت مدام ياسمين إيه؟

- •
- •
- •
- •
- •
- •
- •
- •
- •
- •

٣ – مدام ياسمين عايزة تسيب جوزها عصام ليه؟

٤ – لو إنت مكان دكتورة نسرين هتقترح إيه؟

٥ – تفتكر مين السبب في وضع الجواز ده؟ ليه؟

٦ – مدام ياسمين غلطانة في حاجة؟ إيه؟

٧ – إيه دور الأولاد في الأسرة دي؟

٨ – تنصح عصام و مدام ياسمين بإيه؟

٩ – تفتكر مشكلة الزواج المُبكِّر سبب من أسباب المشكلة دي؟ ناقش مع زملائك ليه قلت الرأي ده؟

١٠ – مهمّة ميدانيّة: اسأل مصريين عن تقاليد و عادات الزواج المصري.

- ليه العائلات بتحبّ تجوّز أولادها بدري.
- العروسة و العريس بيشتروا إيه؟
- اسأل عن: الشبكة / القايمة / الفرح.

قدّم معلوماتك للفصل.

تدريب (٢ – ج)

١- كوّنوا ٤ مجموعات أ – ب – ج – د

طلبة (أ / ج) كوّنوا أسئلة و اسألوا زملاءكم طلبة (ب / د) عن المشاكل دي .

طلبة (ب / د) يردّوا و يناقشوا زملاءهم في المشكلة و يقولوا ليه قالوا الرأي ده .

طالب (أ)

١- الجواز في سن صغير كويّس بيصون الأولاد من الخطأ .

٢- الأولاد مش لازم يكمّلوا التعليم و يتجوّزوا و يشتغلوا في أيّ صنعة .

٣- الستّ مش لازم تشتغل . . و تقعد في البيت عشان الراجل يبقى مبسوط و مايطلّقهاش .

٤- الراجل هوّ أهم شخص في البيت عشان بيكسب الفلوس و لازم الستّ و الأولاد يستحملوا كلّ حاجة يعملها .

٥- الستّ بعد ماتكبّر العيال ممكن تشتغل لكن مش في أوّل الجواز .

٦- الزوجة ممكن تحبّ واحد تاني عشان جوزها بيخونها .

٧- الطلاق أحسن حلّ للمشاكل الزوجيّة .

٢- اعكسوا المجموعات واسألوا

طالب (أ مع د) (ج مع ب)

مثال (أ مع د)   طالب (أ): طالب (ج) سألك إيه / عن إيه؟

طالب (د): سألني عن / إذا كان / لو . . . . . .

طالب (أ): فقلت له إيه؟

طالب (د): لمّا سألني عن . . . . . . قلت له إنّ . . . .

ثقافة أكتر – دردشة أكتر

١- مع الكاريكاتير: ناقش مع زميلك إيه المشكلة في كلّ صورة؟ و اقتراحك لحلّ المشكلة

٢- من مكتبة الأفلام

١- استخدم مكتبة الفيديو أو شبكة الإنترنت للحصول على معلومات عن فيلم بيتكلّم عن مشكلة الطلاق في المجتمع المصري .

اقتراح: "أريد حلاً"   تأليف: حسن شاه   إخراج: سعيد مرزوق

أفلام جمال الليثي   ١٤ ش سراي الأزبكية – القاهرة

تليفون: ٢٥٩١٩٢٧٢ – ٢٥٩١٧٩١٨

قدّم للفصل فكرة الفيلم وناقش:

أ – أحداث الفيلم   ب – دور بطل و بطلة الفيلم   ح – أهم أدوار تانية عجبتك

د – مشكلة الفيلم   هـ – علاج المشكلة في الفيلم   و – رأيك في العلاج

ملحوظة: يمكن الحصول على هذه الأفلام بالدخول إلى موقع جوجل – أدب و فن .

٢- حضّر موضوع عن الطلاق في المجتمعات المختلفة (مجتمعك مثلاً) و ناقش في الفصل:

أ – رأيك في مبدأ الطلاق؟   ب – منتشر في الشرق أو الغرب أكتر؟ ليه؟

ج – إمتى الطلاق يكون حلّ؟ ليه؟   د – قوانين الطلاق في مصر إيه؟ اسأل عنها.

هـ – قانون الطلاق في بلدكم إيه؟   و – إيه تأثير الطلاق على الأولاد؟

ز – إيه تأثير الطلاق على الزوجين؟   ح – تأثيره في المجتمع عموماً؟

ط- ادخل على شبكة الإنترنت و اقرا عن قانون الأحوال الشخصيّة المصري. أو اسأل مصريين.. قدّم معلوماتك للفصل.

نصّ الاستماع لتدريب (٢ - ب(٢))

١١

دكتورة: إيه مالك يامدام ياسمين؟ فيه إيه؟ خير؟

ياسمين: أنا عندي اكتئاب جامد يادكتورة.. بابكي طول الوقت.. و مش عايزة آكل و لا أنام. و مش طايقة أكلّم حدّ.. و مش عايزة أقعد في البيت. مش طايقة أشوف جوزي و لا أتكلّم معاه.. عايزة أسيب البيت.

دكتورة: ليه بس كده؟ عايزة تسيبي البيت إزّاي؟ و فين جوزك و فين عيالك؟

ياسمين: لا خلاص عيالي كبروا و اتجوّزوا الحمد لله.. أنا بقيت جدّة يادكتورة .. أنا عندي ٣ أحفاد.

دكتورة: طيّب كويّس قوي.. مش ده يخلّيكي سعيدة.. لمّا تشوفيهم و تلعبي معاهم؟

ياسمين: المشكلة مش في عيالي و أحفادي. دول همّ اللي مخلّيني عايشة لحدّ دلوقتي.. المشكلة في جوزي يادكتورة.. إهئ.. إهئ.

دكتورة: طيّب بسّ.. بسّ.. قوليلي بسّ إيه المشكلة بالظبط؟

ياسمين: أصل الحكاية إنّي اتجوّزت عصام جوزي وأنا صغيّرة قوي.. عشان إحنا كنا على قدّنا وبابا ماقدرش علي مصاريف الجامعة .. و كان عاوزني أتجوّز ابن عمي عصام بدري قبل الجامعة وأنا في المدرسة الثانوي.

دكتورة: ياه!! ده بدري قوي.. وكنتي بتحبّي عصام جوزك؟

ياسمين: لا طبعاً.. ده كان زيّ أخويا.. لكن بابا ماكانش عايزني أدرس في الجامعة. المهمّ.. اتجوّزت وأنا عندي ١٦ سنة وكان ده بالنسبة لي صدمة.. ماعرفتش يعني إيه أصحاب وخروج وفُسَح.

دكتورة: ليه؟ خلّفتي على طول؟

ياسمين	بعد ٩ شهور بالظبط وطبعاً زيّ مإنتي عارفة الرجّالة.. ماكانش بيساعدني في حاجة أبداً. خلّفت بعد بنتي الكبيرة ٤ أولاد، ٣ ولاد وبنت.. كنت زيّ الخدّامة في البيت.. ماعنديش حقوق غير خدمتهم و خدمته. هو أناني و ساخر جداً.. و متشائم على طول.
دكتورة	طيّب ما كلّ الأمهات بتعمل كده! زعلانة ليه؟
ياسمين	لكن فيه شُكر و مَحَبّة و اِحْترام من أجوازهم.. أنا كنت باتْضِرب و باتْشِتِم قُدّام الولاد.. مافيش مصروف ليّا و لا حياة خاصّة. و لا حُبّ و لا فُسَح. لكن هوّ كان بيخرج و يسهر و يسْكَر و ينْبِسط مع أصحابه.. و أنا ماليش أي مَكَانَة أو اِعْتبار.
دكتورة	طيّب إيه الجديد اللي دايقك؟ مإنتي كنتي قابْلة الوضع ده.. فيه إيه جديد؟
ياسمين	عِرفت إنّه على علاقة بواحدة.. هوّ ده الجديد يادكتورة.. أنا مش ممكن أعيش معاه في الوضع ده. و رُحت لمحامي و طلبت الطلاق و كنت عايزة حضرتك تكتبيلي على دوا. عشان الاكتئاب و الوقت الصعب اللي أنا بامرّ بيه دلوقتي. أنا خلاص يأَسْت من الجوازة دي.
دكتورة	طيّب إيه موقف الولاد؟
ياسمين	بنّتي مش موافقة على الطلاق و بتقوللي طوّلي بالك ياماما و اتفاهموا.
دكتورة	طيّب و إيه رأي أولادك الرجّالة؟
ياسمين	الأولاد موافقين على الطلاق و بيقولولي بابا راجل أناني.. و طول عمره بيسخَر منّك و بيستهزأ بيكي و مابيحْتِرمكيش.. و دايماً شايف الدنيا سودا.. و إنتي إتأثّرتي بالنظرة السودا دي و جالك اكتئاب. إيه رأيك يادكتورة؟
دكتورة	إم.. طيّب خدي الدوا ده.. و هاقابلك مرّة تانية لمّا تِهدي شويّة و نتكلّم تاني.

الوحدة التانية

استراتيجيّات و تعليم ١

محتويات الموضوعات في الوحدة التانية

- تقديم (١) تقديم و سرد حقائق عن التعليم .
  وصف استراتيجيّات لطُرُق تعلُّم أفضل .
  الكلام عن أوضاع التعليم الحالية و المستقبليّة .
  وصف أنواع التعليم و مشاكل التعليم .

- تقديم (٢) توصيّات و أفكار لتطوير مهارات التعلُّم
  اقتراحات لتطوير طُرُق التعليم في المدارس .
  الكلام عن العُنف في المدارس .

فهرس الكلمات في وحدة ٢

تقديم (١)

تعليم إجباري – بالمجّان – يتهرّب من التعليم – مصروفات رمزيّة – مُلْحق – مجموعات تقويّة – أبنية تعليميّة – معاهد تعليميّة – مَرَافِق – المرحلة الابتدائيّة – وِرَش عَمَل – يتطوّر – التعليم بالانتساب – التعليم الفنّي – اتدعّم – اتشجّع – مناهج – طُرُق التعليم – نجاح – اتنفّذ – بشكل كبير – مجلس الوزراء – تعلُّم – صعُوبَة – مُعَقّدة – شِلّة – فَشَل – مُؤخّراً – نَصَح – نَفَعْني – الدنيا مشيت كويّس – أماكن تابعة للوزارة – الحصول على شهادة – التعليم المفتوح – التعليم بالانتساب – التدريب المِهَني – الدراسات العليا – الدراسات الحرّة – عدم الانضباط – يتمرّد – يفْقِد الحماس – يرفُض الدراسة – شوى.

تقديم (٢)

مَعْرِفة – قوّة – تطبيق – مُمارْسة – حصص إضافيّة – أكبر قدر ممكن من – مش أقلّ من – من حقّ – يتْعَاد النَظَر فيها – القوانين تِتْشدّد شويّة – رُؤية – سواء في .. أو في .. – مِنَح – تِتْبَنَى – رياضة بدنيّة – حدّ أقصى – مَعامِل – المدارس – عُلماء – مواد أدبيّة – مُشارْكة – نَدوة – يتْغرّم – الإهمال – المسئوليّة – تِتْنَقّى المواد – مُقرّرات – تُؤهِّل – حشو – بعض – تَوَسُّع – يتْكرْوت – انْطِباع – حوافز – أداؤه – هتمشي أحسن – ينفّذ – ثِقَة – إعداد – يتحَمّل مسئوليّة – مُستقِلّ – طُرُق التدريس – تقييم الدرجات – يبطّل كلام – ينتبه للمدرّس – يقلّ أدَبُه – طالب مُخالِف – تصريح – إصابات بدنيّة.

أوضاع التعليم

تقديم (أ١)

كلام عن التعليم

كلمات مفيدة : إجباري / بالمجّان / يتهرّب من التعليم / مصروفات رمزيّة / مُلْحق / مجموعات تقويّة

اتفرج مع المدرس على برنامج "رأي الناس".

دردشة حرة:

١- اقرا بعض المعلومات عن المدارس المصريّة و ناقش مع زميلك اختلاف الوضع في بلادكم.

- التعليم إجباري من سن ٦ لـ ١٦ سنة.
- العائلات في الريف زمان كانوا بيتهرّبوا من التعليم الإجباري عشان أولادهم تساعدهم في الزراعة.
- التعليم بالمجّان في المدارس الحكوميّة و بعض الجامعات.
- فيه مدارس نموذجيّة حكوميّة بمصروفات رمزيّة أو مخفَّضة للمتفوّقين.
- التعليم الخاص مستويين:
  ١- تعليم خاص لغات بمصروفات متوسطة من ٢٠٠٠ - ٥٠٠٠ جنيه.
  ٢- تعليم خاص لغات استثماري بمصروفات عالية جداً ابْتداء من ١٠,٠٠٠ جنيه.
- فيه مدارس أزهريّة .. بتعلّم علوم أزهريّة و دينيّة بجانب التعليم العادي. مدّة الدراسة ٥ سنين قبل الجامعة.
- اليوم الدراسي في المدارس الخاصّة بيبتدي من السّاعة ٨ للسّاعة ٣.
- اليوم الدراسي في المدارس الحكوميّة على فترتين من السّاعة ٨ - ١٢ .. و من السّاعة ١ - ٥.
- الدراسة بتبدأ في سبتمبر و تنتهي في مايو.
- الطالب اللي بيسقط في امتحان مايو بيعمل مُلْحق في شهر أغسطس.
- بعض الطلبة الضُعاف بيحتاجوا دروس خصوصيّة أو مجموعات تقويّة في المدارس قبل المُلْحق أو الامتحانات.

- ٩٠٪ من طلبة المدارس عندهم واجبات منزليّة لمدة ٣ ساعات على الأقلّ.
- أغلب الطلبة بتتفرّج من ٣ ساعات – ٥ ساعات على التليفزيون في الأجازة و حوالي ساعة يومياً في أيّام الدراسة.
- الطلبة في المدارس الاستثماريّة بيستعملوا الكومبيوتر في المدارس.
- مافيش حصص موسيقى و ألعاب رياضيّة في المدارس الحكوميّة للي عندهم فترتين دراسيتين.
- سنة تانية و تالتة ثانوي بتحدّد درجات و مجموع الطالب للجامعة.

٢- اتكلّم عن المدارس في بلدك و اسأل زميلك عن نظام الدراسة في بلده.

تقديم (١ب)

مدارس وتعليم

كلمات مفيدة : أبنيّة تعليميّة / يتطوّر / معاهد تعليميّة / مَرَافِق / المرحلة الابتدائيّة / وِرَشْ عَمَل

مدام هِبه حنا – أستاذ عبد الحليم بسيوني – أستاذ مصطفى عبد الوهاب مسئولين كبار في وزارة التربيّة و التعليم و عندهم اجتماع عشان يبحثوا و يناقشوا آخر التطورات في المدارس و التعليم.

اسمع كلّ شخص بيتكلّم عن إيه؟

٢

تعليق (١)

مدام هِبه	بالنسبة للأبنية التعليميّة و مباني المدارس القديمة فأنا لمّا سألت سيادة الوزير عن وضع مباني المدارس و المعاهد التعليميّة .. قال لي إنّ فيه مدارس كتيرة بتتبني حالياً .. و المدارس القديمة اتصلّحت بالإضافة إلى إنّ عدد المدارس هيتزوّد على آخر السنة الجايّة. و قال لي .. إنّ فيه ملاعب هتتْعِمل جنب المناطق العشوائيّة عشان مافيش ملاعب كفاية في المناطق دي و مدارسهم صغيّرة .. مش كده و بس و قال لي إنّه مهتمّ جداً بإصلاح المرافق القديمة في أي مدرسة تبلّغ عن حالتها .. فالحمد لله دلوقتي المدارس القديمة مرافقها بتتجدّد و أسوارها بتتعلّى و فصولها اتوسّعِت و ملاعبها اتصلّحت و طبعاً دي حاجة مُشجِّعة.

تعليق (٢) ٣

عبد الحليم: و أنا لمّا سألت أستاذ حجاج المسئوول في الوزارة إذا كان فيه أي أخبار جديدة؟ فقال لي إنّ مُعظم مناهج المرحلة الثانويّة بتتغيّر عشان بعض المواد اتلَغِت و نظام الامتحانات هيتطوّر .. و لمّا سألته عن المرحلة الابتدائيّة .. قال لي .. إنّ الدراسة هتتغيّر .. و نظام ٥ سنين هيتعدّل .. و التعليم الأساسي هيتنظّم و يبقى ٦ سنين .. و طبعاً دي أفكار إيجابيّة جداً و خطوات رائعة. بالإضافة إنّ عدد الطلبة في الفصول هيتقلّ و الدراسة على فترتين هتِتْلغي إنّ شاء الله.

تعليق (٣) ٤

مصطفى بسيوني: أنا أخدت مسئولية تطوير اللغة الأجنبيّة التانية و إنّ شاء الله فيه برامج كتيرة هتترتّب لتطوير مدرّس اللغة الأجنبيّة. اجتماعات .. وِرَش عمل .. و محاضرات عشان تحسين طُرُق التدريس .. و فيه مساعدات من بلاد أجنبيّة ناطقة باللغة و عندهم خبرة في تدريس لغتهم. و هتترتّب معاهم مقابلات و مؤتمرات .. علشان هدف الوزارة إنّ اللغة الأجنبيّة تتدرّس في المدارس الحكوميّة بطريقة أفضل .. و هتتدرّس إجباري من أوّل المرحلة الابتدائيّة عشان محدّش ياخد دروس خصوصيّة و يتهرّب من تعليم اللغة الأجنبيّة أو يهملها.

اسمع مرّة تانية و املا الجدول

الاسم	اتعمل	هيتعمل
مدام هبه	المدارس القديمة اتصلّحت	ملاعب جديدة هتتعمل
	....	....
أستاذ عبد الحليم	بعض المواد اتْلَغِت	....
	....	....
أستاذ مصطفى	....	نظام المُلْحق هيتطوّر

لاحظ القواعد

١- الفعل في صيغة المبني للمجهول في الماضي يكون بإضافة (اِتْ) للفعل. اتعَمَلت (ات ـَـَ لت).

٢- الفعل في صيغة المبني للمجهول في المستقبل يكون بإضافة (هيتـ) للفعل. هيتعِمِل (هيت ـِـِ ل).

★ يشرح الفعل المبني للمجهول باللغة الفصحى بطريقة تفصيلية أكثر و بقواعد منتظمة مبنية على أوزان الفعل. و لكن بالنسبة للغة العامية نحاول تقريب الفعل المبني للمجهول كمعنى و ليس بطريقة قواعد شرح الفصحى حتى يكون مفهوماً و سهلاً لدارس العامية المصرية.

٤– ادرس الجدول

نوع الفعل	الفعل المبني للمعلوم	الفعل الماضي المبني للمجهول		الفعل المبني للمجهول للمستقبل		
		مثبت	منفي	مثبت	منفي	
الفعل الثلاثي						
السالم	عمل	اِتْعَمَل	مَااتْعَمَلش	هَيتْعمل	مش هَيتْعمل	٥
المهموز	سأل	اِتْسَأل	مَااتْسَألش	هَيتْسئل	مش هَيتْسئل	
المضعّف	حطّ	اِتْحَطّ	مَااِتْحطّش	هَيتْحَطّ	مش هَيتْحَطّ	
الفعل الثلاثي معتلّ (الأوّل)	وِقِف	اِتْوَقَف	مَااتْوَقَفش	هَيتْوقِف	مش هَيتْوقِف	٦
معتلّ الوَسط بالألف	خاف عليه	اِتْخاف عليه	مَااتْخَافش عليه	هَيتْخَاف عليه	مش هَيتْخَاف عليه	
بالواو	شوى	اِتْشوى	مَااتْشواش	هَيتْشوي	مش هَيتْشوي	
معتل الآخر	قال	اتقال	ما اتقالش	هايتقال	مش هايتقال	
بالياء	نِسِي	اِتْنسى	مَااِتْنَساش	هَيتْنِسي	مش هَيتْنِسي	
الفعل أكثر من ٣ حروف	صَلَّح	اِتْصَلَّح	مَااِتْصَلَّحْش	هَيتْصَلَّح	مش هَيتْصَلَّح	٧
	لاقى	اِتْلاقى	مَااِتْلاقاش	هَيتْلاقى	مش هَيتْلاقى	

٥– بعض الأفعال اللازمة مالهاش مبني للمجهول زي: تِعِب.

٦– التصريف حسب المذكّر والمؤنّث.

	ماضي مبني للمجهول		مستقبل مبني للمجهول	
مذكرّ	اِتْعَمَل	مااِتْعَمَلْش	هيتْعمل	مش هيتْعمل
مؤنث	اِتْعَمَلت	مااِتْعَمَلتْش	هتتْعمل	مش هتتْعمل

٧– أفعال تبدأ بالهمزة أو بدونها:

أخد / خَد	اِتّاخد / مااِتاخدتش	هَيتّاخِد	مش هَيتّاخِد
أكل / كلّ	اِتّاكل / مااِتاكلش	هَيتّاكِل	مش هَيتّاكِل

تدريب (١ – أ)

كلمات مفيدة : التعليم بالانتساب / التعليم الفنّي / اتدّعم / اتشجّع / مناهج / طُرُق التعليم / نجاح / اتنفّذ / بشكل كبير / مجلس الوزراء

دي أخبار قالها مسئوول في وزارة التعليم عن الحاجات اللي اتعملت و اللي لسّه هتتعمل في الوزارة.

١ – طالب (أ): اقرا نصّ الجملة من عمود (١) و طالب (ب): اقرا نصّ الجملة المناسب من عمود (٢).

٢ – كوّنوا سؤال لكلّ جملة بالتبادل و مثّلوا الحوار باستخدام السؤال و الجواب.

طالب (أ) (١)	طالب (ب) (٢)
١ – التعليم بالانتساب اتعمل في جامعة كبيرة اسمها الجامعة العماليّة.	أ – و الكتب اتبسّطت. و بناءً عليه الامتحانات و الأسئلة هتتغيّر .. و طبعاً نتيجة لكده المادة هتتفهم أحسّن.
٢ – مستوى اللغة الأجنبيّة اتطوّر.	ب – و طبعاً بسبب كده شخصيّة الطالب هتتطوّر و صحته هتتحسّن و مذاكرته هتبقى أفضل.
٣ – فكرة التعليم الفنّي اتدعّمت و اتشجّعت جداً من مجلس الوزراء.	ج – و بناء عليه الأماكن في الجامعة اتزوّدت و طُرُق التعليم الجامعي هتتحسّن.
٤ – قُريّب إنّ شاء الله هتتدرّس الموسيقى و الرياضة في المدارس الحكوميّة بطريقة أفضل.	د – و المناهج اتغيرّت. و مش كده وبس .. فيه معامل للغة هتتعمل بصوت مدرّسين أجانب عشان الطالب يسمع نطق اللغة بنفسه.
٥ – مناهج اللغة العربيّة اتْحسّنت.	هـ – بالإضافة إلى إنّ نجاح فكرة التعليم عن بُعد عن طريق الانترنت اتنفّذت. و طبعاً فرص كتيرة اتفتّحت لكلّ اللي عايز يتعلّم أو يتطوّر.
٦ – فيه جامعات كتيرة اتْبَنِت.	و – مش بس كده لكن عدد الوظايف الفنيّة اِتْزَوّد و بِتْتِطلب الوظايف دي بشكل كبير و مستمرّ دلوقتي.

٣ – ناقش مع زميلك إيه وضع القضايا اللي اتكلّمتوا عنها في بلادكم؟

- أي مشكلة موجودة عندكم وأي مشكلة مش موجودة؟ بلدكم بتعالج المشكلة دي إزّاي؟
- إيه رأيك في كلّ رأي من اللي فاتوا .. عندك رأي أحسن عشان تطوير التعليم؟ اتكلّم مع زميلك.

تدريب (١ - ب(١))

استراتيجيّات و خبرات في طُرُق التعلُّم

كلمات مفيدة : تعلُّم / صُعُوبة / مُعَقّدَة / شِلّة / فَشَل / مؤخّراً / نصح / نفعني / الدنيا مشيت كويّس

أ – إيه أكتر مهارة أو دراسة أو هواية تحبّ تتعلّمها؟ إزّاي هتتعلّم المهارة دي؟
اتقسّموا مجموعات و ناقشوا السؤال ده. كلّ طالب يقول أفكاره قدّام الفصل.

ب – محمد و سونيا و عيشة طلبة في الجامعة بيشاركوا بعض أفكارهم عن إيه أحسن طريقة و خطّة نفّذوها عشان يوصلوا لأسرع طريقة في تعلُّم مهارة أو دراسة كانوا عايزينها.

١- اسمع و جاوب

أ – مشكلة محمد كانت إيه؟ ب – إيه مشكلة سونيا؟ ج – إيه مشكلة عيشة؟

٢- اسمع مرّة تانية واملا الجدول

الاسم	خطتهم للتعلُّم (حلول)	مشاكل قابلتهم وقت التنفيذ
١- محمد	كوّن مجموعة مذاكرة	
٢- سونيا		
٣- عيشة		

٣- شاركوا بعض من واقع حياتكم بتجارب في تعلّم مهارات تعليميّة و مشكلات حقيقيّة عن صعوبات في التعلُّم. و إزّاي قدرتوا تحلّوا المشاكل دي.

تدريب (١ - ب(٢))

كمّل آراء الناس دول عن خبرتهم وتجاربهم في تعلُّم حاجة جديدة.
استعمل صيغة الماضي أو المستقبل المبني للمجهول في أكتر من إجابة كلّ ما أمكن.

١- اتعلّمت السواقة كويّس لمّا ....
٢- مادة التاريخ اتحفظت كويّس لمّا ....
٣- دراستك للغة الأجنبيّة هتتحسّن لو ....
٤- التعليم هيتطوّر لمّا ....
٥- الكومبيوتر اتصلّح عشان ....
٦- عزْفَك على البيانو هيتحسّن لو ....
٧- تعليم الحساب المتقدّم هيتفهم أسهل إذا ....
٨- اتعرّفت على معظم برامج الكومبيوتر الأخيرة لمّا ....
٩- اتفهم درس الكيمياء كويّس عشان ....
١٠- التلاّجة اتصلّحت لمّا ....
١١- برنامج الكومبيوتر اتغيرّ عشان ....
١٢- العربيّة اتعطلّت لأن ....
١٣- الكهرباء اتقطعت لمّا ....

الحل: مثال (١) اتعلّمت السواقة كويّس لمّا اتمرّنت في مدرسة سواقة محترمة.
(٢) مادة التاريخ اتحفظت كوّيس لمّا اتشرحت لنا بطريقة سهلة.

تدريب (١ - ج(١))

اختار موقف من المواقف دي و اشرح لزميلك إزّاي الشخص ده يتّساعد؟ إيه الأفكار اللي ممكن تساعده عشان يتعلّم مهارة جديدة؟ أو عشان مهاراته تتطوّر؟

١- زميل عايز شُغْل جديد و مايعرفش كومبيوتر.
٢- زميلك عايز يتعلّم جيتار و إنت بتعرف تعزف كويّس.
٣- زميلة عايزة تتعلّم برنامج جديد في الكومبيوتر.
٤- زميل عايز يسوق موتوسيكل.
٥- زميل عايز يتعلّم العربي بطريقة أفضل.

تدريب (١ – ج(٢))

تمثيل

طالب (أ): إنت صاحب منزل قديم و عايز يتصلّح و بتقول للمهندس على تصليح حاجات زي: (الأرضيّات – الحيطان – الشبابيك – الدهانات – السباكة – الكهربا .. إلخ).

طالب (ب): إنت مهندس و بتتكلم عن التكلفة و الوقت اللازم للإصلاحات دي.

تدريب (١ – ج(٣))

أنواع التعليم في مصر

كلمات مفيدة : أماكن تابعة للوزارة / الحصول على شهادة

١– وصّل معاني الكلمات (أ) مع (ب).

(أ)	(ب)
١– التعليم المفتوح	– المواد الفنيّة أو الصناعيّة و التجاريّة اللي بتتدرس في المدارس الثانوية.
٢– شهادات المنازل	– الطلبة بيتعلّموا في المدارس و الجامعات الخاصة بمصروفات عالية.
٣– التعليم بالانتساب	– العلوم بتتدرّس في البيت و شهادة الثانوية العامّة بتتّاخد بعد امتحان عام لكلّ اللي بيدرسوا في البيت.
٤– التدريب المِهَني	– الطلبة بيتدرّبوا على الحِرَف في أماكن تابعة للوزارة عشان يتمرّنوا على المهنة اللي عايزين يتعلّموها.
٥– التعليم العام	– الطلبة بيتعلموا في المدارس و الجامعات الحكوميّة و المصروفات اللي بتتدفع أقلّ من التعليم الخاص.
٦– الدراسات العُليا	– كورسات ممكن تتدرّس عن طريق الكومبيوتر و بالمراسلة.
٧– الدراسات الحرّة	– برنامج للحصول على شهادات الماجستير أو الدكتوراه في الجامعات و المعاهد المختلفة.
٨– التعليم الخاص	– الشهادات اللي بتتاخد من جامعة مسائيّة و بعد ما الطالب يتخرّج من الجامعة.
٩– الدراسات المسائيّة	– الطلبة بتحضر المحاضرات من غير حضور وغياب والمصاريف اللي بتتدفع أقلّ.
١٠–التعليم الفنّي التجاري	– برنامج لتعليم الكبار اللي عايزين يكمّلوا تعليمهم .. و شهادة البكالوريوس بتتاخد عن طريق التعليم بالڤيديو .. و مقابلة الأستاذ مرّة واحدة في الأسبوع .. تعليم حرّ .. ممكن الكورسات تتاخد على مراحل طويلة.

٢- ناقش اتنينات أو مع الفصل في مجموعات.

١- إيه هيّ إيجابيّات و سلبيّات كلّ نوع من أنواع التعليم دي؟

٢- فيه أنواع تعليم تانية عندكم في بلدكم؟ إيه هيّ؟ و إيه مميّزات و عيوب كلّ نوع؟

٣- درست في أي نوع من أنواع التعليم دي؟ إيه خبرتك الشخصيّة مع نوع التعليم اللي درسته؟ إيه مميّزاته و إيه عيوبه؟

٤- بتأيّد أي نوع تعليم منهم؟ ليه؟

٥- إيه أوضاع أنواع التعليم اللي فاتت في بلدك؟

أ - أنهي أكتر نوع مطلوب؟

ب - إيه مناسب أكتر للوظايف عندكم؟

ج - الطلبة بتحبّ أنهي نوع أكتر؟

د - أنهي أغلى نوع تعليم (جامعي .. انتساب .. فنّي)؟ ليه؟ و أنهي نوع وظيفة مناسب للتعليم ده؟

ثقافة أكتر – دردشة أكتر

١- مع الكاريكاتير

ناقش مع زميلك معنى كلّ صورة؟ و بتتكلّم عن أى موضوع؟

كلمات مفيدة : عدم الانضباط / يتمرّد / يفْقِد الحماس / يرفُض الدراسة

٢- من مكتبة الأفلام

عن الانضباط في المدارس: اتفرّج مع زملائك على مقاطع من مسرحيّة "مدرسة المشاغبين".

إخراج مسرحي: جلال الشرقاوي

توزيع: السبكي فيلم ١٠٣ ش التحرير - بالدقي تليفون: ٣٧٤٩٩٥٢٥

و ناقش في الفصل مع زملائك الأسئلة دي.

١- إيه أسباب عدم الانضباط في المدرسة؟
٢- إمتى احترام المدرّس بيقلّ؟ إيه أسباب الموضوع ده؟
٣- إمتى الطالب بيتمرّد و يعترض على السلطة؟
٤- إيه أسباب ضعف السُلْطة في المدارس و المعاهد العلميّة؟
٥- إيه هيّ الأسباب اللي بتخلّي الطالب يرفض الدراسة و يفقد حماسه ليها؟
٦- إيه هيّ الأسباب اللي بتشجّع الطلبة على الحماس في الدراسة؟
٧- تفتكر نفس المشاكل دي في بلدكم؟ ليه؟اشرح إزّاي المدرسة أو الجامعة بتتعامل مع المشاكل دي؟
٨- إيه دور البيت / التربيّة / الدين في المشاكل دي؟
٩- اتقسموا مجموعتين: مجموعة (أ) بتمثّل الطلبة - مجموعة (ب) إدارة المدرسة أو الجامعة. كلّ مجموعة تقول أسباب المشاكل اللي فاتت و طريقة الحلّ من الطرف التاني.
١٠- كلّ مجموعة تقدّم طلبات و توصيّات للمجموعة التانية.

٣- في الكلام عن شهادات المنازل و كورسات الكومبيوتر

ده رأي ٢ من الشباب اتعلّموا بطريقة مختلفة. اسمع و ناقش الآراء دي في الفصل.

حالة (١) طالبة درست الثانوية العامّة في البيت (منازل) و بعدين اتخرّجت من الجامعة و أخدت البكالوريوس عن طريق الانتساب. هيّ رأيها إنّ:

أ- التركّيز في البيت و تحصيل المعلومات في البيت أفضل.
ب- المدارس والجامعات فيها طلبة كتير بيضيّعوا الوقت بالإضافة لصعوبة التعامُل مع شخصيّاتهم المختلفة.
ج- التعليم في البيت أرخص عشان مافيش مواصلات كتير و تكاليف ركوب و تاكسيّات.
د- التعليم في البيت بيوفّر الوقت عشان الشوارع زحمة.
هـ- فيه مرونة في وقت المذاكرة. (أذاكر وقت ماأنا عايزة).
و- التعليم في البيت بيحمي من الشارع و المعاكسات و تأثير أصدقاء السوء و الجريمة و المخدرات.

حالة (٢) طالبة نظاميّة درست الثانوية العامّة في المدرسة و اتخرّجت من جامعة خاصّة و درست كورس عن طريق الكومبيوتر. اسمع رأيها وناقش:

١- إيه مميّزات الدراسة النظاميّة في الجامعة؟

٢- إيه عيوب الدراسة النظاميّة؟

٣- إيه أحسن في رأيك؟ ليه؟

٤- اتكلّم عن بلدك. الطلبة بتفضّل أنهي نوع و ليه؟

٥- اتقسموا مجموعتين: مجموعة (١) بتأيّد الدراسة من البيت و نظام الانتساب و كورسات الكومبيوتر المنزليّة. مجموعة (٢) بتأيّد الدراسة النظاميّة و كلّ مجموعة تعبّر عن رأيها. اتكلّموا من خبرات حقيقيّة في بلادكم.

 ٨

نصّ الاستماع لتدريب (١ - ب(١))

سونيا	أخبار الدراسة إيه يامحمد؟ المواد الدراسيّة عاملة إيه معاك؟
محمد	كان عندي صعوبة في تعلُّم و دراسة الفيزياء .. طبعاً إنتي عارفة إنّها مادة صعبة قوي .. الدروس اتشرحت لنا أكتر من مرّة .. مش كده و بس و المحاضرات اتكتبت قُدّامي. و لكن برضه كان عندي مشكلة في دراستها. بالإضافة إنّ الدروس اتكتبت في الكتاب بطريقة مُعقّدة .. فطبعاً أنا حسّيت بالفشل شويّة. و بعدين قرّرت إنّي أحاول تاني .. و جت لي فكرة كويّسة!! كوّنت مجموعة مذاكرة مع أصحاب عندهم نفس المشكلة. شلّة كده .. نذاكر مع بعض. و الحمد لله الشلّة اتكوّنت .. و الدروس اتحضّرت .. و كلّ واحد قدّم درس بطريقة سهلة .. علاوة على إنّ الدروس اتناقشت أحسن .. فبقت المعلومة أوضح. بس المشكلة .. إنّ ساعات بعض طلبة مننا بيتأخّروا و مابيقروش الدرس .. فطبعاً الدرس مابيتْحضّرش كويّس .. و بتِتْعطّل المجموعة و الموضوع ده بيدايقني جداً .. أعتقد إن فيه نصايح و ملاحظات هتتقالهم عشان كلّنا نستفيد.
عيشة	طيّب و إنتّي ياسونيا فيه مشكلة قابلتك مؤخّراً قِدرتي تتغلّبي عليها؟
سونيا	المشكلة اللي قابلتني هيّ الشغل على برنامج جديد في الكومبيوتر .. حاولت أتعلّمه لكن مافهمتش فيه حاجة. فطبعاً أنا افتكرت إنّ الكومبيوتر بتاعي فيه مشكلة .. اتركّب

أو اتصلّح غلط . . أو إنّ البرنامج اتْشَرَح لي بطريقة مُعقدّة. و لمّا سألت زميلي عن مشكلة البرنامج ده . . نصحني إنّي أطلب المهندس أحسن. و فعلاً طلبت مهندس الكومبيوتر و الحمد لله البرنامج اتْعدّل و اتحلّت المشكلة . . و المذاكرة بتاعتي دلوقتي هتتحسّن . . و هاقدر أساعد المجموعة بتاعتي بالدروس اللي هتتحضّر أسرع.

محمد: و إنتّي ياعيشة إيه أخبارك اتعلّمتي حاجة جديدة؟

عيشة: آه طبعاً إنت عارف أنا دايماً باحبّ أتعلّم حاجة جديدة. شوف ياسيدي . . أنا كنت مسافرة الصيف اللي فات ده ألمانيا . . فقلت أتعلّم ألماني. آخدلي كورس و لا اتنين. و الحمد لله لقيت في الجامعة فيه قسم ألماني و كورس لسّه هيبتدي. و قدرت آخد الكورس ببلاش . . عشان أخويا رئيس القسم. طبعاً الطلبة اللي هناك كانوا شاطرين قوي . . أوّل مايسمعوا الدرس اِتْشَرح لهم أو الكاسيت اِتْسَمّع لهم . . يفهموا على طول . . و يبتدوا يتكلّموا . . أكيد ماكانوش مبتدئين . . عشان كنت بالاقي كلّ حاجة اتفهمت على طول . . و أنا بس اللي مش فاهمة . . طبعاً ماكانش من حقّي أعترض و لا أشتكي . . لمّا الكورس ببلاش أشتكي إزّاي؟ المهمّ برضه استفدت من الكورس جداً . . و نفعني لمّا سافرت ألمانيا. و اشتريت كمان قاموس و أخدته معايا . . و الدنيا مشيت كويّس و انبسطت قوي هناك. على الأقل عرفت اشتري أكل . . و أركب المواصلات . . و أخشّ المحلاّت . . و أتفاهم معاهم بالألماني . . صحيح مكسّر شويّة . . لكن رجعت مبسوطة جداً من التجرُبة الجديدة دي. و لإنّي كمان عرفت أتكلّم ألماني . . و إنّ شاء الله دراستي في اللغة هتتطوّر . . و هتتحسّن لمّا أكمّل بقية الكورسات.

محمد: ببلاش برضه!؟ (صوت ضحك للمجموعة).

نصّ الاستماع لدردشة أكتر (٢)

٩

حالة (١)

الحقيقة أنا درست كتير في البيت عشان ظروفي كانت صعبة. المدرسة بعيدة عن البيت و ماكنتش أقدر أسيب إخواتي الصغيرين عشان ماما متوفيّة. وقرّرت أكمّل الثانوية العامّة من البيت. أعتقد

إنّ التركيز في البيت و تحصيل المعلومات كان أفضل .. علاوة على إنّ الطلبة في المدارس و الجامعات بيضيّعوا الوقت .. و التعامل مع كلّ شخصيّة مش سهل. مش كده و بس لكن التعليم في البيت أرخص عشان مافيش مواصلات و تكاليف ركوب تاكسيّات .. فطبعاً مصاريف التعليم بتبقى أقلّ. بالإضافة إنّ التعليم في البيت بيوفّر الوقت. عشان الشوارع زحمة. و طبعاً كان عندي مرونة في الوقت .. أذاكر زي ماأنا عايزة .. ده غير إنّ التعليم في البيت بيحمي من الشارع و المعاكسات و تأثير أصدقاء السوء على شخصيّة الواحد.

حالة (٢) ١٠

أنا انبسطت قويّ أيّام الدراسة في المدرسة والجامعة .. كانت أيّام جميلة قوي .. كنّا بنساعد بعض في المذاكرة كتير .. و نسهر مع بعض أيّام الامتحانات. و كنّا بنخرج بعد الجامعة ناكل عند الشبراوي اللي جنب الجامعة فول و طعميّة .. و كلّ واحد يتغدّى اللي هوّ عايزه. و ماانساش أيّام الرحلات كنّا بنطلع رحلات جميلة مع بعض. و ياما عملنا مؤتمرات للطلبة .. نتناقش في قضايا و آراء ثقافيّة و سياسيّة و نحضر خُطب و تقارير .. أما أساتذة الجامعة فمنهم اللي كان عنده وقت يقابلنا لمّا نسأله على حاجة صعبة .. و طبعاً فيه منهم اللي كان مشغول جداً. أما بالنسبة لاستخدام المكتبة .. فكنّا بنحاول نزور المكتبة كلّ أسبوع .. بس ماكانش لسّه فيه كومبيوتر في المكتبات أيّامها .. فطبعاً كنّا بنمشي بسرعة. مافيش صبر نقعد نقرا و نضيّع وقت .. طبعاً كان فيه طلبة مصاحبين و حالات حبّ و جواز و فيه طلبة شارية مخّها من المذاكرة .. و كان فيه برضه طلبة بتيجي الصبحّ مبرشمة .. لكن طبعاً كلّ واحد حرّ .. يختار الشِلّة اللي يمشي معاها.

إزّاي التعليم يبقى أحسّن؟

تقديم (٢أ)

موافق وللا مش موافق؟

كلمات مفيدة : معرفة / قوّة / تطبيق / مُمارْسة / حِصَص إضافيّة / أكبر قَدْر ممكن من / مش أقلّ من / من حقّ / يتعاد النظر فيها / القوانين تتشدّد شويّة / سواء في . . أو / مِنَح / تِتْبَنّى

اتفرج مع المدرس على برنامج "رأي الناس".

دردشة حرّة:

اقرا العبارات و ناقش معناها مع زميلك

أنهي عبارة موافق / مش موافق عليها؟ ليه؟

تقديم (٢ب)

اقتراحات عمليّة

١- اسمع الاقتراحات العمليّة دي من المدرّس عشان تطوير التعليم في المدرسة و الجامعة.

١ – قول رأيك أنهي اقتراح مناسب في بلدك.

٢ – ناقش كلّ اقتراح مع زميلك. وافق على اقتراحين منهم و قول ليه؟

٢- اقرا جمل الاقتراحات مرّة تانية في صيغة المبني للمجهول و لاحظ تركيب الجُمل.

١- اليوم الدراسي محتاج يتطوّل عشان دروس و حصص إضافيّة تتّاخِد و الطالب يقدر يستفاد علمياً بأكبر قدر ممكن من المعلومات.

٢- حجم الواجبات المنزليّة اللي لازم يتّاخِد مش أقلّ من ٣ ساعات يومياً عشان الطلبة تشتَغَل و تدرس كفاية.

٣- الكومبيوترات و شبكة المعلومات مفروض تتركّب في كلّ فصل سواء في المدارس أو الجامعات. و الطلبة من حقّها تتعلّم عن طريق النت و برامج التليفزيون الثقافيّة بالإضافة للأفلام التسجيليّة العلميّة.

٤- درجة السقوط و النجاح مش محتاجة تتراجع و بس لكن قوانين التعليم الخاصّة بالموضوع ده مفروض يتعاد النظر فيها. القوانين عايزة تتشدِّد شويّة.

٥- الدراسة المجانيّة مفروض تتمدّ لغاية سن ٢١ سنة.

٦- الشكل العام للمكتبات لازم يتغيّر مش كُتب و بس ممكن تتعدّل و تبقى مركز إعلامي للمعلومات مرتبطة بالشبكات العالميّة عشان الطلبة يطّلعوا على أحدث و آخر الأخبار و المعلومات.

٧- المِنَح و المُكافآت للطلبة المتفوقين لازم تِكْتَر و الجامعات الخاصّة محتاجة تِتْبِني و تِتْزَوِّد .. و مصاريف التعليم الخاص أو الأجنبي لازم تِتْقَسّط على سنين طويلة عشان تِتْسدِّد من الوظيفة بعد كده من غير ضغط على الأهل.

١١

لاحظ القواعد

١- لاحظ استخدام لازم / مفروض / محتاج / عايز

الجملة في المجهول	التركيب
١- حجم الواجبات المنزليّة اللي لازم يِتْاخِدْ مش أقلّ من ٣ ساعات.	لازم + يِتْاخِد
٢- الكومبيوترات و شبكة المعلومات مفروض تتركّب في كلّ فصل.	مفروض + تِتْركّب
٣- اليوم الدراسي محتاج يتطوّل عشان الطلبة تستفاد أكبر قدر ممكن.	محتاج + يِتْطوِّل
٤- درجة السقوط و النجاح مش محتاجة تِتْراجِع و بس . . و لكن.	مش + محتاجة + تِتْراجِع
٥- قوانين التعليم عايزة تتشدّد و يتعاد النظر فيها.	عايزة + تِتْشَدّد
٦- الشكل العام للمكتبات ممكن يتعدّل و تبقى مركز إعلامي للمعلومات.	ممكن + يِتْعدّل
السؤال: فين الفاعل في الجمل اللي فاتت؟ = جملة من غير فاعل = جملة فعلها مبني للمجهول	

٢- لاحظ التصريف

المفعول به المذكرّ	لازم	
المفعول به المؤنّث	مفروض	+ الفعل المضارع المبني للمجهول
المفعول به الجمع	ممكن في	التأنيث و التذكير و الجمع
المفعول به المذكرّ	محتاج / عايز	المجهول في التذكير
المفعول به المؤنّث	محتاجة / عايزة + الفعل المضارع +	المجهول في التأنّيث
المفعول به الجمع	محتاجين / عايزين	المجهول في الجمع

٣- ممكن إضافة كلمات مساعدة تانية حسب المعنى في الجملة و سياق الموضوع:

مثال – الطفل بيحبّ يتشال كتير – الطلبة اتعلّموا الكومبيوتر و بيقدروا يتصرّفوا في مشاكلهم

٤- **النفي:** مش + محتاج / عايز / مفروض / ممكن . . إلخ + الفعل المضارع في المجهول.

٥٢ كلمني عربي في كل حاجة

٥- اختبر فهمك . لاحظ التعبيرات دي و اختار المعنى الصحيح .

أ – أكبر قدْر ممكن من المعلومات .
- كلّ المعلومات اللي موجودة و ممكنة؟
- مش كلّ كميّة المعلومات الموجودة؟

ب – مش أقلّ من ٣ ساعات .
- من ٣ ساعات لأقلّ؟
- من ٣ ساعات لأكتر؟

ج – الكومبيوترات تتركّب سواء في المدارس أو في الجامعة .
- الكومبيوترات تتركّب في المدرسة و الجامعة؟
- الكومبيوترات ماتتركّبش في المدرسة و لا في الجامعة؟

د – الطلبة من حقّها تتعلّم عن طريق النت .
- الطلبة مفروض تتعلّم عن طريق النت؟
- الطلبة مش مفروض تتعلّم عن طريق النت؟

هـ – قوانين التعليم مفروض يتعاد النظر فيها .
- مفروض يفكّروا في قوانين التعليم تاني؟
- مش مفروض يصلّحوا قوانين التعليم تاني؟

و – الشكل العام للمكتبات لازم يتغيّر .
- هدف المكتبة لازم يتغيّر؟
- مكان المكتبة لازم يتغيّر؟

ز – الطلبة لازم يطّلعوا على أحدث المعلومات .
- الطلبة يعرفوا كلّ المعلومات الجديدة؟
- الطلبة يروحوا المكتبة كتير؟

ح – المصاريف لازم تتسدّد من الوظيفة من غير ضغط على الأهل .
- الطالب هيدفع مصاريف دراسته؟
- الأهل هيدفعوا مصاريف دراسة الطالب؟

ط – القوانين عايزة تتشدّد شويّة .
- القوانين لازم تبقى سهلة و مريحة؟
- القوانين لازم تبقى صعبة و قاسية؟

تدريب (٢ – أ)

كلمات مفيدة : معرفة / قوّة / تطبيق / مُمارْسة / حِصَص إضافيّة / أكبر قَدْر ممكن من / مش أقلّ من / من حقّ / يتعاد النظر فيها / القوانين تتشدّد شويّة / سواء في . . أو / مِنَح / تِتْبَنّى

أ – كمّل الجمل في المجهول. استعمل: عايز / محتاج / لازم / ممكن + الفعل المضارع في المجهول.

١ – الكومبيوتر . . . . (يبيع) لكلّ الطلبة اللي بتدرس في تعليم عام أو انتساب.
٢ – الكومبيوترات والڤيديوهات . . . . (يركّب) في كلّ معامل المدارس.
٣ – درجة إضافية . . . . (ياخد) على الأبحاث و المشروعات الدراسيّة الإضافيّة.
٤ – دروس العلوم و الفيزياء . . . . (يدرّس) في التليفزيون عن طريق علماء و أساتذة.
٥ – حصص الرياضة البدنيّة مش . . . . (يلغي) من المدارس.
٦ – كلّ المواد العلميّة و الأدبيّة مش . . . . (يدرس) لطالب الثانوي في وقت واحد.
٧ – الدرجات النهائيّة للطلبة . . . . (يحسب) على مشاركتهم طول الكورس مش بس نمرة الامتحان آخر الكورس.
٨ – الحدّ الأقصى لعدد الطلبة . . . . (يحدّد) في المدارس و الجامعات.
٩ – نظام الثانوية العامّة . . . . (يرَاجع) عشان الدرجات . . . . (يحدّد) على سنتين مش السنة الأخيرة بس.
١٠– نظام التعليم بالمجّان . . . . (يعيد) النظر فيه لأنّه نظام فاشل.

ب – إيه الأفكار اللي عجبتك؟ بتأيّد إيه و بتعارض إيه؟

- ناقش مع زميلك أفكارك و قول ليه بتأيّد أو بتعارض الفكرة؟
- ناقش مع زميلك الأفكار اللي بتتطبّق في بلدك و نجحت.

مثال لإجابة ومناقشة السؤال الأوّل

أعتقد إنّ الكومبيوتر لازم يتواجد و يتباع بأسعار رمزيّة لكلّ الطلبة اللي بتدرس في تعليم عام أو انتساب عشان مابيكونش عندهم فلوس يدفعوا لتعليم خاص. و بكده يقدروا يتعلّموا بالسرعة اللي تناسبهم في البيت. و ده هيقلل الدروس الخصوصيّة و هيوفّر لهم فلوس كتيرة. علاوة على إنّ الطلبة هيعتمدوا على نفسهم أكتر.

تدريب (٢ – ب)

رأي الناس

كلمات مفيدة : نَدوَة / يتغرّم / الإهمال / المسئوليّة / تِتْنَقّى المواد / وضع مش عادل / مقررات / تؤهِّل / حشو / بعض / توسُّع / يِتْكَرْوِت / إنطباع / حوافز / أداؤه / هتمشي أحسن

اسمع حوار الندوة دي بين مسئول في وزارة التعليم و بعض الطلبة و المدرّسين و جاوب إيه موضوع الندوة؟

١ – اسمع مرّة تانية و جاوب على المعلومات في الجدول.

الاسم	الرأي
١–	
٢–	
٣–	
٤–	
٥–	

٢ – إيه معنى التعبيرات دي؟

تتنقّى المواد بدقة – العلوم هتتطَبَّق في حياتها – بيدرّس أي كلام و هيكَرْوِت الدرس – انطباع الطالب مهمّ عن الدرس – المدرّس لازم ياخد حوافز – أداء المدرّس مهم للعلاوات و الحوافز – العمليّة التعليميّة هتمشي أحسن.

حطّ كلّ تعبير في جملة من عندك.

٣ – أنهي رأي بتتفق معاه و أنهي بتعارضه؟

٤ – ناقش مع زميلك كلّ رأي و قول ليه بتتّفِق و بتأيّد؟ و ليه بتختلف أو بتعارض؟

٥ – قول اقتراحات تانية لزميلك عشان تساعد فكرة الندوة.

٦ – غيرّوا الزملاء وكرّروا النشاط.

تدريب (٢ – ج(١))

كلمات مفيدة : ينفّذ / ثقة / إعداد / يتحمّل مسئوليّة / مستقلّ / طُرُق التدريس / تقييم الدرجات

بيقولوا المدارس والجامعات إعداد للحياة. إزّاي؟ إقرا العبارة دي.

إحنا مش بس بنتعلّم دراسات أكاديميّة و مقررات دراسيّة في المدارس و الجامعات و لكن بنتعلّم حاجات تانية. إقرا الأفكار دي . . اكتب ٤ أفكار تانية من عندك.

١– بنتعلّم إزّاي نتعامل مع بعض
٢– بنتعلّم إزّاي ننفّذ و نطبّق برنامج
٣– بنتعلّم إزّاي نفكّر لوحدنا
٤– بنتعلم إزّاي ننظّم الوقت
٥– بنتعلّم إزّاي نتكلّم قدّام الناس بثقة
٦– بنتعلّم إزّاي نتحمّل مسئوليّة
٧– بنتعلّم إزّاي نبتدي و ننهي مشروع
٨– بنتعلّم نبقى مستقلّين عن البيت
٩–
١٠–
١١–
١٢–

ناقش الأفكار اللي فاتت مؤيّد الكلام ليه؟ مش موافق (معارض) ليه؟

تدريب (٢ – ج(٢))

١– إيه المهارات اللي اتعلّمتها أيّام الدراسة في المدرسة أو الجامعة؟
٢– مين المدرّس اللي أثّر في حياتك و ليه؟ و علّمك أنهي مهارة؟
٣– إيه من الموضوعات دي علّمك أكتر أو علّمك مهارات أكتر:

أ – اللغة الأجنبيّة   ب– التاريخ   ج– الأدب   د– العلوم
هـ – الرياضة والحساب   و– الموسيقى   ز– الألعاب   ح– الكومبيوتر
ط– . . . . (مواد تانية).

٤– إيه هيّ المهارات المهمّة اللي ماتعلّمتهاش من المدرسة أو الجامعة؟
٥– إيه هيّ المهارات اللي لسّه عايز تتعلمها؟

تدريب (٢ – ج(٣))

اقرا الأفكار دي و ناقش إزّاي تساعد و تطوّر التعليم. ناقشوا الأفكار في مجموعات صغيرة. غيرّوا المجموعات و انقلوا الآراء لبعض.

١– إضافة أنشطة مدرسيّة و جامعيّة بالإضافة للمقررات الدراسيّة و الأكاديميّة. (رياضة / تمثيل / موسيقى).
٢– كورسات مجانيّة إضافيّة للطلبة المتفوقين. (مِنح دراسيّة).
٣– تطوير طُرُق التدريس.
٤– نظام الامتحانات و تقييم الدرجات لازم يتغيّر و يتطوّر.

مثال لفكرة ١

طالب (أ) : لازم الجامعة تعمل أنشطة في التمثيل و الرياضة و المسابقات و ندوات عشان نتعلّم إزّاي نبحث و إزّاي نتعامل مع بعض.

طالب (ب) : و كمان لازم الطالب ياخد النشاطات دي إجباري و يكون لها تقييم و درجات، بالإضافة لدرجة الامتحان لإنّها مهمّة جداً و بتطوّر الشخصيّة.

ثقافة أكتر – دردشة أكتر

١– مع الكاريكاتير ناقش الفكرة في كلّ صورة. بتتكلّم عن أنهي موضوع؟

كلمات مفيدة : يبطّل كلام / ينتبه للمدرّس / يقلّ أدَبه / طالب مخالف /تصريح / إصابات بدنيّة

٢- من مكتبة الأفلام

برنامج (الناس و أنا) برنامج تليفزيوني مشهورفي التلفزيون المصري .

حلقة عن ضرب المدرسين و الطلبة في المدارس .

ناقشوا قضية (١) ضرب المدرّسين للأولاد في المدارس .

قضية (٢) ضرب الطلبة للمدرّسين .

مناقشة (١) في قضية ضرب المدرّسين للطلبة ، إيه رأيك في الأفكار دي؟ ناقش مع الزملاء .

١- الطالب لازم يتْضرب علشان يقعد كويّس في الفصل و يبطّل كلام و ينتبه للمدرّس .

٢- الطالب لازم يتْضرب لمّا يقلّ أدَبه على المدرّس .

٣- الطالب ممكن يتْضرب لو ضرب زميله .

٤- الطالب محتاج يتْضرِب لمّا ينسى يعمل الواجب كذا مرّة .

٥- الطالب لازم يتْضرب لمّا يعاكس بنات في الشارع أو زميلاته في المدرسة .

٦- الضرب أحسّن طريقة لتأديب الطالب المخالف .

٧- التذنيب طريقة ضعيفة في العقاب إنمّا الضرب بيجيب نتيجة سريعة و الخطأ مابيتكرّرش .

٨- المدرِّسة لازم تضْرَب الأولاد و تعاقبهم عشان البيت مُهمِل و الأولاد ماعندهمش انضباط .

٩- الأولاد لازم يتْضرِبوا عشان يخافوا و الجريمة تتقلّل لمّا يكبروا في المستقبل .

١٠- المدرّسين ممكن يضربوا الأولاد بتصريح من الأهل و بدون إصابات بدنيّة .

انقسموا مجموعتين: مجموعة (١) توافق على أسلوب الضرب و تحاول تقنع مجموعة (٢) بمميزات السياسة دي .

مجموعة (٢) تعارض سياسة الضرب و تحاول تقنع مجموعة (١) بمساوئ و خطورة سياسة الضرب .

مناقشة (٢) في قضية ضرب الطلبة للمدرّسين اقرا الأفكار دي

١– المدرّس بيْتضرب عشان بدأ بالعُنف مع الطالب.
٢– الطلبة بيضربوا المدرّسين عشان عندهم فراغ.
٣– الطلبة بيضربوا المدرّسين عشان مافيش خوف من النظام.
٤– الطلبة بيضربوا المدرّسين بسبب المخدرات.
٥– الطلبة بيضربوا المدرّسين عشان ماعندهمش انضباط.
٦– الطلبة بيضربوا المدرّسين عشان ماتربّوش على احترام المدرسة والمدرّس.
٧– الطلبة بيضربوا المدرّسين عشان نظام التعليم فاشل.
٨– الطلبة بيضربوا المدرّسين عشان بيتخانقوا على البنات.
٩– الطلبة بيضربوا المدرّسين عشان مافيش ضبّاط أمن في المدرسة.

انقسموا مجموعتين: مجموعة (١) موافقين على الأفكار دي و يقولوا ليه؟
مجموعة (٢) معترضين و بيقولوا أسباب تانية للعُنف.

اجمعوا الآراء عن خطورة ظاهرة العُنف في المدرسة و الأبنيّة التعليميّة و خصوصاً ضد هيئة التدريس.

نصّ الاستماع لتدريب (٢ – ب) ١٢

مسئول	إيه رأيك يامجيد .. إزّاي مستوى التعليم في مدارسنا و جامعاتنا يتحسّن و يترفع؟
مجيد	أنا متهيّألي إنّ الطلبة لازم يذاكروا كويّس .. و عشان يذاكروا كويّس و يجيبوا درجات كويّسة و يهتمّوا بالدراسة .. لازم مصاريف أي كورس يسقط فيه الطالب تتدفع مرتين أو يتغرّم غرامة كبيرة .. و بكده الطالب هيهتمّ و المواد هتِتْدِرس كويّس. يعني تدفّعُه غرامة عالية على الإهمال .. فيتعلّم المسئوليّة و الاهتمام بالدراسة .. و طبعاً كنتيجة لكده مستوى التعليم هيترفع.
مسئول	و إنتّي إيه رأيك ياابتسام عندك أفكار في تطوير التعليم الثانوي مثلاً؟
إبتسام	أنا شايفة إنّ الطلبة محتاجين يختاروا المواد بتاعتهم بنفسهم .. يعني مايذاكروش مقررات و بس .. لا .. لازم المواد اللي عايزين يدرسوها تِتْنَقّى بدقّة و بكده المواد هتِتْدِرس أحسن و هيذاكروا كورسات همّ اللي اختاروها عشان بيحبّوها .. سواء

	في القسم العلمي أو الأدبي أو الرياضة. و نتيجة للنظام ده العلوم هتتْفِهم و هتتطبّق في حياتهم و هيقدروا يستعملوها في الحياة العمليّة .. و بكده طبعاً مستوى التعليم هيتحسّن و هيتطوّر .. لإنّ الطلبة بيدرسوا حاجة عمليّة و محتاجينها.
مسئول	نشأت. إنت طالب في الجامعة. إيه رأيك .. تقدر تقولنا أفكار لتطوير العمليّة التعليميّة في المدارس والجامعات؟
نشأت	أنا أعتقد إنّ فيه حشو كتير قوي في المواد و العلوم الدراسيّة. يعني فيه مواد تخصصيّة قوي بالنسبة للطالب اللي في الجامعة .. و فيه مواد و حشو و تفاصيل في بعض مواد الدراسة الجامعيّة ممكن تتدرّس بعد البكالوريوس .. يعني تتاخِد في الماجستير و غيره. لكن لازم الدراسة في الجامعة تتركّز على المواد اللي تؤهّله لوظيفة أو شغل من اللي اختاره الطالب بنفسه. إنمّا المواد تتدرِس كلّها في جميع التخصصات لطالب الثانوي و بعدين تتدرسله تاني في الجامعة بس بتوسُّع شويّة!! ده وضع مش عادل للطالب. و طبعاً لإنّ كميّة المواد و الكورسات كبيرة .. معظم المواد بتُهْمَل و بتتْكَرْوِت و مابيستفادش الطالب حاجة. و كلّ اللي اتذاكر بيتْنِسِي .. فأنا أعتقد إنّ المواد الدراسيّة محتاجة تتقلّ شويّة و لازم يتشال كلّ الحشو .. و المواد اللي مش ضروريّة تتلغي. مثلاً .. الأدب لازم يدرّس في كليّة الآداب ليه في ثانوي أو جامعة؟ التاريخ لازم يتدرّس في قسم التاريخ بس في الجامعة و هكذا ..
مسئول	طيّب وإنتي ياأستاذة فاطمة من وجهة نظرِك كمدرّسة إيه رأيك إزّاي نطوّر التعليم؟
فاطمة	الحقيقة أنا شايفة أولاً .. إنّ مرتّبات المدرّسين لازم تتعدّل و تتحسّن. لمّا المدرّس يقبض كويّس هتتحسّن ظروفه و يقدر يدّي مجهود أكبر .. لكن عشان المرتّب صغيّر بيدرّس أي كلام و بسرعة يجري يدرّس برّه المدرسة دروس خصوصيّة عشان مستوى معيشته يتحسّن .. و بناءً على كده طبعاً مستوى التدريس بيقلّ في الفصل.

ثانياً .. أنا أعتقد إنّ المرتّب ده لازم يتّاخِد أو يتزوّد بنسبة إضافيّة .. بناء على تقارير الطلبة في الفصل و ردّ فعلهم أو انطباعاتهم إذا كانت المادة بتتدرّس كويّس و لا. لأ؟ الشرح بيتفهم .. المدرّس بيحضّر .. بيعمل مجهود عشان يوصّل المعلومات .. يعني نسبة حوافز تتّاخِد مع المرتّب .. بناءً على أداؤه و تدريسه في الفصل .. و بكده أعتقد إنّ مستوى التدريس هيتحسّن و العمليّة التعليميّة هتمشي أحسن.

الوحدة التالتة

١

السفر برّه بلدي

محتويات الموضوعات في الوحدة التالتة

- تقديم (١) وصف ردود الأفعال عند تغيير نمط الحياة وتغيير المجتمع .
  التكهُّن بالمستقبل – التخطيط لمشروعات المستقبل .
  الكلام عن مميّزات وسلبيّات السفر .

- تقديم (٢) استخدام أسلوب الشرط في تقرير حقائق وإبداء النصيحة.
  الكلام عن السفر ومشاكله.

فهرس الكلمات في وحدة ٣

تقديم (١)

صَدْمة – نَقَلة حضاريّة – مُسْتَقِرّ – فَراغ – قُبول – يقْبَل – الهجرة – يتعَوِّد – مراحِل نفسيّة – رسم بياني – علم نفس – ديون – تقرير – تبضُّع – يظبّط نَفْسُه – يهيّص – سيرة المستقبل – مسجّل دكتوراه – يشتري دماغُه – تقفيل – مُزّة أمُّورة – تفتح النفس – الفرفشة – كِرش – واد حِرِك – نِمْس – رِوِشْ – مقطّع السمكة وديلها – فُوق لِنَفْسَك – راجل كَسّيب – قيمة الإنسان – مايعييش الراجل – غير جيبُه – نَفَس شيشة – دماغ – مناقشة مش جاية تمنها – هوّ إنت موس؟ – ياساتر على العُقَد – مُتَحَمِّس – مُضْطَرِب – مهموم – مُنْتَقِد – مِشْتَاق لـ – يِتْأقْلِم – كَسَرت حاجز الخوف – التكيُّف – اِفْتِقاد – آخد على الوضع الجديد.

تقديم (٢)

آخر العنقود – بامية – اتعزم على – معابد – اتّصال – تواصُل – قالِب وِشّك – مُعْتَبَرَة – مَقْلب مُحْترم – طِلِعْ من نافوخي – راحت عليّا نُومة – شَغَلْتِني – بطاقات إئتمان – بطّل قَرّ – يعتمد على نفسه – قبول الاختلاف – وعْي ثقافي – واسع الاطّلاع – واسع الحيلة – النقد.

كلام عن السفر

تقديم (١أ)

صَدْمة حضاريّة وثقافيّة

كلمات مفيدة: صَدْمة / نَقْلة حضاريّة / مُستَقِرّ / فراغ / قُبول / يقبل / الهجرة / يتعوّد / مراحِل نفسيّة / رسم بياني / عِلْم نفس

اتفرج مع المدرس على برنامج "رأي الناس".

دردشة حرّة:

فيه ناس كتير بيسافروا و بسيبوا بلدهم أو مدينتهم أو قريتهم بسبب الدراسة/ الشغل/ الجواز/ الهجرة/ السياحة / الجوّ / أو ظروف سياسيّة. السفر ده بيبقى مؤقّت أو دايم حسب السبب.
تخيّل إنّك مسافر برّه بلدك عشان تدرس شهادة أو لغة أجنبيّة دردش و عبّرعن نفسك.

١- هتحسّ بإيه لمّا تزور البلد الجديدة لأوّل مرّة؟
٢- هتعمل إيه في البلد دي لو هتقعد مدّة طويلة؟
٣- هتخاف إنّك هتعيش في بلد أجنبيّة؟ ليه؟ ليه لأ؟
٤- إزّاي هتستعدّ للصَدْمة والنَقْلة الحضاريّة في البلد دي؟
٥- إيه المشاكل اللي ممكن تقابلها؟

ناقش مع زملائك في الفصل. اسمع الآراء المختلفة منهم.

تقديم (١ب)

أنا مسافر برّة يابويا

اسمع لرأي الأستاذ علي نصحي أستاذ عِلْم النفس في جامعة خاصّة مصريّة مشهورة و صف المراحل النفسيّة اللي بيمرّ بيها المسافر لمكان غريب أو مختلف.

اسمع و اكتب رقم المرحلة قدّام التعريف المناسب.

٢

رأي أستاذ على نصحي

في رأيي إن المسافر لبلد جديدة و هيقعد مدّة لأي سبب من الأسباب هيمرّ بمراحِل نفسيّة مختلفة. زيّ مثلاً:

( ) مرحلة الفراغ النفسي : فبعد أسبوع هيكون لسّه واصل .. و هيكون بيدوّر على شقّة. و على الأسبوع التاني هيكون لقى شقّة و عمل روتين لنَفْسه بس لسّه مش هيكون عنده حياة اجتماعيّة.

( ) مرحلة القبول : بعد حوالي شهر هيكون قِبل الوضع الجديد و المجتمع الجديد.

( ) مرحلة السياحة : في خلال شهرين هيكون بقى له وقت كافي مُستقِرّ و هيكون عايز يتفرّج على كلّ المنطقة أو البلد أو المدينة الجديدة.

( ) مرحلة التعوّد : في خلال ٤ شهور هيكون اتعوّد على عادات المجتمع و هيكون كوّن صداقات و حياة اجتماعيّة.

و طبعاً على مايخلّص الدراسة هيكون بقاله شهور بيدرس اللغة و بيشتغل و عايش و مكوّن أصدقاء.

اسمع مرّة تانية و كمّل الجمل. المسافر هيمرّ بمراحِل إيه؟

١- الأسبوع الأوّل : هيكون .... و هيكون بـ ....

الأسبوع التاني : هيكون .... و .... بس لسّه مش هيكون ....

٢- بعد حوالي شهر : هيكون ....

٣- في خلال شهرين : هيكون .... وهيكون ....

٤- في حوالي ٤ شهور : هيكون .... وهيكون ....

٥- على ما يخلّص الدراسة أو الشغل هيكون .... بـ .... و بـ ....
و .... و ....

لاحظ القواعد

للكلام عن أحداث لسّه هتحصل في المستقبل المستمرّ.

٣

١- الاستمرار في المستقبل

الجملة	التركيب
١- بعد أسبوع هيكون لسّه واصل.	هيكون / هتكون . . إلخ. + لسّه + اسم فاعل (يكون و اسم الفاعل تصريفهم حسب الضمائر)
٢- بعد أسبوعين هيكون بيدوّر على شقّة.	هيكون / هتكون . . إلخ. + بـ + فعل مضارع.

٤

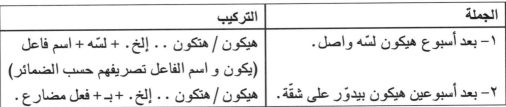

٢- المستقبل التام

الجملة	التركيب
١- بعد شهرين هيكون بقى له مدّة مُستقِرّ أو هيكون مُستقِرّ بقى له شهرين.	هيكون + بقى + لـ + أي ضمير + فترة زمنيّة + اسم فاعل. هيكون + اسم فاعل + بقى + لـ + أي ضمير + فترة زمنيّة
٢- هيكون بقى له ٤ شهور في البلد الجديد.	هيكون + بقى + لـ + أي ضمير + فترة زمنيّة. (بقى مابتتصرّفش + لـ + ضمير بيتصرّف)
٣- بعد ٤ شهور هيكون اتعوّد على البلد و كوّن صداقات.	هيكون + فِعل ماضي.

٥

٣- المستقبل المستمرّ مع آداة الربط في الجملة

على مايخلّص دراسة هيكون بقى له مدّة بيشتغل أو مكوّن صداقات.

على ما + فعل مضارع + مصدر + هيكون بقى لـه + زمن + بـ + فعل مضارع / اسم فاعل.

٤- نفي المستقبل المستمرّ

٦

بعد أسبوعين مش هيكون كوّن صداقات.

مش + هيكوّن + باقي الجملة.

تدريب (١ - أ(١))

أ - كمّل الجملة في زمن المستقبل البعيد أو المستمرّ.

١- على نهاية السنة الجايّة أنا . . . . (تعلّم) لغة أجنبيّة تانية. (لسّه + فعل مضارع)
٢- على ماتخْلّص السنة دي مامتي . . . . (عاش) في القريّة دي حوالي ٢٥ سنة.
٣- في خلال سنتين أختي و جوزها . . . . (استقرّ) في شقّتهم الجديدة.
٤- في آخر السنة الجايّة إنتو . . . . (درس) عربي لمدة ٥ سنين.
٥- على نهاية فبراير اللي جاي أخويا . . . . (فتح) مصنعه الجديد في حلوان.
٦- في حوالي ٦ شهور إنتي . . . . (دفع) كلّ ديونك للبنك. (اسم فاعل)
٧- على ماتيجي أنا . . . . (كتب) التقرير بتاع الشغل. (فعل مضارع)
٨- مش لازم تزور حماتك دلوقتي عشان . . . . (رجعت من يومين). (اسم فاعل)
٩- لا ماأقدرش أقابلك بكره لأني . . . . (جه) من السفر. (اسم فاعل)
١٠- الشهر الجاي بنت عمّي وجوزها . . . . (اتجوّز) ٥ سنين. (اسم فاعل)

ب- استعمل نصّ الجملة الأوّل في جُمَل حقيقيّة عن نفسك أو ناس تانية تعرفها.

(في الفصل - في العيلة - الأصحاب).

تدريب (١ – أ(٢))

اسأل زميلك عن جدوله الأسبوع الجّاي من الأجندة الموجودة.

مثال: هتكون فين على يوم .... السّاعة ....؟

هتبقى بتعمل إيه يوم .... على السّاعة ....؟

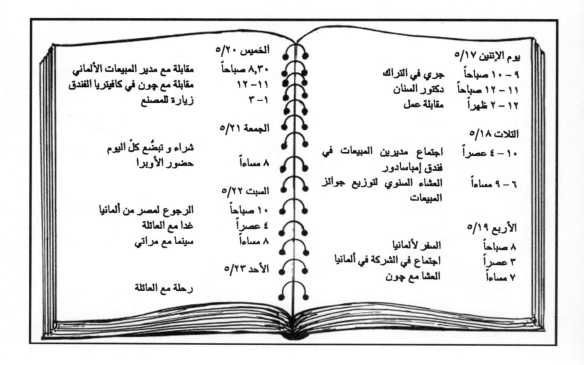

يوم الإتنين ٥/١٧
٩ – ١٠ صباحاً جري في التراك
١١ – ١٢ صباحاً دكتور السنان
١٢ – ٢ ظهراً مقابلة عمل
التلات ٥/١٨
١٠ – ٤ عصراً اجتماع مديرين المبيعات في فندق إمباسادور
٦ – ٩ مساءاً العشاء السنوي لتوزيع جوائز المبيعات
الأربع ٥/١٩
٨ صباحاً السفر لألمانيا
٣ عصراً اجتماع في الشركة في ألمانيا
٧ مساءاً العشا مع جون
الخميس ٥/٢٠
٨,٣٠ صباحاً مقابلة مع مدير المبيعات الألماني
١١– ١٢ مقابلة مع جون في كافيتريا الفندق
١– ٣ زيارة للمصنع
الجمعة ٥/٢١
شراء و تبضّع كلّ اليوم
٨ مساءاً حضور الأوبرا
السبت ٥/٢٢
١٠ صباحاً الرجوع لمصر من ألمانيا
٤ عصراً غدا مع العائلة
٨ مساءاً سينما مع مراتي
الأحد ٥/٢٣
رحلة مع العائلة

مثال الإجابة: على يوم التلات آخر النهار هاكون حضرت مع المدير اجتماع مهمّ في فندق إمباسادور من السّاعة ١٠ لغاية السّاعة ٤ عصراً.

تدريب (١ - ب(١))

أحلام المستقبل

كلمات مفيدة : يظَبّط نَفْسُه / يهيّص / سِيرة المستقبل / مِسجّل دكتوراه / يشتري دِماغُه / تقفيل / مُزّة أمورة / تفتح النِفْس / الفَرْفَشة / كِرش / واد حِرِك / نِمْس / رِوِش / مقطّع السمكة وديلها / فُوق لنَفْسك / راجل كسّيب / قيمة الإنسان / مايعييش الراجل غير جيبه / نَفَس شيشة / دماغ / مناقشة مش جايية تمنها / هوّ إنت مُوس؟ / ياساتر على العُقَد

اسمع الحوار بين إكرامي و زميله في مكتبة الجامعة

جاوب: همّ فاضلّهم كام سنة علبال مايتخرّجوا؟

اسمع مرّة تانية وجاوب

١- إيه أحلام إكرامي بعد التخرّج؟ هوّ في خلال . . . .

٢- إيه خُطط سمير بعد التخرّج؟

٣- أنهي شخصيّة عجبتك أكتر؟ ليه؟ و ليه ماعجبتكش الشخصيّة التانية؟

٤- اتكلّم مع زميلك إنت تشبه شخصيّة مين فيهم؟

٥- شارك مع زميلك إيه أحلامك بعد التخرّج؟

٦- وصّل الجُمَل (أ) مع (ب) لتوضيح معاني التعبيرات من ١- ١٢

أ	ب
١- مايعييش الراجل غير جيبه.	أ- بلاش تصدّع راسك بالمشاكل و الهموم.
٢- بلاش عُقَد.	ب- مفروض تصاحبلك بنت عشان الجواز.
٣- اشتري دِمَاغَك.	ج- شاب بيعرف يعاكس و يتعامل مع البنات وبيعجبهم.
٤- إنت مُوس و للا إيه؟	د- ماتبقاش أكاديمي قوي و تطبّق القوانين بالحرْف.
٥- لازم تظبّط نَفْسَك.	هـ- مناظر حلوة تخللي الواحد يروح المحاضرة مبسوط.
٦- (حاجة) مش جاية تمنها.	و- ماتذاكرش كتير و تخلّص الكتب.
٧- يفْتح النِفْس.	ز- الوقت اللي بيضيع و المجهود مايساووش النتيجة.
٨- واد حِرِك و روِش و نِمْس.	ح- مابافهمش/ مباحبّش قوي الموضوع ده.
٩- مقطّع السمكة و ديلها.	ط- بنت جميلة.
١٠- واد كَسّيب.	ى- أهمّ ميزة عند الراجل فلوسه.
١١- ماليش قوي في	ك- شاب بيشتغل و عنده دخل كويّس.
١٢- مزّة أمورة.	ل- شاب مشي مع بنات كتير و عنده علاقات نسائيّة كتيرة.

٧- إمتى بنقول كلّ تعبير من اللي فاتوا؟

٨- ممكن نستخدم التعبيرات دي لمّا نتكلّم مع مين؟

٩- شارك من ثقافة بلدكم مواقف بتستعمل فيها تعبيرات مشابهة أو أمثلة و تعبيرات زيّ اللي فاتت.

تدريب (١ – ب(٢))

كلمات مفيدة : متحَمِّس / مُضّطرب / مهموم / مُفتَقِد / مِشْتَاق لـ / يتْأقلِم / كسرت حاجز الخوف / التكيُّف / اِفتقاد / آخُد على الوضع الجديد

إيه هيّ بعض المشاعر اللي ممكن تحسّ أو تشعر بيها لمّا تكون مسافر برّه؟

أ – اعمل جُملتين عن كلّ تعبير من التعبيرات دي.

١– هاكون خايف من . . . .

٢– هاكون مضّطرب لمّا . . . .

٣– هاكون متحمّس لـ . . . .

٤– هاكون مُهتمّ جداً بـ . . . .

٥– هاكون مهموم و قلقان من/ على . . . .

٦– هاكون فرحان قوي لـ . . . .

٧– هاكون (هابقى) مُفتَقِد . . . .

٨– هابقَى مِشْتاق لـ . . . .

٩– هاكون متعوّد على . . . .

١٠– هاكون مصمّم على . . . .

مثال: و أنا مسافر برّه هاكون خايف من التجربة الجديدة. لكن يمكن بعد مدّة لمّا آخُد على الوضع الجديد هاكون كَسَرت حاجز الخوف ده جُوّايا.

إيه هيّ كلمات التشجيع و النصيحة اللي ممكن تقولها لواحد مسافر أو مهاجر؟

ب – فكّر في كلمات أو أفكار مُشجّعة لتحدّيات المسافر في موضوعات زي:

١– التكيُّف مع الجامعة أو الشغل الجديد

٢– تعلّم لغة البلد

٣– تكوين حياة اجتماعيّة جديدة

٤– التعوّد على الأكل الجديد

٥– تعلّم عادات شعب مختلف

٦– افتقاد الأصدقاء و القرايب

مثال: ماتشليش هَمّ الوَسَط الجديد في الشغل . . أوّل ماهتتعرّف على زملاء جُداد و تعرف مواصفات شُغلك. هيبقى عندك ثقّة و هتكون فهمت طريقة الشغل ماشية إزّاي و شويّة شويّة هتتأقلِم.

تدريب (١ – ج(١))

أ– استخدم تدريب (١ـ أ(٢)) و إعمل أجندة حقيقيّة لنفسك . . أجندة للشهر الجاي أو السنة الجايّة هتعمل إيه؟ و هتكون إزّاي؟
اسألوا بعض بالتبادل كلّ واحد عن أجندته و خِطَطُه الأسبوع الجاي – الشهر الجاي – في المستقبل.

ب –غيّروا الزملاء و كرّروا النشاط.
مثال: هتعمل إيه على يوم التلات؟
على يوم التلات هاكون خلّصت امتحان و إنّ شاء الله على ٩ مساءً هاكون باركب قطر الليل اللي رايح أسوان. هاخدلي أجازة كام يوم.

تدريب (١ - ج(٢))

عادات وتقاليد مصريّة

اللي بيسافر برّه بلده محتاج يعرف أكتر عن عادات و تقاليد البلد اللي هيزورها.

١- اقرا العبارات دي عن العادات و التقاليد المصريّة و جاوب إذا كانت هيّ نفس العادات أو مختلفة عن تقاليد و عادات بلدك.

٢- قارن إجابتك بإجابة زميلك و ناقشوا الاختلاف.

٣- ناقش مع باقي الزملاء إزّاي العادات المختلفة هتأثّر في بلدك لو اتطبّقت بنفس الطريقة.

العادات والتقاليد المصريّة	نفس العادات	عادات مختلفة
١- الناس مواعيدها مش مضبوطة قويّ (الشغل / الاجتماعات / المناسبات المختلفة) عشان زحمة المرور الشديدة و الحوادث.		
٢- الجوّ في معظم اجتماعات العمل و دّي و لطيف.		
٣- اجتماعيّات الموظفين بعد الشغل مع بعضهم قُليلة.		
٤- الغدا هو الوجبة الرئيسيّة لموظفين الحكومة السّاعة ٣ و الأشغال الخاصة حوالي السّاعة ٦.		
٥- معظم الناس بياكلوا وجبة فطار خفيفة في الشغل.		
٦- معظم الناس بيسلّموا على بعض بالإيد لمّا يتقابلوا لأوّل مرّة.		
٧- عادي جداً تسأل عن الشغل و الحالة الاجتماعيّة لمّا تتعرّف على حدّ لأوّل مرّة مش عيب أو تطفُّل.		
٨- لمّا تتطلب من مصري أيّ مساعدة ممكن يرحّب و يساعدك على قد مايقدر .. المصري بيحبّ الأجانب و مابيخافش منهم.		
٩- الناس تبتدي تخرج بالليل بعد السّاعة ٨ مساءاً و يحبّوا يسهروا و ياكلوا و يزوروا بعض لوقت متأخّر حتى وسط الأسبوع.		
١٠- الخميس بعد الضهر هوّ أحلى يوم في الأجازة الأسبوعيّة لمعظم الشباب عشان بيخرجوا ويتفسّحوا في اليوم ده.		
١١- عيب قويّ إنّ البنت تطلب إيد الولد و تصارحه إنّها بتحبّه.		
١٢- العريس هوّ اللي لازم يجيب شبكة و شقّة ويعمل فرح و يشتري الأجهزة الكهربائية و النجف و السجّاد.		

١٣– ممكن الناس يتكلّموا و يضحكوا بصوت عالي في الشارع أو الأماكن العامة. و يعلّوا صوت الراديو و التليفزيون.		
١٤– الأحضان و البوس أسلوب من أساليب السلام بين الرجّالة و بعضهم أو الستات و الستّات أو بين أفراد الأسرة الواحدة.		
١٥– لمّا تتعزم على أكل في بيت مصري لازم تاخد معاك هديّة . . شوكلاتة – ورد – فاكهة.		
١٦– البيت المصري في العزومة بيقدّم أصناف أكل كتير و لازم تدوق من كلّ صنف.		

ثقافة أكتر – دردشة أكتر

١- مع الكاريكاتير

أ – فكّر و شارك مع زميلك تفتكر كلّ صورة بتتكلّم عن أنهي موضوع؟ المشكلة دي في بلدك؟

ب- إزّاي ممكن تتأثّر لمّا تعيش في الغُربَة مُدّة طويلة؟

ج- فكّر في أمثلة شخصيّة من حياتك و استخدم الأفكار المساعدة دي .

١- حاجة من ثقافة و عادات بلدك تحبّ إنّ الناس تعرفها و تعمل زيّها .

٢- نصائح عامّة تحبّ تقولها للي هيسافر برّه أو نصائح اتقالتلك و نفعتك جداً .

٣- حاجة مش ممكن هتتغيّر في شخصيّتك حتى لو عشت معظم حياتك برّه بلدك .

٤- حاجة اتغيّرت في شخصيّتك كنتيجة لإنّك عشت برّه كتير .

٢- من مكتبة الأفلام أو شبكة المعلومات . اتفرّج على فيلم زي:

١- "همّام في أمستردام" .   تأليف: مدحت العدل   إخراج: سعيد حامد

إنتاج شركة: السبكي فيلم   ١٠٣ ش التحرير – الدقي   تليفون ٣٧٤٩٩٥٢٥

٢- "الرهينة" (أحمد عز – ياسمين عبد العزيز)   تأليف: دكتور نبيل فاروق إخراج: ساندرا

إنتاج شركة: لوردفيلم   ٨٢ ش وادي النيل – المهندسين   تليفون: ٣٣٠٣٣٧٦٥

أ – قدّم للفصل فكرة الفيلم .   ب – إيه المشكلات اللي قابلت المسافر في بلاد برّه؟

ج – إزّاي أثّرت المشاكل دي في حياته؟   د – إيه رأيك في معالجة الفيلم للمشكلة؟

ملحوظة: يمكن الحصول على هذه الأفلام بالدخول إلى موقع جوجل – أدب و فن .

٣- **مهمّة ميدانيّة:** اسأل المصريين اللي تعرفهم أو تقابلهم في الكافيتريا و القهوة والمطاعم عن رأيهم في السفر برّه – إيه طموحهم لو هيسافروا برّه – إيه رأيهم في سلبيّات و إيجابيّات السفر زيّ المثال:

سلبيّات و مساوئ السفر برّه	إيجابيّات و مميّزات السفر برّه
افتقاد العيلة والأصدقاء.	الشعور بالاستقلال و الاعتماد على النفس.
صعوبة التفاهم مع الناس.	تعلّم حضارة وثقافة جديدة.
صعوبة الانتقال و فهم المواصلات.	تعليم لغة جديدة.
....	قبول الاختلاف مع الشعوب التانية.
....	تكوين أصدقاء جُداد.
.........إلخ	.........إلخ.

شارك وناقش زملاءك مين موافق و مؤيّد؟ ومين معترض على أفكارك؟

نصّ الاستماع لتدريب (١- ب(١)) ٧

سمير	ناوي تعمل إيه ياإكرامي بعد الدراسة؟
إكرامي	ياه .. بعد الدراسة! يابني ده لسّه فاضل كام شهر على ما تخلص الدراسة! على العموم على ماتخلص الدراسة السنة دي هاكون لسّه باذاكر و لسّه ماخلّصتش مشروع التخرّج .. هاأعمل إيه يعني؟
سمير	ماأنا عارف .. ياراجل أنا بأقصد و بأسألك على بعد التخرّج؟
إكرامي	آه. إم .. إنّ شاء الله على آخر السنة الجايّة هاكون اتخرّجت و أخدت البكالوريوس .. ساعتها هاأفكّر هاأعمل إيه.
سمير	بتفكّر تشتغل على طول؟ و للا تدرس تاني؟ و للا تسافر برّه؟
إكرامي	إم .. الحقيقة أنا مش قلقان على الشغل. على ماتخرّج هاكون قدّمت في كذا شركة و دوّرت تاني على مصنع أتمرّن فيه شويّة.

٧٦ كلمني عربي في كل حاجة

سمير	طيّب والجواز؟
إكرامي	على ماأشتغل شويّة هاكون شُفتلي شقّة الأوّل. و هيكون بقالي سنتين و للا تلاتة باشتغل و هاكون مُسْتَقِرّ شويّة مادياً. ساعتها هاأقدر أفكّر في عروسة و جواز بجدّ. إنمّا دلوقتي الواحد يظَبّط نفسه . . و يهيّص شويّة . . يصاحب . . حاجة مش جَدّ يعني . . و إنت ياسي سمير على سيرة المستقبل بقى . . بتفكّر تعمل إيه بعد التخرّج؟
سمير	شوف أنا على ما اتخرّج هاكون واخد شهادة الكمبيوتر بقالي ٤ سنين و بُناءً عليه هاحاول أقدّم في شركات برامج كمبيوتر و إنْ شاء الله في خلال سنة من التخرّج هاكون مِسجّل أو باعمل دراسات عليّا في البرمجة و الحاسب الآلي . . أنا عايز أكمّل دراستي الأكاديميّة كمان بجانب الشغل.
إكرامي	إيه؟ يعني ناوي تشتري دِماغَك من موضوع الجواز و للا إيه؟
سمير	لا . . لا . . و الله ما أقصد كده . . بس على ماأخلّص الدراسات العليا و للا الدكتوراه . . هاكون اتكلّفت كتير . . يعني هيكون بقالي حوالي ٦ أو ٧ سنين متخرّج و باصرف على الدراسة. و بعدين يمكن أسافر برّه شويّة. إمّا للدكتوراه نفسها أو للشغل و زيادة الخبرة فطبعاً الأحلام و الخطَط دي كلّها بتاخُد وقت و عايزة ميزانيّة . . و مش هيكون عندي وقت فراغ أفكّر في الستّات و الجوازّ و العلاقات ساعتها.
إكرامي	إم . . مش عارف أنا ابتديت أقلق عليك ياسمير إيه التقفيل ده . . هوّ فيه مذاكرة و للا شغل من غير بنت حلوة كده و للا مُزّة أمّورة تفتح نِفْس الواحد . . و تكون مظبّط معاها عشان تقدر تركّز و تذاكر كويّس مافيه برضه دراسات عليا في الحبّ و الفرفشة؟! ده إنت بعد كلّ المذاكرة دي هتكون كِبِرت و راحت عليك. و علبال ماتخلّص الخِطط اللي في مخّك هيكون بَقَى عندك ٤٠ سنة. و هيكون بقالك كِرش و تخنت و لبست نضّارة. و شعرك شاب كمان . . و البنات الأيّام دي بتحبّ الواد الحِرك . . النِمْس . . اللي مقطّع السمكة وديلها . . إيه يابني؟ ماتفوق لنفسك . . دراسات عليا إيه؟ و سفر برّه إيه؟ ماالبلد دي أحسَن.

سمير	لا .. لا ياإكرامي العلم والثقافة بيدّوا قيمة وبرستيج للواحد .. و بعدين أنا ماليش قوي في العلاقات .. والجوّ .. و التظبيط البدري ده . و علبال ماأخلّص هاكون كوّنت نفسي .. و واخد خِبْرة جامدة في المجال بتاعي .. و فُرَص الشُغل هتبقى أحسن .. سواء هنا أو في بلاد برّه. و برضه ياعمّ .. البنات بيحبّوا الراجل الكسّيب. و مايعييش الراجل غير جيبه .. تُخْن إيه؟ و نضّارة إيه؟ المركز و الوظيفة و العلم همّ اللي بيدّوا قيمة للإنسان و بيعملوله مركز.
إكرامي	خلاص. خلاص .. ياللا ياعمّ قوم معايا ناخد لنا نفسين شيشة على القهوة يظبّطوا دماغنا بعد المناقشة اللي مش جاية تمنها دي.
سمير	لا ياإكرامي معلش أنا هاأقعد أقرا شويّة في المكتبة روح إنت و علبال ماتراجع المحاضرة هاكون مخلّص و مستنيّك في المُدرّج على المحاضرة اللي جايّة بعد كده.
إكرامي	أُف .. ياساتر على العُقَد. هوّ إنت إيه مُوس؟ ماشي ياعمّ أشوفك بعد شويّة.

سفر وسياحة

تقديم (٢أ)

ياترى الناس بتحبّ السفر؟

اتفرج مع المدرس على برنامج "رأي الناس".

١- دردشة حرّة: اسأل زملاءك

١ – ليه الناس بتحبّ تسافر كتير؟

٢ – ليه لازم الواحد يسافر برّه شويّة؟

٣ – إيه أكتر مشاكل مُتْعِبَة في السفر؟

٤ – بتحبّ تسافر بإيه؟

٥ – إيه الحاجات اللي لو نسيتها تبقى مشكلة كبيرة؟

٦ – إيه أكتر حاجات بتخاف منها و إنت في بلد غريبة؟

٧ – كام بلد زرتها و أنهي أكتر بلد عجبتك؟ ليه؟

٢- اسمع تعليق بعض الناس عن السفر ٨

أسامة مجدي طالب في الجامعة. 	نرمين حنّا مديرة تسويق
– أنا عجبني كلّ حاجة في تايلاند إلا الأكل بتاعهم. – أنا شفت كلّ أوروبا إلا ألمانيا. – أنا ركبت كلّ المواصلات في السفر ماعدا الباخرة. – السنة اللي فاتت سافرنا كلّنا ماعدا بابا.	– وأنا مسافرة ماباخدش غير شنطة واحدة. – لمّا باسافر ماباعملش حاجة غير الشغل. – بالنسبة للبلاد العربيّة أنا سافرت لبنان بس .. من سنتين. – بالنسبة للبلاد الأوروبيّة أنا السنة اللي فاتت .. ماسافرتش إيطاليا بس.

اختبر معنى الجُمَل

– أنا شفت كلّ أوروبا إلا ألمانيا. • أنا شفت كلّ أوروبا؟ • أنا شفت ألمانيا؟ – أنا ركبت كلّ المواصلات في السفر ماعدا الباخرة. • أنا ركبت كلّ المواصلات؟ • أنا ركبت الباخرة؟	– وأنا مسافر ماباخدش غير شنطة واحدة. • أنا باخد شنطة واحدة؟ • أنا باخد أكتر من شنطة؟ – ماسافرتش إيطاليا بس. • أنا ماسافرتش غير إيطاليا؟ • أنا سافرت بلاد تانية؟ – أنا سافرت إيطاليا بس. • أنا سافرت إيطاليا؟ • أنا سافرت بلاد تانية؟

لاحظ القواعد

أسلوب الاستثناء في العاميّة

حصل	آداة استثناء	ماحصلش	التركيب
سافرت كلّ أوروبا زرت كلّ عيلتي	إلا ما عدا	إيطاليا خالي	فعل ماضي + إلا / ماعدا + اسم
ماحصلش	**آداة استثناء**	**حصل**	**التركيب**
ماقابلتش حدّ من أصحابي	غير	هاني	نفي الماضي + غير + اسم / بسّ

تدريب (٢أ – أ)

قول الجملة بطريقة مختلفة واستعمل إلا/ ماعدا/ غير/ بس.

مثال: هوّ مابيحبّش يسافر أوروبا ولا في الربيع ولا في الشتا ولا في الخريف.

الحل: هوّ مابيحبّش يسافر أوروبا إلا في الصيف.

الجملة:

١– هوّ بيحبّ يسافر إسكندريّة في الصيف بس.

٢– بابا مابيحبّش كلّ الخضار لكن بيحبّ البامية.

٣– هوّ مشغول كلّ الأسبوع لكن هوّ فاضي يوم الجمعة.

٤– هوّ مش هيلفّ كلّ أمريكا لكن هيروح نيويورك.

٥– كلّ الناس في الهند لابسين ساري لكن الموظفين لابسين بِدَل.

٦– مُراد شّاف العالم كلّه. لكن ماشافش برمودا.

٧– معظم الصعايدة في القُرى لابسين جلاليب لكن الموظفين والطلبة لابسين قمصان وبنطلونات.

٨– هيّ مابتشتريش هدومها من هنا لكن بتشتري هدومها من برّه.

٩– همّ مابيحبّوش يدخلوا كلّ الأفلام. همّ بيحبّوا الأفلام التاريخيّة.

١٠– أنا مابار وحش الجامع كلّ يوم. باروح يوم الجمعة بسّ.

١١– جدّهم مابيحبّهمش كلّهم. لكن بيحبّ أخوهم الصغير آخر العنقود.

تقديم (٢ب)

مشاكل السفر

١– دردشة حرّة: إيه هيّ النصايح اللي ممكن تقولها للمسافر في المواضيع دي؟

الجوّ

نوع الهدوم

الفلوس

حجز الفندق

الشُنَط

المواصلات

ناقش مع زملائك كلّ فكرة و إيه المشاكل اللي بتقابل المسافر في كلّ موضوع . و إيه النصايح المهمّة لكلّ فكرة؟

١٠

٢- اقرا الجمل دي تحت كلّ صورة

(١) (٢)

١- هيسافر حتى لو كان الجوّ وحش.

٢- هيسافر حتى إذا كان الجوّ وحش.

٣- هيسافر حتى و إنّ كان الجوّ وحش.

اختبر المعنى:

١- هيسافر حتى لو كان الجوّ وحش.

٢- هيسافر حتى إذا كان الجوّ وحش.

٣- هيسافر حتى و إنّ كان الجوّ وحش.

فيه فرق في المعنى بين جملة ١، ٢، ٣؟

جملة (١) هتحصل من غير جملة (٢)؟

(١) (٢)

١ - مش هيسافر إلا إذا كان حاجز الفندق.

٢ - مش هيسافر إلا لمّا يحجز الفندق.

٣ - ماتسافرش إلا لمّا تحجز الفندق.

٤ - ماتسافرش إلا إنّ حجزت الفندق.

كمّل المعنى في الجُمَل حسب فهمك:

١- مش هيسافر إلا إذا كان حاجز الفندق.

- مش هيسافر قبل ما.........

٢- مش هيسافر إلا لمّا يحجز الفندق.

- مش هيسافر ....

٣- ماتسافرش إلا لمّا تحجز الفندق.

- ماتسافرش ....

٤- ماتسافرش إلا إنّ حجزت الفندق.

- ماتسافرش.........

جملة (١) مش هتحصل من غير جملة (٢)؟

١١

لاحظ القواعد

١- أسلوب الشرط مع: حتى لو / حتى إذا / حتى و إنّ

جملة (١) لازم تحصل سواء حصلت جملة (٢) أو لا.

(ممكن تحصل من غير جملة (٢))

التركيب: هيسافر حتى لو الجوّ وحش. (إثبات)

مش هيسافر حتى لو الجوّ كويّس. (نفي)

جملة (١) في الإثبات و النفي حسب المعنى	أداة الشرط	جملة (٢) في الإثبات و النفي حسب المعنى
فعل في المستقبل	حتى لو	فعل مضارع
	حتى إذا	فعل في المستقبل أو جملة إسميّة
	حتى و إن	فعل ماضي

١٢

ملاحظة

أ- جملة (٢) ممكن تكون قبل جملة (١)

حتى لو كان الجوّ وحش هيسافر. هيسافر حتى لوكان الجوّ وحش.

ب- ممكن استخدام أكتر من زمن في نفس الجملة. و لكن المعنى دايماً في المستقبل.

مش هتسافر معاه حتى لو قطع لها تذكرة.

نفي المستقبل حتى لو ماضي (الإثبات أو النفي حسب المعنى)

١٣

٢- أسلوب الشرط مع: إلا إذا / إلا لو / إلا لمّا

التركيب: مش هيسافر إلا إذا مراته سافرت معاه /إلا إذا سافرت معاه مراته.

مش هيسافر إلا لو مراته سافرت معاه / إلا لو سافرت معاه مراته.

مش هيسافر إلا لمّا مراته تسافر معاه / إلا لمّا تسافر معاه مراته.

جملة (١) في الإثبات أو النفي	أداة الشرط	جملة (٢) في الإثبات أو النفي
فعل مضارع	إلا إذا	فعل مضارع أو فعل مستقبل أو جملة
أو فعل ماضي	إلا لو	إسميّة أو فعل ماضي.
أو فعل مستقبل	إلا لمّا	فعل مضارع

ملاحظة

١- مش ممكن جملة (٢) تبقى جملة (١).

٢- ممكن تغيّر الجملة بأزمنة تانية و ممكن استخدام أكتر من زمن في الجملة.

تدريب (٢ب - أ)

كلمات مفيدة: اتعزم على / معابد

١- اربط العبارة (١) مع العبارة (٢) في جملة واستعمل حتى لو/ حتى إذا/ حتى وإنّ.

(١)	(٢)
١- مافيش حجز في الفندق	- يناموا في محطة القطر.
مثال: حتى لو مافيش حجز في الفندق مش هيناموا في محطة القطر.	
٢- رحلة أمريكا	- معاها فلوّس كفاية.
٣- تروّح رحلة أسوان	- اتعزمت على تذكرة الطيّارة.
٤- يصوّروا معابد تايلاند	- اشتروا كاميرا جديدة.
٥- تشتري هدوم جديدة من برّه	- زيادة في الوزن.
٦- يكمّل الرحلة	- الشنط ضاعت.
٧- تدخل متحف اللوفر	- مافيش وقت كفاية.
٨- هيزوروا ديزني لاند ليوم واحد بسّ	- وقف في الطابور كلّ اليوم.
٩- يتفرّجوا على القريّة الفرعونيّة	- الأولاد كانوا عايزين يزوروها طول الأسبوع.
١٠- ياخد الفيزا النهاردة	- الوقت اتأخّر.

٢- وصّل العبارة (١) مع العبارة (٢) في جملة و استعمل إلا إذا / إلا لو / إلا لمّا في النفي أو الإثبات.

(١)	(٢)
١- هيركب الجمل في الهرم	- نزلت مصر وزرتهم بنفسي.
٢- ينزل البحر	- ترجع مراته من الشغل.
٣- ماما وبابا مش هيزوروني في أمريكا	- يزور أبو سمبل.
٤- هيتغدّى	- تاخد معاها شيكات سياحيّة.
٥- يسافروا	- ياخد رخصة سواقة دوليّة.
٦- يرجع من أسوان	- يركب فلوكة في النيل.
٧- تسافر مدّة طويلة	- ياخدوا الفيزا ويشتروا تذاكر الطيّارة.
٨- يأجّر عربيّة في الرحلة	- يتفرّج على نيويورك.
٩- يسافر من مصر	- تحطّ مراته المايّوه في شنطة الرحلة.
١٠- يرجع من أمريكا	- يركب صاحب الجمل وراه.

صحّح مع زميلك التدريب.

تدريب (٢ب – ب(١))

كلمات مفيدة: اتّصال و تواصُل

كمّل الجُمَل وناقش كلّ فكرة مع زميلك. ليه؟ وإزّاي نطوّر الفكرة دي؟

١– فيه ناس كتير بيخافوا من رُكوب الطيّارة حتى لو . . . .

٢– حتى لو زادت السياحة في مصر . . . .

٣– مش هيزيد الاتّصال والتواصُل بين الدول إلا إذا . . . .

٤– مش هنعرف ثقافات وحضارات الدول التانية إلا لمّا . . . .

٥– مش هاأقدر أتكلّم أكتر من لغة إلا لو . . . .

٦– فيه ناس بيحبّوا يصرفوا على هُدومهم أكتر من السفر والسياحة حتى إن . . . .

تدريب (٢– ب(١))

رحلات ومشاكل

كلمات مفيدة: قالِب وِشّك / مُعْتبَرة / مَقْلب مُحْترم / طِلِعْ من نافوخي / راحت عليّا نومة / شَغَلْتِني

اسمع الحوارات دي و اكتب نمرة الحوار قدّام الصورة المناسبة

أ – اسمع مرّة تانية و جاوب عن حوار (١) **١٤**

١– حصلّك الموقف ده قبل كده؟ اتصرفت إزّاي؟

٢– اسأل زمايلك عن الموقف ده واتصرفوا إزّاي؟

٣– تنصح بإيه عشان تساعد في تجنب المشكلة دي؟

٤– إيه رأيك في نصيحة شروق. هيّ نصيحة عملية؟

٥– اوصف شخصيّة تامر هوّ إيه؟

ب – حوار (٢)

١– استعمل الأسئلة من ١– ٣ في سؤال (أ).

٢– إيه رأيك في نصيحة مصطفى؟ نصيحة عمليّة؟

٣– اوصف شخصيّة مصطفى هوّ إيه؟ ورأيك فيه إيه؟

٤– اوصف شخصيّة حمدي هوّ إيه؟

ج – حوار (٣)

١– جاوب الأسئلة من ١– ٢ في سؤال (أ).

٢– إيه رأيك في شخصيّة أمنية و شخصيّة ناردين؟
أنهي واحدة قريّبة من شخصيّتك؟

٣– ليه مهمّ الترتيب و التحضير قبل الرحلات؟ إيه مشاكل التحضير للرحلة على آخر لحظة؟
ناقش مع زملائك السؤالين دول.

د – هات من الاستماع تعبير أو مثل للمعاني دي

١– لازم تتعب وأحياناً تدفع فلوس عشان يبقى عندك خبرة.
التعبير: ....

٢– مافيش حدّ كبير على التعليم. ممكن تتعلّم أيّ حاجة في أيّ وقت.
التعبير: ....

٣– ربنا بييعت لنا فلوس كتير.
التعبير: ....

٤– إحنا ماعندناش كتير – مانعرفش كتير – مش أغنياء.
التعبير: ....

٥– حظّ سعيد المرّة الجايّة.
التعبير: ....

٦– مكانته كبيرة في المجتمع.
التعبير: ....

٧– اهدا وماتكونش زعلان أو متنرفز.
التعبير: ....

شارك زميلك بتعبيرات مشابهة أو أمثلة بنفس المعنى في ثقافة بلادكم.

تدريب (٢ب – ج(١))

اتكلّم مع زميلك عن خبرتك في بعض الرحلات و إزّاي إنّ فيه حاجات كتيرة في الرحلة مابتمشيش زيّ ماإنت عايز أو مخطط.

ناقش الموضوعات دي

١– طريقة و وسائل التنقُل جوّه البلد ٢– نوع الأكل

٣– الأسعار ٤– الجوّ ٥– الجمارك في المطار

٦– اللغة ٧– الشنط و الوزن

و اتكلّم عن: كان ممكن تعمل إيه و ماعملتش؟

ماكانش ممكن يحصل إيه حتى لو عملت ....؟

ماكانش ممكن يحصل إيه إلا لو ....؟

مثال:

طـالب (أ) كنت في بكين السنة اللي فاتت و كان صعب عليّا قوي أتنقّل من مكان لمكان لوحدي.

طالب (ب) ليه إيه هيّ المشاكل اللي قابلتك في الحركة جوّه البلد؟

طـالب (أ) كلّ أسامي و علامات الشوارع كانت بالصيني و أنا ماكنتش عارف اللغة فماقدرتش أطلب مساعدة من حدّ .. و الخرايط معظمها بالصيني حتى لو كنت باعرف شويّة صيني برضه ماكانش ممكن أركب مواصلات لوحدي إلا لو كان معايا خريطة مترجمة .. و كنت تهت برضه.

تدريب (٢ب–ج(٢))

١– إيه هيّ مواصفات الشخصيّة المناسبة للسفر برّه؟

وصّل (أ) مع (ب) مع (ج) عشان تكوّن صفات الشخصيّة

(أ)	(ب)	(ج)
	ثقّة	على نفسه
عنده	وعي	الاضطلاع والحيلة
يكون عنده	قليل	باللغات
يكون	مفتوح	الاختلاف في الثقافة والحضارة
	واسع	ثقافي
	اهتمام	النقد
	معتمد	بالنفس
	قبول	القلب

٢– ليه الصفات دي مهمّة في السفر برّه؟ ناقش مع زميلك. اعرض رأيك على أفراد الفصل.

٣– فيه صفات شخصيّة تانية في رأيك مهمّة للي عايز يسافر برّه؟ فكّر في ٣ صفات تانية و ناقش مع زميلك ليه؟

تدريب (٢ب–ج (٣))

تخيّل إنّك هتقوم برحلة. ناقش احتمالات إزّاي تحبّ تسافر؟
اشرح الأسباب بتاعتك لزميلك. اعرض رأيك على الزملاء في مجموعات صغيرة.

إنت تفضّل إنّك

١– تسافر في رحلة مع مجموعة أو تسافر لوحدك؟
٢– تنزل في فندق وللا بيوت شباب؟
٣– تقضي وقت صغيّر في أماكن كتيرة وللا وقت طويل في مكان واحد؟
٤– تخطط لرحلتك من بدري وللا لمّا تسافر تعيش كلّ يوم بيومه؟
٥– تسافر مع عيلتك أو مع أصحابك؟
٦– تسافر بالأتوبيس / بالمواصلات العامّة / تأجّر عربيّة و تسوقها؟ وليه؟
٧– يكون عندك خصوصيّة شويّة وللا تقعد كلّ الوقت مع باقي المجموعة في الرحلة؟
٨– تشاركوا مصاريف الرحلة و الأكل مع بعض وللا كلّ واحد يدفع لوحده؟
٩– تزور أماكن تاريخيّة و متاحف وللا شواطئ و ملاهي و نوادي ليليّة؟

ثقافة أكتر – دردشة أكتر

١- مع الكاريكاتير: في موضوع تسهيلات السفر

ناقش مع زميلك الكاريكاتير بيتكلّم عن إيه؟

ناقش رأي باقي الزملاء في الصورة و الأسئلة دي.

٢- من مكتبة الأفلام أو من شبكة المعلومات

اتفرّج على فيلم "الرهينة" (أحمد عز – ياسمين عبد العزيز)

تأليف: دكتور نبيل فاروق   إخراج: ساندرا

إنتاج شركة: لورد فيلم – ٨٢ ش وادي النيل – المهندسين   تليفون: ٣٣٠٣٣٧٦٥

١- إيه مشاكل بطل الفيلم؟

٢- إيه اللي حصلّه في الفيلم؟

٣- قدّم للفصل أهم الأفكار في الفيلم و ناقشوا:

- بتحصل نفس المشاكل دي في بلدكم؟ ليه؟
- إيه رأيك في عرض الفيلم للمشكلة حقيقي أو مُبالغ فيه؟
- ليه بطل الفيلم حصلت له المشاكل دي؟
- إيه النصيحة اللي ممكن تساعد بيها بطل الفيلم؟
- إيه أكتر شخصيّات عجبتك مؤثّرة في الفيلم؟ ليه؟
- إيه سلبيّات و إيجابيّات شخصيّة البطل في رأيك؟

ملحوظة: يمكن الحصول على هذه الأفلام بالدخول إلى موقع جوجل – أدب و فن.

٣- ناقش مع زملائك

١- مشاكل حصلتلك في السفر   ٢- تنصح زملائك بإيه في كلّ مشكلة؟

٣- ناقش مع زملائك إيه أهم مشاكل السفر و نصايحك للمسافر برّه لأوّل مرّة.

٤- مهمّة ميدانيّة

دردش مع مصريين من أصحابك أو في الكافيتريا و المطاعم عن طرائف و مواقف السفر المختلفة و قدّم تاني يوم للفصل أكتر حكايات عجبتك.

٥- ليه الناس بتهاجر و بتسافر و بتسيب بلدها؟ ناقش المشكلة دي مع الزملاء. ناقش أفكار تانية زيّ:

١- إيه المشاكل اللي ممكن يقابلها المهاجر في المجتمع الجديد؟

٢- إيه الاستعدادات اللي لازم يعملها و يفكّر فيها قبل السفر؟

٣- إيه المشاكل النفسيّة اللي ممكن يشعر بيها؟

٤- إيه نصايحك للي بيهاجر و بيسيب بلده؟

نصّ الاستماع لتدريب (٢ب - ب(١)) . . حوار (١) ١٤

شروق	إيه يا تامر مالك قالِب وِشّك ليه؟! إنت مش لسّه راجع من برّه من رحلة جميلة و واخد أجازة مُعْتَبرة؟ إيه فيه إيه؟
تامر	اسكتي ياشروق . . أجازة إيه وبتاع إيه؟ ده أنا حصل لي حتّة دين مقلب . . طِلْع من نافوخي . . اتْنَكِّدت جداً.
شروق	حصلّك مَقْلب؟! طِلْع من نافوخك؟! إيه شَغَلْتِني! إيه اللي حصل.
تامر	فاتتني الطيّارة ياشروق . . تصوّري!! راحت عليّا نومة و فاتتني الطيّارة. شفتي الغباوة بتاعتي؟ لو كنت صحيت بدري ماكانتش فاتتني الطيّارة و راحت عليّا الرحلة. ده إحنا كنا مسافرين مجموعة مع بعض . . ياخسارة.
شروق	ياخبر يا تامر .. طيّب معلش ماتزعّلش نَفْسَك كده. عارف ياتامر بعد كده . . ماتعتمدش على نَفْسَك ليلة السفر أبداً و ماتصحاش لوحدك أبداً حتى لو كنت ظابط المنبه لازم تطلب من حدّ يصحّيك عشان تلحق الطيّارة في الميعاد.

حوار (٢)

مصطفى: أهلاً أهلاً . . حمد لله على السلامة ياحمدي . . انبسطت في رحلتك لأوروبا؟ اشتريت حاجات حلوة؟ رُحت فين؟ احكي لي ياعمّ عملت إيه؟ الواحد يمكن يفتح عليه ربنا بقرشين زيّك و نسافر أنا و مراتي الغلبانة دي حتّة . . إنّ شالله رحلة جوّه مصر على قدّنا . . إسكندريّة كده وللا حاجة . . الله إيه؟ ساكت ليه؟ ماتقول مالك؟ ماانبسطش وللا إيه؟

حمدي: لا ماانبسطش . . و قَرّك ده من قبل ماسافر هوّ السبب.

مصطفى: أنا قرّيت عليك في إيه بس؟ ده أنا بجَد كنت فرحان لك . . طيّب بس رَوّق كده . . ده مافيش حاجة تنكّدِ على الواحد إلا الزعل . . قوللي بس حصلّك إيه؟

حمدي: أبداً خِلْصت منيّ الفلوس في نُصّ الرحلة ماكنتش فاكر إن بلاد برّه غالية قوي كده . . صرفت كلّ اللي معايا في الأكل والمواصلات و طبعاً ماعرفتش أشتري حاجة كنت عامل زيّ الشحاتين هناك.

مصطفى: إم . . عشان كده إنت متنِكّد ومتدّايق . . بصّ ياحمدي بصراحة المرّة الجاية ماتسافرش إلا إذا كان معاك شيكات سياحيّة احتياطي أو إلا إذا كنت واخد معاك بطاقات ائتمان زيّ فيزا كارت . . ماستر كارت حاجة زيّ كده.

حمدي: أهُه بقى اللي حصل . . و خيرها في غيرها. عملت كلّ حاجة ماعدا المشتريات لمراتي.

مصطفى: على العموم الواحد مابيتعلّمش بلاش . . معلش ماتزعلش و على فكرة لازم تاخد الكروت دي حتى و إن كنت دافع كلّ مصاريف الرحلة مُقدّم . . عشان المشتريات مثلاً. و عشان تفتكر تجيبلي حاجة معاك المرّة الجايّة . . هاها . . معقولة حمدي بيه بجلالة قدره مايجيبش حاجة لأخوه مصطفى الغلبان؟

حمدي | ييه . . . هتقُرّ تاني . . كفاية بقى ماهُه القَرّ ده هوّ اللي بوّظ الرحلة عليّا.

مصطفى | خلاص. خلاص ياعمّ سَكِتّ أُهه. بس ماتسافرش تاني إلا لمّا تقوللي.

حمدي | آه في المشمش.

١٦

حوار (٣)

ناردين | إيه البلوزة الشيك دي! اشتريتيها منين ياأمنية؟

أمنية | اشتريتها من براج. ما أنا سافرت الصيف ده . . رُحت رحلة جميلة قوي لدول أوروبا الشرقيّة. و في الصيف كان فيه أوكازيونات كتيرة و الحاجات كانت مُغْرِيّة و رخيصة جداً ماعدا الجزم والشنط.

ناردين | ياه! يعني الأسعار كانت رخيصة و معقولة؟

أمنية | آه . . إلا الجزم و الشنط . . طبعاً مصر أرخص بكتير . . تعرفي ياناردين أنا طلعت عبيطة اشتريت حاجات كتيرة . . بس لقيت في مصر حاجات برضه حلوة قوي وأرخص بكتير . . نصّ التمن تقريباً . . و ماييجي على الشيل والشنط اللي شيلتها و دفعت وزن زيادة و كانت حكاية . . ماكانوش عاوزيني آخد غير شنطة واحدة و الباقي كلّه دفعته وزن زيادة. تصوّري؟

ناردين | طيّب و إنتي سافرتي بهدوم كتيرة من مصر ليه؟ ليه كلّ الوزن الزيادة ده؟ معقولة اشتريتي كلّ ده!

أمنية | لا . . لا. طبعاً مااشتريتش حاجات كتيرة زيّ مانتي فاكرة. أصلي أنا مش منظّمة لو كنت رتّبت كلّ هدومي قبل السفر بيوم ماكنتش أخدت هدوم كتيرة معايا و أنا مسافرة و ماكنتش شلت شنط كتيرة أو دفعت وزن زيادة.

ناردين	ياستي معلش يعيش المِعلّم و يتعلّم . . تاني مرّة ماتوضّببيش شنطتك إلا لمّا تكوني محضّرة لستة بكلّ الهدوم اللي هتاخديها معاكي . . عشان ماتاخديش كتير.
أمنية	معاكي حقّ . . المرّة الجايّة بقى إن شاء الله بعد كده مش هاسافر إلا لمّا أقولك تيجي تساعديني.

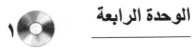

الوحدة الرابعة

١

الشكوى دبلوماسيّة وفن

محتويات الموضوعات في الوحدة الرابعة

- تقديم (١) الكلام والتعبير عن المضايقات و الشكوى و الإزعاج اليومي.
  وصف اختلاف طرق التعامل مع الشكوى حسب نوع الشخصيّة.
- تقديم (٢) تقديم الشكوى.
  التجاوب مع الشكوى.
  التعرّف على مشكلة الشكوى و تقديم اقتراحات لها.
  إعطاء النصيحة.

فهرس الكلمات في وحدة ٤

تقديم (١)

يستفزّني – يتْبع المرور – بيغيظني – مقَرْيفَة – يقْرِفوني – اتْخَضّ – بيني وبينك – إِزْعاج – نِراعي بعض – ماعندهمش دم – ينْعَكِش – يكْتِئِب – يحْبِط – إِحْباط – وَجَع وألَم – ساذِج – يظْهَر إنّ – الشئ اللي يجنّن – يزهّق – يقْرِف – يتْجاهِل – يكْشِف – افتتاح – عَرض أسعار – ينْتِهز الفرصة – يطلع أجازة – مهَبّبة – تخاريف – ماكدّبناش خبر – العرض ساري لأسبوع – راسي وألف سيف – اِكتئبت – انهيار عصبي – مهما أوصف لك – هيفوز – خيرها في غيرها – سلبي – حَمول وصَبُور – حقّاني – مُناضِل – مابافتحش بُقي – حقوق الإنسان – حذّر – نبّه – إهانات – عُنف – إيذاء بدني – يتدخّل – بلّغ – ينوب – المُخلّص.

تقديم (٢)

شِرْحَة – اتّحاد السكّان – بلّغي الحيّ – ماوصلِتْش لحدّ إنّي أبلّغ – مالهمش حقّ اعتراض – تشطيب – مُقَدّم – باتسائل – يمنْع – ياترى – مطبّات – نطبّق القانون – بشدّة – الله أعلم وربنا يعلَم – يتْخِلِع – الغِشّ – الكَعْب – يكِشّ – اِتْمسح – القماش – فيروسات – شرْخ – الكاس – العفش – عميل – عُملاء – احتياطات – افحص – سُمْعِته كويّسة ومضمون – تبديل وترجيع المشتريات – ملابس جاهزة – يستَردّ الفلوس – ماخدّتش بالي – كان ينفع – بضاعة مضروبة – مُجرّد بيشتكوا – موقف جاد – يُؤدّي لـ – جمعية حماية المستهلك – نظام لتفعيل الشكوى – خدمة العملاء – يصعّد – منصب أعلى – لازم يكون حازم ومصمّم – ماتتردِدْش – نتابع الشكوى – الجمهور – مواطنين – شُرطة – مجلس الحيّ.

مدايقات كلّ يوم

تقديم (أ١)

الحاجة اللي بتدّايقني

كلمات مفيدة : يستفزّني / يتْبع المرور / بيغيظني

اتفرج مع المدرس على برنامج "رأي الناس".

دردشة حرّة:

١- عُمْرك قابلت مشاكل زيّ اللي في الصورة دي؟

٢- إنت مؤيّد للتعليقات اللي تحت كلّ صورة ؟ ليه؟ ليه لأ؟

٣- هتتصرّف إزّاي لو كنت مكان الشخص ده في نفس الموقف؟

الحاجة اللي بتدّايقني هيّ إن الناس مابيتبعوش قوانين المرور و بيعملوا حوادث.

أكتر حاجة بتغيظني لمّا الجيران يعلّو صوت الراديو أو الموسيقى و يدّايقوا الناس التانية.

الحاجة اللي بتنرفزني لمّا الموظّف بيسيب مكانه و الناس قدّامه واقفة طابور.

اللّي بيستفزّني إنّ في ناس بيسيبوا كلابهم تهوهو طول الليل بدل مايشوفوا لهم حلّ.

٤- ناقش مع زملائك الحاجات اللي بتدايقك أو بتغيظك من الناس.

تقديم (١ب)

الحاجة اللي دايقتني

كلمات مفيدة : مِقَرْيفَة / يقرفوني / اتخضّ / بيني وبينك / إزعاج / نِراعي بعض / ماعندهمش دم

اسمع لناس أصحاب. بيتكلّموا عن حاجات دايقتهم في مواقف مختلفة. قول أنهي موقف لأنهي حوار.

٢

حوار(١)

غادة: إيه ياشيرين؟ إنتي كويّسة؟ شكلك تعبان ليه؟

شيرين: لا أنا مش تمام النهاردة. نعسانة و مصدّعة و مِقَرْيفَة على الآخر.

غادة: ليه! ليه؟ خير إيه اللي حصل؟

شيرين: الجيران ياستّي.. الجيران قَرَفوني إمبارح.. همّ كده كلّ شويّة يقرفوني.. مع إنيّ كويّسة جداً معاهم و باصبّح عليهم.. إلا إنّهم دايماً بيعملوا حاجات و ينرفزوني.

غادة: قرفوكي إزّاي يعني عملوا إيه؟

شيرين: إمبارح بعدما دخلت السرير حوالي السّاعة ١١ بالليل.. سمعت صوت غريب على السطوح. طبعاً إنتيّ عارفة أنا ساكنة في آخر دور.. فطبعاً اتخضّيت جداً.. أصوات رِجْلين كتيرة ماشية على السطوح.

غادة: ياه! ده إيه كان ياختي ده؟

شيرين: طلعت بسرعة أشوف إيه اللي بيحصل.. وبيني وبينك.. كنت خايفة شويّة لكن اتشجّعت و فتحت باب السطوح بسرعة.. لقيت الجيران و معاهم ضيوف بيتفرّجوا على منظر القاهرة من فوق تصوّري في نُصّ الليل و الناس نايمة بيعملوا كلّ الإزعاج ده!

غادة	طيّب و عملتي إيه؟
شيرين	أبداً . . لاحظوا إنّي اتخضّيت و على الرغم من إنّي كلّمتهم بهدوء و فهّمتهم إنّي مش عارفة أنام إلا إنّهم زعلوا جداً منّي.
غادة	زعلوا منّك! يعني عملوا إيه يعني؟
شيرين	تاني يوم لمّا قابلتهم الصبح على السلّم و أنا نازلة الشغل . . و بالرغم من غيظي و زعلي إلا إنّي صبّحت عليهم . . بس الستّ ماردّتش عليّا.
غادة	و لا يهمّك . . و لا تسألي فيهم . . الناس بقت اليومين دول حاجة غريبة قوي . . يعني مش بسّ ماعندهمش دم و لا إحساس بالناس . . لكن كمان ماعندهمش ذوق.
شيرين	ليه بسّ ياربّي . . الناس مش بيحسّوا ببعض؟ ليه نزعج بعض؟ ليه الناس مابتراعيش بعض؟

٣

حوار (٢)

دُعاء	انبسطت في المسرح إمبارح ياأُسامة؟ كانت مسرحيّة حلوة؟
أُسامة	انبسطت! اسكتي! دي كانت فُسحة مقلب إمبارح . . هوّ أنا شفت حاجة من المسرحيّة؟
دُعاء	إيه! ماشفتش حاجة من المسرحيّة إزّاي؟ أُمّال دافع الفلوس دي كلّها ليه؟ و عشان إيه ماانبسطش؟ حصل إيه؟
أُسامة	اسْكُتي . . رغم إنّي رُحت في الميعاد و قعدت في كرسي ممتاز . . و ابتدت المسرحيّة . . وكنت آخر مزاج باضحك على النكت و متابع الأحداث . . إلا إنّي ماانبسطش أبداً.
دُعاء	ليه بسّ؟ . . إيه اللي حصل؟

أُسامة	دخلوا يابنتي . . واحد راجّل و مراته متأخّرين . . عملوا حركة كتير و نور . . و علبال ماالموظّف قعّدهم في الكرسي اللي ورايا . . كانوا أزعجوا كلّ الناس. و برغم إنّي ماباحبّش الحركة و النور بعد ما المسرح يِبْتدي . . إلا إنّي قلت معلش دلوقتي الدنيا تهدى و أعرف أتمتّع.
دُعاء	ماشي . . طيّب و بعدين؟
أُسامة	ابتدى يحكي لمراته على موضوع غير المسرحيّة خالص . . يعني أولاً بيتكلّموا بصوت عالي . . و كمان بيتكلّموا عن حاجة غير المسرحيّة . . و رغم الإزعاج و الشوشرة إلا إنّي قلت هاصبر شويّة . . و فجأة لقيتهم بيتخانقوا و صوتهم عِلِي.
دُعاء	ياه! أمّا حاجة غريبة صحيح! إيه قلّة الذوق دي . . بيتخانقوا في المسرح؟ طبْ مايتخانقوا في بيتهم!
أُسامة	بالظبط كده !!مافيش ذوق أبداً . . و واحد ورايا كلّمهم عشان يسكتوا . . فطبعاً جوز الستّ زعّق و قالُه مالكش دعوة . . و شَتَمُه مع إنّ الراجل طلب منّه بمُنْتهى الذوق و الهدوء . . و قامت خناقة كبيرة مع باقي المتفرّجين كلّ واحد يكلّمه . . و ضربوا بعض و قفلوا الستارة و كانت حكاية كبيرة.
دُعاء	ياخبر إسود! أمّا ده كان حتة مقلب!! ده إنت مسكين قوي راحت عليك المسرحيّة والفلوس.

حوار (١)

اسمع مرّة تانية و لاحظ الفرق بين الفكرة و جمل الحوار في جدول حوار (١)

أ – الفكرة: أنا كويّسة جداً معاهم و باصبّح عليهم لكنّهم دايماً بينرفزوني. اقرا جملة الحوار (١)

ب– الفكرة: أنا كلّمتهم بهدوء لكن همّ زعلوا جداً منّي. اقرا جملة الحوار (٢)

ج– الفكرة: أنا كنت متغاظة منهم لكن صبّحت عليهم. اقرا جملة الحوار (١)

جدول حوار (١)

	آداة ربط	جملة (١)	آداة ربط	حصلّ إيه في جملة (٢)
١	مع إنّي	كويّسة جداً معاهم و باصبّح عليهم	إلا إنّهم	دايماً بيعملوا حاجات و ينرفزوني.
٢	على الرغم من	إنّي كلّمتهم بهدوء	إلا إنّهم	زعلوا جداً منّي.
٣	بالرغم من	غيظي و زعلي	إلا إنّي	صبّحت عليهم.

حوار (٢)

أ – الفكرة: أنا رحت في الميعاد و قعدت في كرسي ممتاز لكن مانبسطش.

ب – الفكرة: أنا ماباحبّش الحركة و النور لكن قلت بعد ما يهدوا هاتمتّع بالمسرحيّة.

ج – الفكرة: كان فيه إزعاج و شوشرة كتير لكن أنا قلت هاصبر شويّة.

د – الفكرة: الراجل طلب منّه يهدا بمنتهى الذوق لكن جوز الستّ زعّق و شتمه.

دلوقتي اسمع حوار (٢) و كمّل الجدول من الحوار.

حوار (٢)

	آداة ربط	جملة (١)	آداة ربط	جملة (٢)
١	رغم إنّي	رُحت في الميعاد و..........	إلا إنّي	مانبسطش أبداً
٢	برغم إنّي	ماباحبّش الحركة والنور	إلا إنّي	....
٣	رغم	الإزعاج و الشوشرة	إلا إنّي	....
٤	....	جوز الستّ زعّق و..........	مع إنّ	....

لاحظ القواعد

١– لاستعمال أسلوب التعبير عن التناقض

جملة (١)		جملة (٢)
بالرغم من على الرغم من برغم/رغم	+ مصدر أو اسم	إلا إنّ + جملة اسميّة + ضمير + جملة فعليّة.
برغم إنّ + (همّ / ها / ـه /...) بالرغم إنّ + (همّ/ها/ـه/...) رغم إنّ (همّ / ها / ـه /...) مع إنّ (همّ / ها / ـه /...)	+جملة اسميّة	إلا إنّ + ضمير + (فعل/ صفة/ عبارة).

٤

٢- ممكن استخدام كلّ الأزمنة: ماضي / مضارع / مستقبل

مثال:

زمن الماضي

مع إنّه صحي متأخّر إلا إنّه لحق القطر.

زمن المضارع المستمر

١- مع إنّه بيسهر كتير في الشغل بالليل إلا إنّه بيصحى بدري يصلّي.

٢- بالرغم من إنّه بيذاكر كتير إلا إنّه بيسقط كتير.

زمن المستقبل

مع إنّ عنده فلّوس كفاية إلا إنّه مش هيسافر معاهم الرحلة.

٣- للتعبير عن الشعور بالمضايقات و الشكوى

	جملة (١)		جملة (٢)
للمؤنّث	الحاجة اللّيّ بتدّايقني / بتغيظني / بتنرفزني	هيّ إنّ	الناس بتتكلّم بصوت عالي
للمذكّر	الموضوع اللّيّ بيدّايقني / بيزعّلني/ إلخ..	هوّ إنّ	الناس بتتكلّم بصوت عالي
			جملة اسميّة

ممكن جملة (٢) تسبق جملة (١)

إنّ الناس بتتكلّم بصوت عالي هيّ دي الحاجة اللّيّ بتدّايقني.

إنّ الناس بتتكلّم بصوت عالي هوّ ده الموضوع اللّيّ بيدّايقني.

٤- ممكن نقول الجملة باستعمال لمّا

الحاجة اللّيّ بتدّايقني لمّا الناس يتكلّموا بصوت عالي في السنيما.

الحاجة اللّيّ بتدّايقني لمّا يتكلّموا الناس بصوت عالي في السنيما.

جملة (١)	جملة (٢)
الفاعل مؤنّث أو مذكّر + لمّا + جملة إسميّة	
الفاعل مؤنّث أو مذكّر + لمّا + جملة فعليّة	

تدريب (١ - أ(١))

كلمات مفيدة: يِنَعْكِش / يِكْتِئِب / يِحْبِط / إِحباط / وجَع وأَلَم / ساذِج / يظهر إنّ

إيه هيّ المضايقات و الشكاوي اللّيّ بنقابلها في حياتنا اليوميّة؟

كمّل الجملة (أ) بجملة مناسبة من (ب)

(أ)	(ب)
١ - برغم إنّي بارُدّ بسرعة على كلّ الجوابات اللي بتوصَلني	- إلا إنّ الحاجة اللي بتغيظني هوّ إنّ أخويا الصغيّر دايماً بيدخُل وينعْكِشهالي.
٢ - مع إنّي مُرتّبة جداً في أوضتي	- إلاّ إنّنا لِحِقنا الامتحان في الميعاد.
٣ - بالرغم من إنّها أُم كويّسة جداً	- لمّا باشوف ناس بترمي زبالة في الشارع بدل ماتحطّها في صندوق زبالة.
٤ - على الرغم من إنّه اتْأخّر عليّا	- هوّ الخوف من الوجَع و الألَم.
٥ - الحاجة اللي بتِكْئِبني	- إلا إنّي باساعد نفسي و باحاول أدّور على أشغال تانية.
٦ - الموضوع اللي بيخوّفني من دكتور السنان	- إلا إنّ الموظّف لمّا جه أخد الراجل اللي ورايا قبل منّي.
٧ - رغم الاكتِئاب اللي عندي عشان رفدوني من شغلي	- رغم إنّها سابته و اتجوّزت واحد تاني.
٨ - مع إنّي بقالي مدّة طويلة واقف في الطابورعشان آخد دوري بدري	- برغم إنّي درست كتير يظهر إنّ لازم أتكلّم مع مصريين و أقعد في القهاوي أكتر.
٩ - تصوّر الساذِج ده لسّه بيحبّها	- إلا إنّها دايماً بتتفرّج على التليفزيون و تسيب ابنها يعيّط طول الوقت.
١٠ - الحاجة اللّيّ بتحْبِطْني هيّ إنّي لسّه مش عارف أتكلّم عربي بسرعة	- إلا إنّ الحاجة اللي بتدايقني هوّ إنّ الناس مابتردّش بسرعة على جواباتي.

صحّح مع زميلك.

تدريب (١ – أ(٢))

– إيّه معنى الكلمة اللي تحتها خط؟ وصّل (أ) مع المعني من(ب).

(أ)	(ب)
١– الحاجة اللي بتقرفني لمّا أشوف دبّانة في الشوربة.	– ماتقولش لحدّ.
٢– المدير ابتدى يِقْرِفْني عشان يطلّعني من الشغل	– اتدّايقت و مش قادر أشرب ولا آكل أيّ حاجة عايز أرَجّع.
٣– بيني و بينك أنا مفلس الأيام دي.	– ماعندهمش ذوق و لا مشاعر للناس التانية.
٤– لو سمحت اركن العربيّة بعيد عن مدخل البيت بتاعي إحنا جيران و لازم نراعي بعض.	– خفت جداً و قلقت.
٥– الناس اللي قاعدين في الترابيزة اللي جنبنا بيضحكوا بصوت عالي قوي ماعندهمش دم.	– لازم نحافظ على شعور بعض و مانديقش بعض.
٦– أنا اتخضّيت لمّا سمعت إنّه عمل حادثة في التليفون.	– مش سعيد و ماليش مزاج أعمل أيّ حاجة.
٧– أنا مِقَرْيف اليومين دول عندي شغل كتير مش هاقدر أخرج معاكم.	– ابتدى يدايقني قوي في الشغل.

– صحّح مع زميلك.
– استعمل التعبيرات دي قدّام الفصل أو مع زميلك في جملة أو جمل من عندك.

تدريب (١ – ب(١))

اتنينات

١– استعمل الجملة في عمود (أ) من تدريب (١ – أ(١)) و كمّل بجملة تانية من عندك بالتبادل مع زميلك.
٢– قول جملتك قدّام الفصل.
٣– اتكلّم مع زميلك في الفصل عن نفسك أو ناس تعرفها حصل معاها المواقف اللي فاتت. و قول إنت مؤيّد أو معارض الحاجات اللي بتدايق دي . . اسمع رأي زميلك إذا كانت نفس الحاجات بتدايقه.
٤– كرّر النشاط مع باقي الزملاء في الفصل.

تدريب (١- ب(٢))

كلمات مفيدة : الشيء اللي يجنّن / يِقْرِف / يزهّق / يتْجَاهِل / يكْسِف

١- كمّل الجمل بشكاوي و مضايقات لناس في مواقف مختلفة

مثال: الحاجة اللي بتدايقني في المطاعم هي إنّ . . . . مع إنّ . . . .

الحلّ: الحاجة اللي بتدايقني في مطعم فريش هيّ إنّهم بيتجاهلوني و بيتأخّروا قوي علبال مايجيبوا الأكل مع إنّي بادّي بقشيش كويّس كلّ مرّة.

١- الموضوع اللي بيدايقني لمّا أكون واقف في طابور . . . . برغم إنّ . . . .

٢- الحاجة اللي بتغيظني و أنا راكبة الأتوبيس . . . . على الرغم من إنّ . . . .

٣- الحاجة اللي بتنرفزني و أنا سايق العربيّة لمّا . . . . برغم . . . .

٤- الشئ اللي بيحبطني هوّ . . . . مع إنّ . . . .

٥ - الحاجة اللي بتكْسِفني لمّا أكون مع جدّي / أو مع . . . . بالرغم من . . . .

٦- الموضوع اللي بيدايقني في السفر الكتير . . . . رغم إنّ . . . .

٧- الحاجة اللي بتزهّقني من أبويا و أمي . . . . مع إنّ . . . .

٨- الشيء اللي بيقْرِفْني في . . . . برغم إنّ . . . .

٩- الشئ اللي بيجنّني من الجيران . . . . على الرغم من . . . .

١٠- الحاجة اللي بتزعّلني من إخواتي. . . . . رغم إنّ . . . .

٢- اسأل زميلك عن إجابته.

٣- اتبادلوا الأسئلة دي عن كلّ جملة:

أ - ليه بتحسّ بكده؟ ب - إمتى حصل كده آخر مرّة؟ ج - اتصرّفت إزّاي؟

٤- كرّر نفس النشاط مع زملاء تانيين في الفصل و اتبادلوا خبراتكم و أفكاركم في المواقف دي.

تدريب (١ - ب(٣))

فندق الأوقات السعيدة

كلمات مفيدة : افتتاح / عرض أسعار / ينتهز الفرصة / يطلع أجازة / مهبّبة / تخاريف / ماكدّبناش خبر / العرض ساري لأسبوع / راسي وألف سيف / اكْتَئَبْت / انهيار عصبي / مهما أوصف لك / هيفوز / خيرها في غيرها

مايسة راحت مع جوزها افتتاح فندق جديد في البحر الأحمر عشان عامل عرض أسعار كويّس و قرروا ينتهزوا الفرصة و يطلعوا أجازة. اسمع و جاوب.

همّ انبسطوا؟ اسمع مرّة تانية و جاوب.

١- إيه شكاوى مايسة؟ إيه الحاجات اللي دايقتهم في الأجازة؟

٢- لو إنت حصلّك نفس الموقف ده كنت هتعمل إيه؟

٣- مثّل الحوار (طـالب أ) إنت نزيل في فندق زيّ كده و بتقدّم شكوى.

(طالب ب) إنت مدير الفندق بتسمع الشكوى و بتحاول تبسط النزيل.

أمثلة للشكاوى

- السرير صغيّر أو مكسور أو مافيش غطا كفاية.
- الأكل في المطعم بيتأخّر.
- الأكل بارد / غالي.
- مافيش انتظار للعربيّة بتاعتك كضيف و نزيل و هتدفع فلوس كتير قوي عشان انتظار العربيّة.
- السّخان بايظ / الميّة ساقعة جداً / أو السيفون عطلان.
- التليفزيون بايظ.
- تلاّجة الأوضة مابتشتغلش.
- فكّر في مشاكل تانية واعمل شكاوى.

٤- حصل لك مواقف في فنادق أو رحلات زيّ كده؟

شارك مع زميلك. اسأل نفس السؤال لزملائك في الفصل و اسمع خبراتهم.

تدريب (١ – ج(١))

كلمات مفيدة : سلبي / حَمول وصَبُور / مُنَاضِل / مابافتحش
بُقي / حقوق الإنسان / حذّر= نبّه

١– إنت دايماً بتشتكي من كلّ حاجة. قول إنت مشتكي من أنهي نوع. اشرح ليه.

سلبي في حالي

حمول و صبُور

حقّاني ماباسييش حقّي

مُنَاضِل ماباسكتش على الغلط

عمري ماشتكي

باشتكي لمّا يكون ضروري أو مافيش فايدة

أنا باشتكي لإنّ ده من حقي

باشتكي من أيّ وضع مش مظبوط

مثال طالب (أ) أنا عمري ماباتكلّم لمّا باشوف حاجة غلط و لمّا الأكل بيكون وحش في المطعم باكل و بس .. مابافتحش بُقي .. أكيد أنا شخص سلبي.

طـــالب (ب) و أنا لايمكن أسكت على أيّ حاجة مش قانونيّة أو فيها ظلم لحدّ. و أحبّ أدافع عن حقوق الناس و المظلومين. أنا غالباً مناضل جداً .. و على فكرة أنا باهتمّ بموضوع حقوق الإنسان جداً.

٢– إزّاي ممكن تشتكي أو تتدخّل في المواقف دي؟ عبّر لزميلك باللغة المناسبة.

- راجل و مراته جيرانك بيتخانقوا و عاملين دوشة و إنت مش قادر تنام.
- مستنّي دورك قدّام تليفون عام و فيه واحد بقاله ربع ساعة بيتكلّم في التليفون و مش بيدّي فرصة لأيّ حدّ مع إنّه شايفك.
- بيّاع مش مؤدّب ومابيردّش عليك لمّا تسأله في المحل.
- واحد بيرمي زبالة في الشارع و هوّ ماشي على الرغم من إنّ فيه صندوق زبالة.
- واحد بيعاكس واحدة في الشارع و إنت شايفها متدايقة ومش عارفة تعمل إيه؟

- أم بتضرب ابنها في وسط الشارع و إنت عايز تتدخّل.
- اشتريت جهاز من الانترنت و طلع غلط على الرغم من إنّك اخترته من الكتالوج.
- شركة الكومبيوتر بعتتلك فاتورة تصليح الكومبيوتر مع إنّ المهندس ماصلّحوش.
- جارسون دلق القهوة على جاكتتك الجديدة مع إنّك حذّرته و نبّهته يحاسب.
- البنك سحب فلوس من كارت الفيزا بتاعك بالرغم من إنّك ماشتريتش حاجة.

٣- اسأل زميلك هيتصرّف إزّاي لو كان في المواقف اللي فاتت.

٤- اسأل باقي الزملاء في الفصل و اسمع آراءهم هيتصرّفوا إزّاي؟ و همّ أنهي شخصيّة من اللي فاتوا؟

تدريب (١- ج(٢))

اتنينات

كلمات مفيدة: إهانات / عُنْف / إيذاء بدني / يتدخّل / بلّغ

١- طالب (أ) اختار شخصيّة مختلفة عن شخصيّتك من الشخصيّات اللي فاتت. اختار موقف من المواقف اللي في تدريب (١ - ج (١)) و مثّل الموقف مع زميلك.
طالب (ب) مثّل الشخصيّة اللي في الموقف اللي اختاره زميلك.

مثال طالب (أ) مناضل في موقف (١)
طالب (ب) جوز الستّ اللي بيتخانق مع مراته.
طالب (أ) لو سمحت يافندم . .
أولاً . . إنت مش من حقّك تزعّق و تزعج الجيران السّاعة ٢ صباحاً.
ثانياً . . حتى لو إنت مختلف مع مراتك مش من حقّك الضرب و العُنف و الإيذاء البدني و الإهانات لإنّ ده ضد حقوق و حريّة الإنسان. و أنا مضطر أبلّغ البوليس وا . . . .
طالب (ب) و إنت مالك بتتدخّل بينّا ليه؟ دي مراتي و أنا حرّ روح بلّغ زيّ ما إنت عايز و . . .

٢- اعكسوا الأدوار
طالب (ب) يختار شخصيّة من اللي فاتوا و يختار موقف.
طالب (أ) يمثّل شخصيّة الموقف.

ثقافة أكتر دردشة أكتر

١- مع الكاريكاتير: إيه فكرة الصورة؟

٢- من مكتبة الأفلام

اتفرّج على فيلم: "كاراكون في الشارع" إخراج: أحمد يحيى

إنتاج: نيو آرت فيلم توزيع خارجي: أفلام فؤاد جمجوم. ١٥ ش عبد الخالق ثروت بالقاهرة

و جاوب:

١ – تفتكر الاعتراض كان له دور مهمّ في الفيلم؟

٢ – إيه رأيك في فكرة الفيلم؟

٣ – إيه رأيك في معالجة المخرج للقصة؟

٤ – تفتكر مشكلة الناس دي كان ممكن تتحلّ إزّاي؟

ملحوظة: يمكن الحصول على هذه الأفلام بالدخول إلى موقع جوجل – أدب و فن.

٣- ناقش الأفكار دي مع زملائك في الفصل مؤيّد / مُعْترض / ليه؟

- الشكوى بتعطّل الشغل وبتسبب مشاكل.
- ممكن تاخد اللي إنت عايزه من غير شكوى.
- الشكوى بتكرّه الناس فيك.
- الشكوى مهمّة عشان الوضع يتغيّر.
- الشكوى مهمّة عشان الناس تخاف و تبذل مجهود.
- لازم الواحد يعبّر عن رأيه و يكون إيجابي عشان المجتمع يتصلّح.
- المجتمع مش هيتصلّح من غير ماتاخد موقف و تعترض.
- الموظّف اللي بيشتكي بيتّطِرد من شُغْله.
- الناس اللي بيشتكوا كتير مالهمش صاحب أو واسطة.
- أحياناً لازم تشتكي و أحياناً لازم تسكت. إمتى تشتكي و إمتى تسكت؟
- أهم حاجة هيّ مصلحتي مش مهمّ إيه اللي بيحصل للناس التانية.

٤- أقوال و أمثال شعبيّة

كلمات مفيدة: ينوب / المُخَلّص

أ – ناقش التعبيرات دي

- اشترى دماغك! إيه علاقة التعبير ده لمّا يتقال في وسط حوار و شكوى؟
-ماينوب المُخَلّص إلا تقطيع هدومه. إيّه معنى المثل ده؟ و إمتى بيتقال؟ تفتكر له علاقة بموضوع الشكوى و الاعتراض؟ إزّاي؟

ب – ادرس معنى التعبيرات ديه و ناقشها مع الزملاء. إمتى بتتقال؟ و إيه معناها؟

- إيّكْش توْلَع / يولعوا بجاز / يتْفِلِق / يخبط دماغه في الحيط.
- ضربني و بكى و سبقني و اشتكى. إمتى بيتقال المثل ده؟

ج – أنهي من التعبيرات اللي فاتت بيدُلّ على:

الشكوى بتسبب مشاكل للي بيشتكي؟ / مافيش فايدة من الشكوى؟ / أنا مايهمّينيش غير مصلحتي؟

د – إيه ردّ الفعل المناسب للشكوى؟

٥- اكتب حوار و مثّله مع زميلك للمواقف دي

١– واحد قعد في الكرسي بتاعك في السينما و مش عايز يقوم .. و إنت دافع و مختار المكان ده عشان تشوف أحسن.

٢– سوّاق تاكسي بيعلّي صوت الراديو و إنت مش عارف تتكلّم مع صاحبك.

٣– جارسون جابلك أكل إنت ماطلبتوش.

استعمل الكلمات المساعدة أو ردود الأفعال للشكوى

آسف ها .... – أصل إحنا ماعندناش ..... – تعالى بكرة .... – إزّاي أقدر أساعدك عشان .... – معلش أصل الموظّف .... – أنا ماكنتش فاهم / عارف / إنّ ... – ماإنت اللي اتأخّرت .... – إحنا إنّ شاء الله ها .... – آسفين جداً .... – مافيش داعي للزعل – مافيش مشكلة أنا متأسّف جداً ....

٥

نصّ الاستماع لتدريب (١ـ ب(٣))

لمياء	إزيّك ياமايسة؟ أنا سمعت إنّك مانبسطيش أبداً في الأجازة بتاعتكم اللي فاتت. جوزك قابل جوزي في الفرح وقاله على الأخبار المهبّبة دي . . ليه كده؟ إيه الحكاية؟
مايسة	مش عارفة يالمياء لازم حدّ قَرّ علينا.
لمياء	ياشيخة ماتقوليش كده . . بلاش تخاريف إنتي بتؤْمِني بالحاجات دي؟ هيّ كلّ الحكاية لازم شويّة حظّ سيّئ و بسّ . . طبْ بس قوليلي إيه اللي حصل؟
مايسة	شوفي ياستّي إحنا قرينا الإعلان إنّ الفندق عامِل عرْض خاص بسعر ماحصلش بمناسبة الافتتاح . . فماكدّبناش خبر . . وخدنا بعضنا وسافرنا على طول . . عشان نلحق العرض لإنّه كان ساري لمدّة أسبوع بسّ . . وبرغم إنّ ماكانش عندنا أجازات كتيرة . . إلا إنّنا رُحنا.
لمياء	طبْ عال. عال. براڤوا عليكم هه . . وبعدين؟
مايسة	من ساعة ماوصلنا أوّل حاجة دايقتنا الخدمة . . الراجل بتاع الاستقبال ماكانش ظريف أبداً ولا ودود . . وعلى الرغم من إنّنا كنّا حاجزين قبل مانسافر . . إلا إنّه مالقاش الحجز بتاعنا.
لمياء	ياه . . أمّا دي حاجة غريبة . . دي حاجة تدايق فعلاً.
مايسة	والشئ اللي ينرفز إنّنا استنّينا ساعة عشان يلاقولنا أوضة مع إنّنا واصلين بدري و كنّا عايزين نستريّح.
لمياء	أم . . ياحرام طب و عملتوا إيه؟ لقيتوا أوضة؟

مايسة	آه. أخيراً دخّلونا أوضة بسّ اللي يدايق هوّ إنّهم ادّونا أوضة مش بتبصّ على البحر رغم إنّنا طلبنا أوضة على البحر تتصوّري! كانت باصّة على حيطة الشاليه اللي جنبنا!
لمياء	إيه ده؟! لا لا . . مش معقول! إيه الخدمة الغريبة دي؟
مايسة	أنا طبعاً راسي و ألف سيف ماأخشّ الأوضة دي و رجعت الاستقبال تاني و طلبت منهم يغيّروهالي و إلا عايزة مقابلة مع المدير و فعلاً قابلته و قدّمت شكوى و جوزي اتخانق.
لمياء	و غيّروا لكم الأوضة؟
مايسة	آه . . طبعاً بسّ الحاجة اللي تجنّن هوّ إنّنا بعد مادخلنا و استقرّينا فتحت الدش عشان آخد حمّام . . لقيت مافيش ميّه سُخْنة و التكييف كمان كان عطلان . . طبعاً أنا اكتَئَبْت جداً و كان هيجيلي انهيار عصبي.
لمياء	ياخبر إسود . . طيّب و عملتوا إيه؟
مايسة	أبداً . . غيّرنا الأوضة تاني . . لا . . لا مهما أوصف لك مش هاقدر أقولك اتدّايقت قدّ إيه! المهم قضّينا الأجازة في الأوضة الأخيرة دي و كانت كويّسة . . و طبعاً لمّا نزلنا البحر و قعدنا على الشاطئ نسيت شويّة التعب.
لمياء	لا لا . . إنّ شاء الله خِيرها في غيرها و الرحلة الجايّة تبقى أحسن.

ياللا نعمل حاجة

تقديم (٢أ)

كلام و شكاوي الناس

اتفرج مع المدرس على برنامج "رأي الناس".

دردشة حرّة:

اقرا إذا كانت شكاوي و مشاكل الناس دي في بلدك.
اكتب (√) إذا كانت موجودة، (×) لو مش موجودة.

١-

سواقين التاكسي بيسوقو بجنون في الزحمة دي. طب ماكانوا ياخدوهم مخالفات أو يحدّدوالهم السرعة!

٢-

ليه مابيزودوش جاراجات الانتظار أنا مش فاهم؟ ده أنا باخد ساعة عشان آلاقي مكان أركن.

٣-

أنا باشتغل كلّ يوم ماعدا الجمعة. طبْ مش كانت الشركة تدّينا أجازة يوم تاني عشان أقدر أروح البنك؟ أنا مش فاهم إيه ده؟

٤-

ليه مابيكتّروش مراكز الشباب والملاعب في الصيف .. الأولاد والمراهقين بيبقوا واقفين يتسكّعوا في الشوارع و يعاكسوا الناس.

٥-

إمبارح جه يزورني عميّ من البلد من غير ميعاد و مالقانيش. ده كلام؟ طب مش كان يتّصل بياّ في الأوّل؟

٦-

ياترى هيعملوا قانون عشان يعاقبوا اللّي بيرمي زبالة؟ أنا مش عارف؟

اتنينات ناقشوا

١ – إيه أكتر مشكلة أو شكوى من اللي فاتوا موجودة في بلادك.

٢ – إزّاي بتأثّر في المجتمع بتاعك؟

٣ – اختار ٤ مشاكل و قول إزّاي اتصرّفتوا في بلادكم في المشاكل دي؟

٤ – اتكلّم مع زميلك عن نَفْسَك. إزّاي بتتصرّف في المشاكل دي؟

٥ – اسمع مقترحات باقي زملاء الفصل لحلّ المشاكل و الشكاوي دي.

تقديم (٢ب)

مشاكل حينا

كلمات مفيدة: شِرْحَة / اتّحاد السكّان / بلّغي الحيّ / ماوصلتش لحدّ إنّي أبلّغ / مالهمش حقّ / اعتراض / تشطيب / مُقدّم

سماح و ضياء أصحاب من زمان و جيران لإنّهم لسّه ساكنين جديد في الحيّ ده.

١ – اسمع إيه شكاوي و مشاكل كلّ واحد فيهم.

٦

ضياء: " بس . . بس" سماح . . سماح . . إزيّك أنا هنا . . إيه فينك؟

سماح: أهلاً ياضياء إزيّك إنت؟ إيّه إنت عندك أجازة النهاردة؟ إنت مش في الشغل ليه؟

ضياء: آه . . النهارده واخدُه كده مشاوير خاصّة . . عندي شويّة ورق عايز أخلّصهم و أسجّل عقد الشقّة الجديدة في الشهر العقاري.

سماح: طبْ مش كنت تقوللي كنّا نروح مع بعض؟ ده أنا كمان عايزة أسجّل العقد بتاعي.

ضياء: طيّب ماإنتي ماقولتيش! مش كنتي تدّيني فكرة؟ طبعاً كنت اتّصلت بيكي و رُحنا سوا . . معلش . . ممكن أروح معاكي في أيّ وقت . . إنّتي تؤمري . . المهمّ عاملة إيّه مبسوطة من المنطقة و الشقّة الجديدة؟

سماح: آه . . الحمد لله . . الشقّة حلوة قوي . . واسعة و شِرْحَة لكن أنا شويّة مش عاجبني تصرّفات الناس اللي في المنطقة . . بيرموا الزبالة في الشارع ليه؟ أنا مش عارفة؟ على الرغم من إنّ فيه صناديق زبالة و فيه زبّال بيطلع لحدّ باب الشقّة!

ضياء: طيّب مش كنتي تكلّمي اتّحاد السكّان أو تبلّغي في الحيّ.

سماح: لا ماوصِلتْش لحدّ إنّي أبلّغ الحيّ لكن . . أنا هاحاول أتقابل مع السكّان في اجتماع و نتكلّم . . لو كلّ عمارة عملت كده الشارع هينضف. وإنت ياضياء إيه أخبارك؟ مبسوط وللا عندك اعتراض و شكوى من الحيّ بتاعنا؟

ضياء: أنا مبسوط قوي من المحلاّت و مستوى الناس . . بس المنطقة فيها مدارس كتيرة . . و فيه مدرسة ورا بيتي و كلّ يوم السّاعة ٧,٣٠ الصبح أصحى على جرس المدرسة و طابور الصبح . . و طبعاً دي حاجة مزعجة جداً . . مابيوطّوش الميكروفونات ليه؟ أنا مندهش جداً!

سماح: دا كلام؟ مالهمش حقّ . . طيّب ماكنت تروح تتكلّم مع مدير المدرسة. أو كنت تدوّر كويّس في المنطقة قبل ماتشتري الشقّة دي جنب المدرسة.

ضياء: أهو اللي حصل بقى . . طبعاً كنت أتمنّى أغيرّ الشقّة بعد ما اكتشفت كده . . بسّ خلاص بقى . . مابقاش معايا فلوس تاني لتشطيب أو مُقدّم شُقق تانية.

اسمع مرّة تانية و قول أنهي عبارة شكوى / اقتراح؟

الاسم	الجملة	نوع العبارة
سماح	مش كنت تقوللي؟ كنا نروح مع بعض؟	
ضياء	ماقولتيليش ليه؟ مش كنتي تدّيني فكرة؟	
سماح	الناس بيرموا الزبالة في الشارع ليه؟ أنا مش عارفة؟	شكوى
ضياء	ليه المدرسة اللّي ورايا مابيوطّوش ا لميكروفونات؟ أنا مندهش!!	
سماح	مش كنت تدوّر كويّس في المنطقة؟	اقتراح

لاحظ القواعد

٧

١- عبارات مفيدة في الشكوى

الجملة	تعبيرات شكوى واستنكار
١- أنا مش فاهم ليه مابيوطّوش ميكرفون المدرسة! أو ليه مابيوطّوش ميكرفون المدرسة؟ أنامش فاهم!	أنا مش فاهم! / نفسي أفهم! / حاجة مش فاهمها!
٢- أنا مش عارفة ليه الناس بيرموا الزبالة في الشارع! أنا مش عارفة!	أنا مش عارفة؟! / نفسي أعرف! / دي حاجة مزعجة جداً! / أنا مندهش جداً! / أنا باتساءل!

٨

٢- عبارات مفيدة للاقتراح. لاحظ استعمال (كان) مع عبارات الاقتراح

مثال:

أ - الشكوى: أولاد الجيران بيلعبوا كورة في وسط الشارع ليه؟ أنا مش فاهم.

الاقتراح: ياه! طبْ . . كانوا يلعبوا كورة في حوش بيتهم أحسن.

كان + فعل مضارع من غير ب . . . . أحسن.

أو ياه! مش كانوا يلعبوا كورة في حوش بيتهم أحسن؟

مش كان + فعل مضارع من غير ب . . . . أحسن؟

ب - الشكوى: المدرسة اللّي جنبي بتعمل دوشة بالميكروفونات. دي حاجة مزعجة جداً.

الاقتراح: ياه! طب ماكنت تقدر تدوّر على شقّة أبعد شويّة من المدرسة.

ماكنت + فعل مضارع من غير بـ . . . .!

أو ماكنتش تقدر تدوّر على شقّة أبعد شويّة من المدرسة؟

ماكنتش + فعل مضارع من غير بـ . . . .؟

٣- لاحظ (كان / كنتي / كنتوا / كانوا . . إلخ + مضارع من غيرب يتصرّف حسب الضمير)

٤- كلمات تانية تستعمل في الاقتراح: كان ينفع / كان يظهر إنّ / كان يُفَضّل أو نفيها .

تدريب (٢ - أ(١))

١- ابدأ الجملة بالسؤال و اكتب الجمل دي مرّة تانية.

١ - أنا باتسائل الناس اللي بيرموا زبالة في الشارع هنقدر نمنعهم إزّاي؟
مثال: إزّاي هنقدر نمنع الناس اللي بيرموا زبالة في الشارع؟ أنا باتسائل.

٢ - الناس اللي بيركبوا موتوسيكلات بيعملوا صوت عالي ليه؟ نفسي أفهم!

٣ - هيساعدوا الفقرا اللي بيناموا في الشارع إمتى؟ نفسي أعرف!

٤ - عايزة أعرف نحافظ على الجناين العامة اللي في الشارع إزّاي؟

٥ - تعيين عساكر مرور أكتر في الشوارع .. هيساعد على الانضباط؟ الله أعلم.

٦ - مابيحطوش نور و فوانيس كفاية في الشوارع ليه؟ أنا مش فاهم!

٧ - مابيصلّحوش البلاّعات و يقفلوها كويّس ليه؟ أنا مش عارف!

٨ - هيشيلوا المطبّات الكتيرة اللي في شارع سليم؟ ربنا يعلم!

٩ - طوابير العيش المُدعمّ هتنتهي وللا لأ؟ حاجة ماعرفهاش.

١٠ - سواقين العربيّات الملاّكي و التاكسيّات و الأتوبيسات بيضربوا كلاكس طول الوقت ليه؟ حاجة أنا مش فاهمها.

٢- اقرا الجمل لزميلك و قارن معاه.

٣- ناقش الشكاوي و الاعتراضات دي مع زميلك. فكّر في حلول. اسمع حلول و رأي زميلك.

٤- ناقش الشكاوي و رأي باقي الزملاء في الفصل .. اسمع رأيهم في المشاكل دي و الحلول بتاعتهم.

مثال للجملة (١)

طالب (أ) إزّاي هنقدر نمنع الناس اللىّ بيرموا زبالة في الشارع؟ أنا باتسائل.
طالب (ب) افتكر إنّ الحكومة لازم تطبّق القانون جامد وبشدّة يعني ممكن ...... إلخ.

تدريب (٢-أ(٢))

اتنينات

كلمات مفيدة: يتخلِع / الغشّ / الكعب / يكشّ / اتمسح / القماش / فيروسات / شرخ / الكاس / العفش / عميل / عملاء

١- اسمع الشكاوي دي. قول هيّ بتشتكي من إيه و بتتكلّم عن إيه؟

١ - ليه من أوّل مرّة ألبسها يتْخِلِع الكعب بتاعها؟ أنا مش قادرة أتصوّر . . الغشّ يوصل لحدّ كده!!

٢ - لمّا غسلته كشّ من أوّل لَبْسَة . . فماقدرتش ألبسه تاني. ليه مابيعملوش القماش كويّس؟ مش فاهمه؟

٣ - تخيّل أوّل ماحطّيت الأسطوانة (C.D) البرنامج باظ والمعلومات اتمسحت . . ليه مابيعملوش نظام كويّس ضدّ الفيروسات دي؟ حاجة تجنّن.

٤ - ليه مابيكتبوش تعليمات واضحة في الكتالوج؟ ده أنا أوّل ماجيت استعملها في فرح أخويا مافهمتش حاجة و ماقدرتش أصوّر بيها . . حاجة مش معقولة!

٥ - تصوّري أوّل ماطلّعته من العلبة شفت شرخ كبير قوي في الكاس بتاعه طبعاً ماقدرتش أضرب أيّ عصير أو أستعمله في المطبخ. ليه بيبيعوا بضاعة فيها عيوب؟ أنا مش قادرة أصدّق!

٦ - تصدّق ياممدوح أوّل ماوصْلِت عربيّة العفش . . و طلعوا السُفْرة لقيت الرِجْل مكسورة !! ليه مابيسلّموش الحاجة سليمة؟ نفسي أعرف!

٢ - اقرا الشكاوي مرّة تانية و شارك زميلك بنصايح و اقتراحات للشكاوي اللي فاتت بالتبادل.
اسأل و اسمع إجابات باقي الزملاء.

مثال شكوى (١)

طيّب مش كنت ترجّعها لهم / ماالتصلتش بالمحلّ ليه؟ مش كان أفضل تشتريها من محلّ مشهور . . إلخ. أو ماترجّعها لهم و تاخد فلوسك؟
أو يمكن كان أحسّن تشتريها من محلّ كويّس . . إلخ.

٣- اتكلّم مع زميلك عن مشاكل قابلتك كعميل ومشتري و إزّاي اتصرّفت.
استعمل لغة الشكوى و الاقتراح زي التدريب اللي فات.

تدريب (٢-ب(١))

اتنينات

كلمات مفيدة : احتياطات / افحص / سُمْعِته كويّسة ومضمون / تبديل وترجيع المشتريات / ملابس جاهزة / يستردّ الفلوس / ماخَدتش بالي / ماكانش ينفع

١- اقرا النصايح والاحتياطات دي عشان تساعد في حلول مشاكل العملاء.

٢- اكتب نصايح تانية من عندك.

١ – افحص البضاعة كويّس قبل ماتشتريها و إنت لسّه في المحلّ.
٢ – اشتري من محلّ سُمْعِته كويّسة و مضمون.
٣ – اسأل عن سياسة التبديل و الترجيع أو استرداد تمن المشتريات.
٤ – اسأل عن طريقة تنضيف الهدوم إذا كنت هتشتري ملابس جاهزة.
٥ – اتأكدّ إنّ فيه ضمان على الأجهزة أو الحاجة اللّيّ بتشتريها.
٦ – اتفرّج كفاية في المجلاّت قبل ماتشتري و اعمل مقارنة في النوعيّة و الأسعار المناسبة ليك.
٧ –
٨ –
٩ –
١٠ –

٣- اتكلّم مع زميلك عن خبرتك الشخصيّة في الشرا و إيه الاحباط اللي حصلّك بسبب سوء الحظّ في الحاجة اللّيّ اشتريتها.

طالب (أ) احكي المشكلة.

طالب (ب) استعمل النصايح في رقم (١) عشان تساعد زميلك لمّا يشتري مرّة تانية.

اعكسوا الأدوار و كرّروا النشاط.

مثال: طالب (أ) أنا مش عارف ليه ماخدتش بالي يوم ماشتريت شنطة السفر بتاعتي. تصوّر اشتريتها في أوكازيون. و أوّل ماروّحت لقيت عجلة من عجلاتها مكسورة.

طالب (ب) طبْ مش كنت ترجّعها للمحلّ و تستردّ فلّوسك؟

طالب (أ) ماكانش ينفع عشان اشتريتها في الأوكازيون و ماكانش ينفع أستردّ فلوسي في الأوكازيون لأنّها أسعار مُخَفّضة.

طالب (ب) لا المرّة الجايّة . . . . .

تدريب (٢-ب(٢))

لازم تاخد حقّك

كلمات مفيدة : بضاعة مضروبة / مجرّد بيشتكوا / موقف جاد / جمعية حماية المستهلك / نظام لتفعيل الشكوى / خدمة العملاء / يصعّد / منصب أعلى / يتمسّك بحقه / يؤدّي لـ / لازم يكون حازم ومصمّم / ماتترددش / نتابع الشكوى / الجمهور / تفعيل الشكوى / مصلحة

إنت بتشكي لمّا تقابلك مشكلة كعميل في محلّ أو أي مصلحة؟

تفتكر الشكوى مفيدة و مهمّة و لها فايدة؟ ليه؟ ليه لأ؟

تفتكر لازم تشتكي لمين؟ ليه؟ و ليه مش حدّ تاني؟

ناقش الأسئلة دي مع زملاء في الفصل

اسمع الحوار ده مع أستاذ جمال عضو في جمعية حماية المستهلك المصريّة بمدينة نصر وجاوب

١- الزبون لازم ياخد حقُّه؟ إيّه اللي هيحصل لو ماخدش حقُّه؟

اسمع مرّة تانية و جاوب

١- أستاذ جمال قال ٧ نُقَط . . إيه همّ؟

٢- إيّه رأيّك في كلام أستاذ جمال؟ مُقنِع أو لا؟ مفيد؟ عملي؟ ليه أيوه؟ ليه لأ؟

٣- اتكلّم عن نظام بلدك بتعمل إيّه لمّا يكون عندك شكوى؟ إزّاي بلدكم بتحمي المستهلك؟ فيه هيئة عندكم زي مصر؟

٤- الزبون دايماً على حقّ . . إيه معنى الجملة ؟ موافق أو معارض؟ وليه؟

٥- لمّا البيّاع بيقول للمستهلك: معلش ربنا يعوّضك. إيّه رأيّك في الجملة دي؟ معناها إيه؟ متّفق مع البيّاع؟ تنصح المستهلك بإيه؟ فيه عندكم في ثقافتكم كلام زي كده؟ شارك زملاءك.

٦- إقرا التعبيرات دي و قول إيه علاقتها بالموضوع؟ مين بيقولها؟ و إمتي بتتقال؟ ده أسلوب مؤدّب؟

- أعلى مافي خيلك اركبه	- مطرح ماتحطّ راسك حطّ رجليك
- إنّ كان عاجبك	- اتفلق
- هاجيبها من فوق	- هاوصّلها لأعلى راس
- مش هاسكت على الموضوع	- طُظّ

تدريب (٢-ج(١))

اتنينات/ مجموعات

كلمات مفيدة : مواطنين / شُرطة / مجلس الحيّ

١- إزّاي نقدر نعمل حاجة عشان الشكاوي تقلّ و نساعد الناس؟

ناقش مع زملائك في الفصل حلول للمشاكل دي

١ - إزّاي البوليس يقدر يبني علاقة أفضل مع المواطنين؟ و العكس إزّاي المواطن يبقى متعاون أكتر مع الشرطة؟

٢ - إزّاي نقدر نشجّع الناس إنّهم يحترموا تعليمات المرور؟

٣ - إزّاي نقدر نفهّم ونعلّم الأولاد مايعاكسوش البنات و الستّات في الشارع؟

٤ - إزّاي نشجّع المواطنين إنّهم يركنوا في أماكن الانتظار. مش في أيّ مكان؟

٢- طالب (أ) إنت مواطن عادي و عندك مشكلة. (تمثيل).
طالب (ب) إنت من مجلس الحيّ و بتسمع لشكوى المواطن و بتقدّم حلول.

مثال: طالب (أ): ليه البوليس بيستعمل العُنف مع المواطنين؟ أنا مش عارف!
طالب (ب): في الحقيقة إحنا دلوقتي بنحاول نحلّ المشكلة فـ . . . .

استعمل كلّ قضيّة في رقم (١) و ناقشها مع موظّف الحيّ.
اعكسوا الأدوار و كرّروا النشاط.

تدريب (٢-ج(٢))

١- وصّل الكلمة بالمعنى

أ- يفاصل	تنزيل في السعر الأساسي للبضاعة.

ب- إذن الدفع (الفاتورة)	إلتزام بتصلّيح أو ترجّيع الأجهزة أو البضاعة.
ج- خصم	يحاول تقليل سعر البضاعة و ياخدها أرخص.
د- دفع بالكارت	مبلغ مدفوع قبل الشرا لحجز البضاعة.
هـ- ضمان	طريقة لدفع و تسديد التمن بعدين. أو دفع مؤجّل.
و- مُقَدّم	فلوس ترجع للمستهلك إذا كان فيه مشكلة في البضاعة.
ز- استرداد	وصل مكتوب فيه المبلغ المدفوع.

٢- تمثيل

طالب (أ) إنت طالب عندك شكوى من محلّ اشتريت بضاعة مضروبة.

طالب (ب) استعمل الكلمات اللّيّ فاتت في تقديم نصايح لزميلك عشان يقدر يتصرّف في الشكوى بتاعته.

ثقافة أكتر - دردشة أكتر

١- مع الكاريكاتير

عبّر بلغتك عن معنى الصورة.

٢- من مكتبة الأفلام

اتفرّج مع الفصل على فيلم "محامي خُلع" تأليف: وحيد حامد إخراج: محمد ياسين

إنتاج شركة: السبكي فيلم ١٠٣ ش التحرير - الدقي تليفون ٣٧٤٩٩٥٢٥

و جاوب

أ- مين بيشتكي؟ ب - إيه المشكلة؟

ج- إيه التأثير و التغيير اللي حصل بسبب الشكوى؟ د- إزّاي اتحلّت المشكلة؟

هـ- قول ملّخص للفيلم قدّام الفصل؟ و- إيه رأيك في علاج المشاكل اللي في الفيلم؟

ز- ناقش إزّاي بلدكم بتحلّ المشكلة دي؟ إيه حقوق الزوج؟ إيه حقوق الزوجة؟

ملحوظة: يمكن الحصول على هذه الأفلام بالدخول إلى موقع جوجل - أدب و فن.

٣- اقرا مشاكل العملاء دول وناقش مع زميلك إزّاي تقدم نصيحة لكلّ عميل.

هوّ كان لازم .... كان أحسن لو .... كان يروح .... كان يقدّم ... إلخ.

- إبراهيم حجز كرسي طيّارة جنب الشبّاك .. وعلى الطيّارة لقى الموظّف إدّاله كرسي ورا في الصف اللي في النصّ.
- حسن حجز أوضة بسرير مفرد كبير لكن لِقي في أوضته سريرين صغيرين.
- حنان اشترت لابن أختها لعبة و لمّا قدّمتها طلعت مكسورة و بايظة بسّ مارجّعتهاش.
- سالم اشتكى من سوء معاملة الموظّف .. بسّ مِشي من المحلّ لمّا ماحدش سأل فيه.
- نجوى مانبسطتش في البنك لمّا راحت تسحب فلوس عشان أخّروها و وقفت طابور طويل .. و الموظّف ماكانش عنده ذوق. و عاملها وحش. و في الآخر ماقدرتش تسحب.
- فكّر في ٣ مشاكل تانية من عندك.

٤- مثّل المواقف دي مع زميلك.

طالب (أ) الشخص المسؤول.

طالب (ب) الشخص صاحب الشكوى.

اعكسوا الأدوار و كرّروا النشاط.

٥- اسأل رأي الزملاء في طريقة حلّهم للمشاكل اللي فاتت.

٦- طالب (أ) اختار صورة من الصور دي .. اشتكي لصاحبك عن المشكلة.

طالب (ب) قدّم النصيحة لحلّ المشكلة.

اعكسوا الأدوار و كرّروا النشاط.

نصّ الاستماع لتدريب (٢ – ب(٢))

١٠

المُذيعة: أهلاً بيك ياأستاذ جمال في برنامج التاسعة مساءً . . سُعداء تكون معانا.

جمال: أهلاً بيكي يامدام نُها أنا كمان سعيد و شرف ليّا إنّي أكون معاكم.

نُها: فيه مشاكل و شكاوي بتجيلنا من مستهلكين و عُملا و ناس قابلِتْهم مواقف أثناء السفر أو الشرا أو في المطاعم.

جمال: مشاكل زي إيه؟ و شكاوي من إيّه؟

نُها: يعني مثلاً في المطاعم أو الفنادق مابياخدوش خدمة كويّسة. أو بيشتروا حاجات من المحلاّت و تطلع البضاعة مضروبة. أو فيها عيب و مجرّد بيشتكوا بسّ . . مافيش أيّ موقف جاد بيعملوه عشان معظمهم مش عارف يعمل إيه؟ و يروح فين؟ ياترى إزّاي حضرتك تقدر تساعدنا؟

جمال: الحقيقة أنا مندهش إنّهم مابيعملوش حاجة غير الشكوى. دلوقتي فيه هيئة . . اللي هيّ الجمعيّة بتاعتنا لحماية المستهلك . . و فيه نظام لتفعيل الشكاوي دي . . إنّما موقفهم ده غلط . . الشكوى الحقيقيّة مؤثّرة. الشركات و الأعمال مش عايزة عميل مش سعيد أو الناس تبطّل شرا أو تدّايق من بضاعة مضروبة أو بايظة.

نُها: طيّب تفتكر إيّه الاقتراحات و النصايح اللي ممكن تقدّمها لنا عشان المستهلكين والعملا يستفادوا و يعرفوا يتصرّفوا إزّاي؟

جمال: شوفي ياستّي أولاً . . لو فيه أيّ شكوى لازم يتقدّم صاحبها فوراً و يبلّغ . . كلّ ماكان سريع في التصرّف كلّ ماكان فيه استجابة سريعة . . المثل بيقول اضرب الحديد وهوّ سخن. ثانياً . . لازم يتقدّم و يبلّغ شكوته لقسم خدمة العملا اللي موجود في كلّ محلّ أو بنك أو شركة. لو مافيش استجابة يصعّد شكوته للمنصب الأعلى . . يعني يطلب المدير و يتكلّم معاه و يشتكيله.

نُها: طيّب يافندم و لو محصلش أيّ ردّ فعل أو استجابة؟

جمال	و ده يخلّيني أقول النقطة التالتة.. لازم الزبون يتمسّك بحقوقه بشدّة و يطالب بالحقّ ده.. من حقّه ياخد بضاعة كويّسة. من حقّه يسافر في ميعاد طيّارته أو يلاقي الكرسي بتاعه. يستلم بضاعة نضيفة مافيهاش عيب.. من حقّه يدفع التمن المكتوب في المنيو أو على تسعيرة الهدوم اللي اشتراها بسّ.. مافيش حاجة اسمها معلش.. احنا المصريين دايماً نقول معلش ده أسلوب خطأ.. لازم يطالب بحقّه و يتمسّك بيه. و النقطة الرابعة.. لازم الزبون يطلب تعويض.. مثلاً طلب أوضة على البحر في فندق و ماحصلش.. يصمّم ياخد حقّه أو ياخد خصم أو تخفيض و هكذا.. لكن الموضوع مايعدّيش و مايسكتش و مايقولش معلش.
نُها	طيّب تفتكر همّ هيحترموا الطلب ده والطريقة دي؟
جمال	طبعاً. و خصوصاً إنّ ده يؤدّي للنقطة الخامسة.. و هيّ إنّه يكون إيجابي يعني مايشتكيش و بسّ.. لكن يساعدهم في تقديم حلول ترضيه و تسعده. لكن لازم يكون حازم و مصمّم على طلبه.
نُها	طيّب فيه حاجة تاني تحبّ تضيفها ياأستاذ جمال للأفكار الجميلة و المفيدة دي؟
جمال	أحبّ أضيف نقطتين كمان.. النقطة السادسة هيّ.. كزبون لازم تتابع شكوتك احتفظ بنمرة المدير و اسمه.. و تابع بالتليفون مع المسؤول اللي إنت قدّمت له الشكوى. أمّا النقطة الأخيرة.. فهيّ.. إنّ لو كلّ الخطوات دي ماجابتش نتيجة.. اكتب جواب أو قدّم الشكوى للمكتب الرئيسي بتاع الشركة مثلاً.. يعني صعّد الشكوى لأعلى منصب في المكان ده.. و تابعهم بتليفون أو جواب.. و طبعاً ماتتردّدش تقدّم لنا في مكتبنا صورة من الشكوى عشان نقدر نساعدك و نتابع معاك الشكوى. و مكتبنا مفتوح للجمهور في أيّ وقت.. بسّ لازم يعمل كلّ الخطوات اللي فاتت في الأوّل.

مراجعة من وحدة ١ - ٤

السؤال الأوّل

ابدأ الجملة بالكلمات فوق الخط زي المثال:

١ - الحكومة بتصلّح الأراضي عشان تزوّد الزراعة في البلد.
الحلّ: الأراضي بتتصلّح عشان الزراعة تزيد.

٢ - الحكومة بتحسّن المرتّبات لإنّ الأسعار زادت.

٣ - الحمد لله الحكومة زوّدت الوظايف دلوقتي عشان البطالة تقلّ.

٤ - المدرسة بتحسّن المناهج عشان الطلبة يحبّوا التعليم.

٥ - الشرطة بتاخد مخالفات من اللي يقف بعربيّته في الممنوع.

٦ - الحكومة بتوسّع الشوارع عشان تخفّف المرور و الزحمة.

السؤال التاني

غيرّ السؤال من المباشر لغير المباشر

١ - إنتي بتشتغلي فين دلوقتي؟	سألتها ....
٢ - حضرتك مبسوط من الزيارة بتاعتك للقاهرة؟	سألته ....
٣ - إيه رأيك في مشكلة المرور و الزحمة؟	سألتها ....
٤ - إنت اتخرّجت إمتى؟	سألته ....
٥ - ناوي تزور مصر تاني؟	سألته ....
٦ - أولادك عمرهم كام سنة؟	سألتها ....
٧ - بتحبّ مصر ليه؟	سألته ....

السؤال التالت

كمّل الجملة وناقش مع زميلك كلّ فكرة.

١ - عدد المسنين دلوقتي بيزيد في معظم المجتمعات و نتيجة لكده ....

٢ - الحكومات دلوقتي بتحاول تقلل مُعدّل الجريمة في المجتمع علاوة على إنّ ....

٣ - معظم الناس بيقضّوا وقت طويل قدّام التليفزيون بالإضافة لـ......... و بناء عليه ....

٤ - تدخين السجاير بيسبب زيادة نسبة الوفيّات بسرطان الصدر و مش كده و بسّ لكن ....

السؤال الرابع

غيرّ الجملة باستخدام الكلمات المساعدة: محتاج / عايز / لازم / ممكن / ضروري.

مثال: تنضيف الشوارع مهمّ قوي بالليل عشان الصبح المرور زحمة و بيعطّل عمّال النضافة.
الحل: الشوارع لازم تتنصّف بالليل عشان الصبح المرور زحمة و ممكن عمّال النضافة يتعطلّوا.
و ده موضوع مهمّ قوي.

١- تدريس اللغة الأجنبيّة الأولى في المدارس من مرحلة الابتدائي ضروري.
٢- أفضل للأولاد ياخدوا واجبات منزليّة بدل مايتفرّجوا على التليفزيون.
٣- ندرس دورات تدريبيّة بالإضافة لمواد دراسيّة زيّ السكرتارية و تعليم الكومبيوتر مهمّ جداً للشباب و خصوصاً في الأجازة الصيفيّة.
٤- تشديد قوانين المرور في الشوارع مهمّ عشان نزوّد الانضباط.
٥- توظيف و تدريب مدرسين أكتر مهمّ عشان نحلّ مشكلة التعليم.
٦- مهمّ قوي يبقى فيه تعليم هوايات في الأجازات الصيفيّة و الأجازات الأسبوعيّة عشان نستخدم طاقة الشباب بطريقة مفيدة.
ناقش كلّ عبارة من اللي فاتوا مع زميلك و اتبادلوا الآراء في كلّ موضوع.

السؤال الخامس

اتكلّم عن المستقبل مع زميلك

١ - في خلال الـ ٥ سنين اللي جايين أنا هاكون ....
٢ - أبويا بعد ٦ شهور ....
٣- أخويا على مايخلّص دراسة بعد شهر هيكون بقى ....
٤ - بعد سنة أعز صديق عندي ....
٥ - مامتي بعد شهر ....

السؤال السادس

١- اقرا الجمل دي

- مش هاتجوّزه حتى لو اشترالي شبكة غاليّة.
- مش هاأقدر أخلّص شغل البيت إلا إذا ساعدتني.

٢- كوّن جُمل زي المثال و استعمل أدوات الربط
إلا إذا / إلا لو / إلا لمّا / حتى إذا / حتى لو.

اتكلّم في موضوعات زيّ:

تحضير لرحلة / شكوى من فندق / خناقة بين الأصحاب / مشاكل عائليّة بين ستّ و جوزها و هيّ سابت البيت / ابنك دايماً بيسقط/ هتشتري بدلة عشان مناسبة و مش هتلبسها تاني / خبطت واحد وعملت حادثة و اتعوّر . . . إلخ.

السؤال السابع

وصّل العبارة بمعناها

(أ)	(ب)
١- مايعييش الراجل غير جيبه	- مابقيتش خايف من الموقف ده.
٢- بلاش تقفيل	- كنت متغاظ جداً من الموقف ده.
٣- يظبّط نفسه	- مابيهتمّش بالمشاكل و الحاجات اللي تسبب صداع و تعب.
٤- واد حِرك	- يعمل الحاجات المناسبة اللي تخليّه سعيد.
٥- كسرت حاجز الخوف	- بيحبّ البنات و يعرف يخلّي البنات تهتمّ بيه. دايماً مصاحب.
٦- مقلب طلع من نافوخي	- خلّيك مرن وماشي مع اللي بيعملوه كلّ الناس و المجتمع.
٧- يشتري دماغُه	- الراجل ماعندوش عيوب إلا إذا كان فقير.

السؤال التامن

اختار الكلمة المناسبة من الصفحة التالية و كمّل الجملة

١- الحمد لله الحكومة بتحاول تحلّ مشكلة الغلاء و ارتفاع الأسعار . . . . . .
٢- أكبر مشكلة بتأثّر في الاقتصاد المصري هيّ . . . . . .
٣- جي جي الممثلة بتعيش كلّ لحظة في حياتها و بتلبّس و بتتشيّك و تحطّ مكياج عشان بتقول إنّ الواحدة لازم تعيش حياتها و هيّ صغيّرة قبل ما . . . . . .
٤- باسم دايماً يضحك على الناس و ينتقدهم بطريقة فيها أسلوب سخرية مع الجدّ. أصل أسلوبه . . . . . . جداً و عشان كده الناس بتتضايق منّه.

٥- لازم نشجّع الموظّف على شغله و لازم ياخد حوافز و مكافآت عشان ما.......ش.......
و دايماً يشتغل بنشاط.

٦- برامج تنظيم الأسرة و مكاتب التوظيف لازم.......عشان برضه لسّه نتائج البرامج دي مش ناجحة قوي.

٧ - لازم يبقى فيه قانون مكتوب في كلّ محل يوضّح نظام ....

٨- لمّا تيجي تشتري حاجة جديدة و خصوصاً الأدوات الكهربائية. لازم تشتري من محل ....

الكلمات

الانفجار السكاني / ساحِر / يفقِد الحماس / يتعاد النظر فيها بطريقة جدّيّة / تفقد شبابها / ترجيع المشتريات / سمعته مضمونة.

السؤال التاسع

كمّل الجملة

١ - مع إنّي رُحت في الميعاد إلا إنّ ....

٢ - برغم إنّه عزم كلّ العيلة يوم العيد إلا إنّهم ....

٣ - مع إنّها كانت بتحبّه ....

٤ - على الرغم من البرد الشديد و الجو الوحش ....

٥ - رغم إنّ الحفلة كانت زحمة ....

٦ - بالرغم من إنّه بيشتغل كتير ....

السؤال العاشر

كمّل الحوار مع زميلك إنت (أ) وزميلك (ب)

١- أ - الحاجة اللي بتدّايقني .... مع إنّ ....
ب- ياه .. طيّب ماإنت كان لازم ....

٢- أ - الشئ اللي بيزهقني من عيلتي .... برغم إن ....
ب- طيّب كان حقّك ....

٣– أ – الحاجة اللي بتخوّفني لمّا أسوق العربيّة بالليل . . . . بالرغم من . . . .

ب– أم . . كان يُفضّل إنّك . . . .

٤– أ – الموضوع اللي بيجنني هوّ لمّا . . . . مع إنّ . . . .

ب– ياه . . طيّب ماكانش ينفع إنّك . . . .

٥– أ – الحاجة اللي بتقرفني هيّ لمّا أروح مبني حكومي و . . . . رغم إنّ . . . .

ب–

٦– أ – الشئ اللي بيحبطني هوّ لمّا . . . .

ب–

السؤال الحداشر

بصّ للصور دي و قول إيه هيّ الحاجات اللي بتدايقك في المواقف دي؟

الوحدة الخامسة

١

أخبار وحكايات

محتويات الموضوعات في الوحدة الخامسة

- تقديم (١) عناصر تكوين القصّة.
  سرد قصص التراث أو قصص حقيقية.
  تعبيرات مشهورة في سرد القصص.
- تقديم (٢) طريقة سرد القصّة.
  أنواع الأخبار.
  الفرق بين طريقة سرد القصّة والأخبار.

فهرس الكلمات في وحدة ٥

تقديم (١)

طلع يجري ورايا – أخرّم – شفت كتير وقليل – عجيب – يكْسِف قوي – فاتني الميعاد – لغاية اللحظة دي – كان عندي أمل – فضل يزعّق – قعدت – أكتب – بتعرجي – يمدّ – اتْخَضّ – قَعَدت أجري – أصرّخ – نطّ – سور – حصّل – عضّ – كعب رجلي – عالج – الجرح – مصل – أجازة مَرَضي – مش مظَبّط – مصاريني – نفسيّتي – أتاري – ماخدتش بالي – المجاري – غويطة – ريحتُه وحشة – يئنّ – صوت خافِت وضعيف – البدروم – الزراعيّة – غيط – استحمّي – اتّهمْت – يسلّموه للمأمور – مال حرام – العُمْدة – رحمة – يدفعولي تعويض – أنقذله – لدهشته – كتفه – يسوّوا الموضوع – زعّق – الفوانيس الورانيّة – ماتتنازلش عن حَقّي – يطبّقوا القوانين – يحرّم يسوق – أخدت حقّي – يراضوني – قام خابط العربيّة – تتهزّ – يشاور – تعريف – أمانة – إخلاص – خيانة – يتعامل – اتنشل – مرعوب – تايه – مُحْبِط – خِيبِة أَمَل – مُتَحَمّس – يائِس.

تقديم (٢)

حَكواتي – محترف – تقليدي – مُشوّقة – سفير – مُعاصِر – شال – ضَربْت فرامل – ملاك – ملايكة – أساطير – تراث – مبلول – وباء – مجاعة – خطف – كوارث طبيعيّة – قتل – أزمة سياسيّة – تمرّد – سرقة – محامي خُلْع.

حكايات و مواقف

تقديم (١أ)

أمّا حكاية!

كلمات مفيدة: طلع يجري ورايا / أخرّم / شفت كتير و قليل / عجيب / يكسف قوي / فاتني الميعاد / لغاية اللحظة دي / كان عندي أمل / فِضِل يزعّق / قعدت أكتب

اتفرج مع المدرس على برنامج "رأي الناس".

دردشة حرة: اتنينات

أ- تفتكر إيه اللي حصل في المواقف دي. كمّل الناقص مكان العلامة (...) و كمّل الحكاية للنهاية مع زميلك.

(...) و كانت البلاّعة تحت رجلي على طول فـ (...) وجُم رجّالة المطافي وطلّعوني و(...) شفت كتير و قليل لكن مامرّتش بحاجة زي كده قبل كده.

مرّة كنت مرّوح متأخّر شويّة و حاولت أخرّم من سكة أقصر عشان (...) و طبعاً أوّل ما (...) و عمري ما (...).

(...) و لمّا طلع يجري ورايا أنا خفت جداً و(...) و طبعاً صاحب الكلب طلع من بيته بسرعة و جري وراه (...) و علبال ما(...) رحت المستشفى (...).

من يومين حصل لي موقف عجيب و يكسف قوي كنت ماشي في (...) و شفت (...) أصلها كانت حلوة قوي و(...) قام جري ورايا وفِضِل (...).

(...) و للأسف صحيت متأخّر و فاتني الميعاد فقلت (...) يمكن ألحق الأتوبيس التاني فـ (...) و لغاية اللحظة دي كان عندي أمل (...).

(...) و فِضِل يزعّق كتير و(...) برغم إنّي قعدت أكتب كلّ اللي (...) لكن (...) و دي كانت أوّل مرّة أمرّ بالتجربة دي.

ب- شارك زملاءك حكاياتك و اسمع منهم حكاياتهم. (مجموعات) شارك خبرة حقيقيّة إذا كان عندك موقف مشابه.

اسمع حكايتين من اللي فاتوا و قول رقم الصورة.

اسمع مرّة تانية و قول إيه اللي حصل؟

حكاية (١)	
حكاية (٢)	

كلمات مفيدة: بتعرُجي / يمدّ / اتخضّ / قعدت جري / أصرّخ / نطّ / سور / حصل / عضّ / كعب رجلي / عالج / الجرح / مصْل

٢

نصّ حكاية (١)

وجدي	إيه يا نهلة مالك بتعرُجي ليه . . إنتي اتعوّرتي وللا إيه؟
نهلة	آه يا وجدي اتعوّرت . . آه ياني . . اسكت دي حتّة دين تعويرة إنّما جامدة قوي . . مش عارفة أمشي خالص.
وجدي	ياه ليه كده؟ حصلك إيه؟
نهلة	أوّل إمبارح و أنا راجعة من عند إيمان صاحبتي في الدقي كان الوقت متأخّر شويّة . . و الشارع بتاعها شارع جانبي و هادي . . فكنت بامدّ بسرعة عشان عربيتي كانت واقفة بعيد.

وجدي	طيّب و إيه اللي حصل؟ عملتي حادثة بالعربيّة؟
نهلة	لأ . . لأ استنى بس اسمع اللي حصل . . فجأة لقيت كلب وولف ضخم . . طلع من جنينة ناس ساكنة جنبهم . . و أتاري الكلب ماكانش مربوط . . و السور بتاعهم واطي . . فنطّ من السور و خرج للشارع.
وجدي	ياه! . . طيّب و بعدين عملتي إيه؟
نهلة	طلع يجري ورايا و يهوهو . . طبعاً أنا اتخضّيت و خُفت . . و قعدت أجري بسرعة . . طبعاً هوّ كلّ مايشوفني باجري يجري ورايا أكتر . . و فضلت أصرّخ وأعيّط و أقول الحقوني . .
وجدي	ياحرام . . يامسكينة . . طيّب و فيه حدّ لحقِك؟
نهلة	في الأوّل لأ . . و الكلب طبعاً حصّلني وراح عَاضِضْني في كعب رِجلي.
وجدي	كعب رِجلك ياخبر !! و نزّلتي دم؟
نهلة	آه طبعاً . . و قعدت أعَيّط . . و طلع صاحب الكلب يدوّر عليه لمّا سمع الدوشة وشافني و أنا متعوّرة و باصرّخ و الكلب عمّال يهوهو . . قام بسرعة مِسْكُه و ربطه بالسلسلة بتاعته تاني
وجدي	طيّب كويّس بس إنتي اتصرّفتي إزّاي؟ و روّحتي إزّاي؟
نهلة	طبعاً الناس و الجيران سمعوا . . راحوا بسرعة جابولي كرسي و قعّدوني . . و واحد منهم كان دكتور قام بسرعة عالجلي الجرح . . و رُحت واخدة تاكسي و رُحت المستشفى . . و سبت العربيّة في الدقي.

وجدي	رُحتي المستشفى! ليه رُحتي المستشفى؟
نهلة	عشان كان لازم آخد مصل الكلب و الحمد لله أوّل ماالدكتور سمع قام إدّالي المصل و روّحت بعد كده.
وجدي	طيّب و عملتي إيه في العربيّة؟
نهلة	جوزي راح جابها تاني يوم . . و ادِيني لسّه باخد العلاج وبامشي واحدة واحدة.
وجدي	لا. إنّ شاء الله تبقي كويّسة وهيّ مسألة وقت لكن أتمنّى تروقي بسرعة. بس تاني مرّة خدي بالك ماتجريش من الكلاب أبداً . . أُقفي قدّامهم و زعّقي لهم.

> كلمات مفيدة: أجازة مَرَضي / مظبّط / مصاريني / نفسيّتي / أتاري / ماخدتش بالي / المجاري / غويطة / ريحته وحشة

٣

نصّ حكاية (٢) صوت تليفون

ريتا	أمين إزيّك؟ إيه فينك ياراجل مش باين ليه؟ مابتجيش الشغل ليه؟
أمين	أهلاً ياريتا إزّيك إنتي؟ أبداً أصلي كنت تعبان شويّة كنت واخد أجازة مَرَضي.
ريتا	أجازة مَرَضي ليه؟ سلامتك كنت عّيان وللا إيه؟
أمين	في الحقيقة حصللي موقف غريب و من ساعتها و أنا مش كويّس مش مِظَبّط . . صحتي. مصاريني. نفسيّتي.
ريتا	إيه ده؟ صحتك. مصارينك. نفسيّتك!! ليه بس إيه اللي حصل؟

أمين	الجمعة اللي فاتت و أنا رايح أشتري الجرايد قبل القطار عجبتني مجلّة الحوادث فرُحت مشتريها و قعدت أقرا فيها و أنا ماشي . . طبعاً ماخدتش بالي من الشارع كويّس أتاري كان فيه بلاّعة مفتوحة في الشارع . . يظهر كانوا بيصلّحوا حاجة في المجاري . . كانت البلاّعة تحت رِجلي على طول و أنا مش شايفها عشان ماشي أقرا في المجلة.
ريتا	ياخبر فيه حدّ يقرا و هوّ ماشي برضه ياأمين؟ أوعى تقوللي إنّك وقعت فيها! إنت ماشفتش اليافطة بتاعتها؟
أمين	لا ماخدتش بالي من الحواجز و اليافطة بتاعتها و فعلاً أنا وقعت فيها . . تصوّري! بس الحمد لله ماكانتش غَويطة قوي بتاع متر ونُصّ كده. حظي كويّس . . بس ميّة المجاري بقى . . أف . .
ريتا	ياي . . طبعاً غِرِقت و اتوسّخت! و عِرِفت تطلع من البلاّعة؟
أمين	آه طبعاً! اتوسّخت و ميّة المجاري كانت حواليّا في كلّ حتّة وكلّ هدومي و راسي و حاجة فظيعة. و فضلت أنادي على الناس . . و لحسن الحظّ شافوني بسرعة و راحوا متّصلين بالمطافي عشان تطلّعني. و الحمد لله وصلوا بسرعة و قاموا راميين سلّم و حبال وطلّعوني . . بس إيه بقى . . كلّ الشارع كان بيتفرّج عليّا . . شافوا واحد إسود و ريحته وحشة . . حاجة تِكْسِف . . أنا كنت قرفان من نفسي و مكسوف جداً.
ريتا	إيه ده ياأمين . . تاني مرّة لازم تاخد بالك ماتقراش و إنت ماشي أبداً. طيّب و عملت إيه بعد كده؟
أمين	روّحت البيت و أنا في غاية الكسوف أقول لولادي و لمراتي إيه؟ بس المهمّ قعدت أغسل في نفسي و آخد دش كلّ شويّة . . و راحت مراتي رامية كلّ الهدوم . . وبعد الضهر نزلت رُحت للدكتور لانّ بطني وجعتني . . و أديني واخد أجازة عشان استريّح من الوقْعة و أنسى شويّة اللي حصل . . و أكمّل علاج مصاريني من التلوث اللي حصللي . . أنا مرّيت بظروف و حصلتلي حاجات كتير و قليل لكن ما مرّيتش بموقف زي كدة أبداً!

اقرا الجمل من النصّ (١، ٢):

١- قعدت أجري

٢- فِضِلْت أصرّخ

٣- الكلب حصّلني و راح عاضِضْني

٤- الكلب كان عمّال يجري و يهوهو

٥- صاحب الكلب قام بسرعة مسكه و ربطه

٦- الدكتور قام بسرعة عالجني

٧- فضلت أنادي على الناس عشان يطلّعوني

٨- الجيران راحو متّصلين بالمطافي

اختبر معاني الجمل

١- قعدت أجري

يعني: • قعدت شويّة و بعدين جريت
• استمرّيت في الجري

٢- فِضِلت أصرّخ

يعني: • صرّخت بعد شويّة
• استمرّيت أصرّخ

٣- الكلب حَصّلْني و راح عَضِضْني

يعني: • الكلب استنى شويّة و بعدين عَضّني
• الكلب أوّل ماوصللي عَضّني

٤- الكلب كان عَمّال يجري ويهوهو

يعني: • الكلب واقف و بيهوهو
• الكلب مستمرّ يجري و يهوهو

٥- الدكتور قام عالجني

يعني: • الدكتور عالجني و هوّ واقف
• الدكتور عالجني بسرعة قوي

لاحظ القواعد

٤

١- لسرد الأحداث باستخدام أكتر من زمن بنستخدم أفعال مساعدة

أ- لاستمرار الحدث:

١- قَعَد يجري	قعد + فعل مضارع من غير بـ / أو اسم فاعل
٢- فِضِل يصرّخ	فِضِل + فعل مضارع من غير بـ / أو اسم فاعل
٣- عَمّال يجري	عَمّال + فعل مضارع من غير بـ

ب- السرعة وتلاحق الحدث

١- قام متصّل	+ قام + اسم فاعل
قام جري	+ قام + فعل ماضي

٢- راح عالجني بسرعة　　　راح + فعل ماضي
راح متصّل بسرعة　　　راح + اسم فاعل

٢- تصريف الأفعال المساعدة　٥

تصرّف الأفعال المساعدة حسب الضمير في الجملة، مثال:

أنا قعَدَت أتكلّم	هوّ قعَد يتكلّم	إنتو قعدتوا تتكلّموا
إنت قعَدَت تتكلّم	هيّ قعَدت تتكلّم	إحنا قعدنا نتكلّم
إنتي قعدتي تتكلّمي	همّ قعدوا يتكلّموا	

٣- للنفي: ماقعدتش أتكلّم كتير / مافضلتش اشتغل للسّاعة ٥.

٤- تعبيرات مشهورة في سرد الحكايات و القصص.

١- عشت كتير و قليل و مامرّتش بحاجة زي كده.
المعنى: أوّل مرّة أشوف أو أمرّ بموقف زيّ كده.

٢- لحدّ اللحظة دي و . . . .
المعنى: لغاية الوقت ده.

٣- لغاية السن ده و عمري ماشفت حاجة زيّ كده.
المعني: لحدّ ماوصلت لعمري ده و ماشفتش أبداً موقف زي كده.

٥- تركيب القصة

القصة بتتكوّن من أجزاء أو مراحل مهمّة لاحظ أسماء الأجزاء دي:

١- مُقدّمة أو بداية:
إيه مالك فيه إيه؟ بتعرُجي ليه؟. . . . أنا باسأل عشان أعرف الحكاية.

٢- خلفيّة سريعة عن الموضوع زي:
الموقف - المكان - الأحداث - الزمن.
كنت تعبانة و واخدة أجازة مَرَضي إمبارح عشان مصاريني و نفسيّتي تعبانة.

٣- المشكلة أو العُقدة:

كنت ماشي و أنا باقرا . . فوقعت في بلاّعة في الشارع مليانة ميّة مجاري . . و ماكنتش عارف أطلع لوحدي .

٤- نهاية المشكلة:

الناس قعدوا يحاولوا يخرّجوني و بعدين كلّموا المطافي و الحمد لله طلّعوني .

٥- تعليق على القصّة:

أتمنّى تبقي أحسن . تاني مرّة ماتجريش قُدّام الكلاب أُقفي قدّامهم وزعّقي . همّ هيخافوا منّك . أوّل مرّة أشوف حاجة زىّ كده . عشت كتير و قليل و مامرتش بحاجة زيّ كده .

تدريب (١-أ(١))

اتنينات

١- وصّل التعريف بالمعني

١ - التعليق على القصّة	أ - مشكلة صعبة قابلت أو أثّرت في بطل أو أبطال القصّة.
٢ - الخلفيّة	ب - بداية الحكاية أو القصّة بترسم صورة سريعة عن مين همّ أبطال القصّة.
٣ - العقدة	جـ - الدرس أو التعليم أو الهدف من القصّة أو الفيلم ده.
٤ - نهاية المشكلة	د - وصف الوقت - المكان - و الظروف اللي حصلّت فيها القصّة أو الفيلم.
٥ - مُقدمة	هـ - الحل للمشكلة أو الأزمة اللي سببت أحداث القصّة أو الفيلم.

٢- صحّح مع زميلك.

تدريب (١-أ(٢))

حكاية قناوي

كلمات مفيدة: يئنّ / صوت خافت و ضعيف / البدروم / الزراعيّة / غيط / استخبّى / اتّهمت / يسلّموه للمأمور / مال حرام / العمدة / رحمة / تعويض / أنقذله / لدهشته / كتفه

٦

١- اقرا و رتّب الحكاية دي حسب بناء و تكوين القصّة اللي درسته

أ - و هوّ قاعد حزين و بيبكي. سمع الباب بيتفتح بشويش و شكل واحد راجل غريب شايل كيس بيخرج بسرعة من البدروم و بيجري ناحية الزراعيّة .. قِناوي بصّ يمين و شمال مالقاش حدّ شايفه راح خارج بسرعة هوّ كمان .. و طلع يجري في نُصّ الليل بكلّ قوته .. فِضِل يمشي و يجري و يبعد على قد مايقدر لحدّ ماوصل غيط الدرة .. و استخبّى هناك و راحت عليه نومة من كُتْر التعب.

ب - قِناوي عبد الخالق شاب فقير .. فلاّح من الصعيد بيشتغل الصبح في أرض العُمدة و بعد

الضُهر بيروح يخدم في بيته. لكن العُمدة و مراته كانوا ناس قاسيين قوي و ماعندهمش رَحمة . . نادراً لمّا يغدّوه أو يأكّلوه لُقمة بعد يوم طويل في الغيط . . و طول الوقت يفضلوا يطلبوا منّه شغل كتير زيّ العبيد. و يروّح بيته البسيط جعان و بردان عشان يبتدي يوم شُغل جديد. و في يوم . . مرات العمدة دوّرت على الدهب بتاعها و مالقيتهوش و اكتشفت إنّه اتسرق من الدولاب. فطبعاً اتّهمت قِناوي المسكين بسرقته . . و مسكوه رجّالة العمدة و قعدوا يضربوه و رموه في البدروم و حبسوه في الضلمة لغاية الصبح عشان يسلّموه للمأمور. وهوّ مرَمي في الضلمة في البدروم قعَد يبكي ويفكّر إزّاي يهرب لإنّه كان حاسس إنّه اتظلم جداً. صحيح على الرغم من إنّه فقير . . لكن عمره مافكّر يسرق أو يكسب مال حرام.

ج – صحيح الأمانة مابتضيعش أبداً.

د – و فجأة صِحي من نُومُه على صوت بيئِنّ. صوت خافت و ضعيف جداً. صوت واحد تعبان قوي. فِضِل يدوّر على الصوت و فجأة لقى شاب مَرْمي وسط الدرة مجروح ومتعوّر جامد . . و باين عليه هيموت. راح بسرعة رفعه و شاله . . ولدهشته لقى إنّه ناصر ابن العمدة. فسأله إيه اللي حصل؟ و إيه اللي جابُه هنا؟ فردّ عليه ابن العمدة بصوت ضعيف و حكى له إنّه أخد دهب أمّه و كان نازل مصر مع أصحابه عشان يقضّوا وقت كويّس يهيّصوا و يتفسّحوا و يحشّشوا. لكن أصحابُه طلعوا خاينين. ضربوه و أخدوا الدهب وهربوا على مصر و سابوه في الزراعيّة يموت. طبعاً كان زعلان من نفسه و ندمان على اللي حصل. أوّل ماسمع قِناوي الحكاية فِهم على طول اللي حصل و عِرِف لازم يعمل إيه . . راح شالُه على كِتْفُه و رجع بيه لبيت العُمدة.

هـ – العُمدة و مراته أوّل ماسمعوا الحكاية راحوا واخدين ابنهم على المستشفى و عالجوه. و شَكَر العُمدة قِناوي على أخلاقه و أمانته قُدّام كلّ الناس . . و كافأه على أمانته و إخلاصه. و إدّاله بيت كويّس و فلوس كتير تعويض . . و جايزة عشان قِناوي أنقذ له إبنه و كان أمين على بيته.

٢– اسمع و صحّح.

٣– شارك مع الفصل حكاية تانية عن الإخلاص و الأمانة تعرفها من تراث بلدكم.

تدريب (١-أ(٣))

كلمات مفيدة: يسوّوا الموضوع / يدفعولي تعويض / الفوانيس الورّانيّة / مااتنازلتش عن حقّي / يطبّقوا القانون / يحرّم يسوق / أخدت حقّي / يراضوني / قام خابط العربيّة

١- وصّل جملة من (أ) بجملة مناسبة من (ب).

٢- رتّب الحكاية حسب تركيب القصص.

٣- بصّ للصور و قول الحكاية مناسبة لأنهي صورة (١، ٢، ٣).

(ب)	(أ)
أ – و حاولوا يسوّوا الموضوع و يدفعولي تعويض عشان يراضوني.	١- أوّل إمبارح كنت راجع متأخّر ..
ب – شفت ابن الجيران و هوّ خارج بعربيتهم من الجاراج بضهره و بسرعة قوي.	٢- و أنا رايح أركب عربيّتي إمبارح الصبح
ج – و أبوه و أمّه يتعلّموا يطبّقوا القانون و يعلّموه المسئوليّة و الانضباط.	٣- أتاري هوّ ماكانش شايف عربيّتي و راح خارج بسرعة..
د – قام خابط عربيّتي من ورا .. بوّظ الشنطة و كسر الفوانيس الورّانيّة.	٤- طبعاً نزلت بسرعة و قعدت أزعّق..
ه – فركنت العربيّة على الناصية جنب بيت الجيران.	٥- و أبوه و أمّه كانوا عمّالين يهدّوني..
و – و نزل الواد من العربيّة و فِضِل يعتذر.	٦- أصل الواد لسّه ماطلّعش رُخصة..
ز – لكن طبعاً أنا مااتنازلتش و أخدت حقّي.	٧- عشان الواد يحرّم يسوق تاني من غير رُخصة.

٤- طالب (أ) احكي نفس الموقف اللي فات لزميلك بطريقة تانية و بنهاية مختلفة.
طالب (ب) كنت هتعمل إيه لو كنت إنت السوّاق؟ كمّل الحكاية.

الحلّ لتدريب (١ - أ(٣))

(١ - هـ) (٢ - ب) (٣ - د) (٤ - و) (٥ - أ) (٦ - ز) (٧ - ج)

تدريب ١ - ب(١))

اتنينات

كلمات مفيدة: تتهزّ / يشاور

أ- استعمل باقي الصور في تدريب (١ - أ(٣)) و اعمل حكاية. استخدم الجمل المساعدة و احكي الحكاية لزميلك.

الجمل المساعدة

١- و أنا راكب الطيّارة الشهر اللي فات ....
٢- و فضلت الطيّارة تتهزّ و عَمّالة ....
٣- و أنا بادردش مع أصحابي في المطعم ....
٤- في اللحظة اللي كنت باشاور لزميلنا و هوّ داخل ....
٥- حاولت أدفع تمن الهدوم لكن هوّ فِضِل....
٦- فجأة لقيت الطيّارة عَمّالة تطلع و ....
٧- و راح صاحب المطعم بسرعة ....

تدريب (١-ب(٢))

حكايات من الشرق

> كلمات مفيدة: تعريف / أمانة / إخلاص / خيانة / يتعامل

الشرق مليان بحكايات و روايات. فيه منها لسّه بيحصل في حياتنا العاديّة بسّ بصور مختلفة. اسمع الحكايات دي و رتّب الصور حسب الاستماع.

جاوب:

١- فين عقدة الحكاية؟ و فين الحلّ؟

٢- إيه هدف الحكاية؟

٣- إيه أهم ميزة و سلبية في شخصيّة الناس حسب الحكاية؟

٤- اوصف شخصيّة كلّ دور رئيسي في القصة و قول رأيك في الشخصيّة دي.

٥- إيه تعريفك للأمانة و الإخلاص؟

٦- هل الصفات دي طبع أو تربيّة و دين؟

٧- إيه الحاجات اللي بتساعد على الأمانة؟

٨- إيه أشكال و صور الأمانة المختلفة؟ إزّاي تتعامل مع الأمانة؟

٩- في موضوع الخيانة: إيه تعريفك للخيانة؟ ليه الواحد بيخون؟ و إمتى؟

• إيه الحاجات اللي بتشجّع على الخيانة؟ إيه أشكال و صُور الخيانة في حياتنا؟

• إزّاي تتعامل مع الخاين؟

١٠- احكي مواقف حقيقيّة لزميلك و للفصل عن ناس قابلتهم بالشخصيّات دي.

تدريب (١ - ج(١))

مواقف وحكايات

اتنينات

كلمات مفيدة: اتنشل

أ - اختار موقف من المواقف دي و اعمل حكاية لزميلك.

١- تعرف إنّي اتنشلت الأسبوع اللي فات في مترو الأنفاق؟ أصل اللي حصل . . . . .

٢- ماكانش لازم أقول كلمة التهنئة دي في فرح صاحبي عشان . . . . . .

٣- أنا مش عارف إزّاي نجحت في الامتحان ده لإنّ . . . . . .

٤- أنا ماانبسطش أبداً في رحلة الإسماعيليّة مع الجامعة لإنّ اللي حصل . . . . .

٥- أنا كنت متأكّد إنّي هتأخّر على ميعادي عشان . . . .

٦- لمّا شفتهم في المطعم و عرفت إنّهم ماشيين مع بعض كنت هاتجنن لإنّ . . . . .

٧- أنا اتجوّزت في أغسطس اللي فات لكن عمري مامرّيت بظروف صعبة زي اللي شفتها دي. اسمع ياسيدي . . . . .

ب- اعكسوا الأدوار و كرّروا النشاط مع موقف تاني.

تدريب (١ - ج(٢))

اتنينات

كلمات مفيدة: مرعوب / تايه / مُحبط / خيبة أمل / متحمّس / يائس

١- اتكلّم عن وقت إنت حسّيت فيه بالأحاسيس دي . . احكي لزميلك إمتى حصل؟ و إيه اللي حصل؟ و ليه؟ و اتصرفت إزّاي؟

لمّا في وقت حسّيت إنّك:

١ - مرعوب و خايف

٢- غبي جداً في التصرّف ده و مكسوف خالص

٣ - تايه و مش عارف إنت فين

٤- ناسي حاجة مهمّة جداً لخبطت اليوم

٥ - مُحْبَط جداً و حاسس بخيبة أمل

٦- مستمتع جداً بوقتك

٧ - مندهش قوي من تصرُّفاتها

٨- متحمّس للموضوع قوي

٩ - مكتشف و مجرّب حاجة جديدة في الموقف ده

١٠- حزين و يائس من اللي حصل

٢- شاركوا بعض في الفصل و اسمعوا تجارب بعض في مجموعات عن الأحاسيس دي.

تدريب (١ – ج(٣))

احكي عن شخص قابلته في موقف أو سمعت قصته و شفت فيه الصفات دي:

١- عاقل و رزين
٢- مندفع و متهوّر
٣- متشائم و نحس
٤- محظوظ جداً
٥- بخيل قوي
٦- شُضلي و بتاع مشاكل

دردشة أكتر وثقافة أكتر

١- **مع الكاريكاتير:** من التراث دي صور لحكايات مشهورة من ألف ليلة و ليلة. حاول تتعرف هيّ حكاية إيه؟ اسأل زميلك.

٢ – حضّر الحكاية و احكي للفصل الحكاية بنفس تركيب القصّة اللي درسته. استخدم الكتاب الأصلي أو شبكة المعلومات عشان تقرا القصص دي من كتاب ألف ليلة و ليلة.
– احكي الحكاية قدّام الفصل.
– كلّ طالب يشارك فهم إيه من القصّة دي؟ إيه التعليق المناسب على القصّة دي؟ القصّة دي عايزة تقول إيه؟

٣- **من مكتبة الأفلام**

اختار فيلم و اتفرّج عليه .. ممكن تطلب من نوادي الفيديو أفلام كلاسيكيات السينما المصريّة

زيّ: "أمير الانتقام"   المؤلف: أنور وجدي   إخراج: بركات

إنتاج شركة: السبكي فيلم   ١٠٣ ش التحرير – الدقي   تليفون ٣٧٤٩٩٥٢٥

"نهر الحب" لفاتن حمامة إخراج: عز الدين ذو الفقار

إنتاج شركة: السبكي فيلم ١٠٣ ش التحرير – الدقي تليفون ٣٧٤٩٩٥٢٥

فيلم "هذا الرجل أحبه" إخراج: كمال الشيخ إنتاج سنة ١٩٥٦

"الغريب" إخراج: كمال الشيخ و فطين عبد الوهاب تأليف: حسين حلمي المهندس
إنتاج سنة ١٩٥٦

أ – قدّم الفيلم للفصل و احكي أحداثه.

ب – كلّ طالب يتعرّف على أجزاء القصّة المختلفة. فين الخلفية؟ العقدة. الحلّ؟

ج – أنهي فيلم بالعربي من اللي فاتوا يناسب الاسم الأصلي بالأجنبي؟
"ويذرنج هايتس" – "أنا كارينينا" – "الكونت دي مونت كريستو" – "جين إير".

ملحوظة: يمكن الحصول على هذه الأفلام بالدخول إلى موقع جوجل – أدب وفن

٤– **مهمّة ميدانيّة:** انزل الشارع و اتكلّم مع مصريين.

أ– اسأل عن إيه القصص الشعبيّة اللي عجبتهم و همّ أطفال أو كبار.

ب– اسأل عن القصص أو الحكايات العالميّة اللي اترجمت و اتعملت أفلام مصريّة.

ج– إيه تأثير الثقافة و البيئة على شخصيّات الفيلم و الفرق بين النسخة العربيّة و الأجنبيّة للفيلم؟

نصّ استماع تدريب (١ – ب(٢))

٧

جحا والحراميّة

في مرّة جحا كان ماشي في الطريق الزراعي اللي على حدود البلد و شايل صُرِّتُه و شِيلْتُه.. و كان الليل قرّب و عايز يوصل البلد بسرعة قبل ماالليل يليّل.

إتنين حراميّة و قطّاع طُرُق شافوه و هوّ ماشي و مستعجل.. استخبّوا و استنّوا لما قرّب منهم وكان كلّ واحد منهم ماسك خنجره و عصايته عشان يهجموا عليه و يضربوه أو يموّتوه و ياخدوا فلوسه.. أتاري الطريق ده كان مشهور بقطّاع الطرق اللى بيسرقوا و يموّتوا الناس.. لكن جحا ماكانش عارف الحكاية دى.

جحا ماكانش شُجاع.. كان خوّاف قوي و خصوصاً من قُطّاع الطُرق.. أول ما شافهم رُكَبُه اترعشت.. و ساعة ماشاف وِشّهُم و عينيهم و خناجرهم.. قلبه وِقِع فى رجليه و فكّر إنّه خلاص

ضاع لإنّه شاف في وِشّهُم الوحشيّة . . و القسوة في عينيهم . و قعد يفكّربسرعة يعمل إيه عشان ينجّى نفسه من الموقف ده. و قرر إنّه يقنعهم إنّه هيعمل زيّ ماهمّ عايزين بس ياخد فرصه إنّه يستريّح شويّة من المشوار و كمان عشان يكسب وقت و يفكّر إزّاي ينقذ نفسه، فقال لهم: "استنوا شويّة ياجماعة سيبوني آخد نفسي شويّة.". فراح الراجل التخين أبو دقن طويلة زقّه و وقّعه على الأرض و قال له: "مافيش داعى تضيع وقتنا و وقتك ادّينا الفلوس اللي معاك و إلا هنقتلك." و راح رافع إيده بالخنجر عشان يموّت جحا فردّ جحا بسرعة و قال: "في الحقيقة إنتم محظوظين أنا لسّة راجع من السوق و معايا شنطة مليانة فلوس." أوّل ما الحرامى سمع سيرة الفلوس إيده وقفت في الهواء بالخنجر وعينيه لِمْعِت من الطمع و الفرحة. و كمّل جحا كلامه و قال: "بس أنا عايز أدّي فلوسي لواحد منكم بس . . عشان كدة لازم تقعدوا تتفقوا مين فيكم اللي هياخد الفلوس دي." الحرامي التخين قال: "أنا اللي شفتك الأوّل وإنت جايّ وأنا اللي لازم آخد الفلوس." قام الحرامي التاني قال: "لا طبعاً أنا اللي لازم آخد الفلوس عشان أنا اللي شفتك من بعيد و شفت شنطتك اللي مليانة فلوس." الحرامية الاتنين قعدوا يتناقشوا و بعد شويّة قعدوا يتخانقوا و يزعّقوا و صوتهم عِلِي جداً و الخناقة بقِت سُخنة. و كلّ شويّة جحا يحاول يهدّي فيهم . . و أخيراً قام سكّتهم و قال لهم: "واضح إنكم مش عارفين تتفقوا . . طيّب أنا هاقولكم على فكرة أحسن . . أنا هادّي الفلوس للأقوى فيكم."

طبعاً الحرامي التخين ردّ و قال: "أنا طبعاً أتخن منُّه و أقوى منُّه . . أنا الأتخن و الأطول و الأقوى . . ده أنا أقدر من ضربة واحدة أوقّعه على الأرض."

الحرامى الرفيّع قال: "و أنا من ضرْبَة واحدة أقدر أكسّر راسه" . . ردّ جحا و قال: " طيّب عايز أشوف مين فيكم الأقوى عشان ياخد الفلوس." أوّل ماالحرامية سمعوا كدة هجموا على بعض وقعدوا يضربوا فى بعض . . و كلّ واحد يحاول يغلب التاني و يكسّره . . و كلّ شويّة جحا يقول . . هه . . إديله . . ياللا اضرب . . مين هيغلب . . فِضِل يقوللهم كلام زي كده . . لغاية ماقرّبوا يموّتوا بعض . . و أوّل ماشافهم مشغولين في الضرب و الغضب راح قام بسرعة و جِري و فِضِل يجري . . و يجري . . لغاية مابِعِد عنهم و هِرِب منهم و همّ مش واخدين بالهم و سابهم و همّ لسّه بيضربوا فى بعض.

حكايات من كلّ بلد

تقديم (٢/أ)

الحكواتي

كلمات مفيدة: حَكواتي / لابس جِبّة وقُفطان

اتفرج مع المدرس على برنامج "رأي الناس".

دردشة حرّة:

سمعت عن الحكواتي؟ زمان كان فيه شخصيّة مهمّة قوي هيّ اللي بتحكي الحكايات للناس في القهاوي و في رمضان بعد الفطار و دلوقتي لسّه بنسمع الحكايات بس في الراديو و التليفزيون. ناقش:

١– إيه اللي بيخلي القصّة حلوة أو وحشة؟

٢– إيه مواصفات الشخص اللي بيحكي حكايات للأولاد و الناس؟

٣– في بلاد الشرق كان اسم الشخصيّة دي الحكواتي. دلوقتي مابقاش فيه الشخصيّة دي. لكن بقى فيه ناس متخصّصة تحكي للأطفال في الراديو و التليفزيون. وظيفته مذيع برامج أطفال. ناقش وجود الشخصيّة دي في بلادك و إيه تطوّر الشخصيّة دي؟

٤– إمتى آخر مرّة سمعت فيها حكاية حلوة؟ إيه هيّ الحكاية دي؟

٥– و إنت صغيرّ كنت بتفضّل تقرا وللا تسمع الحكاية؟ ليه؟

٦– إيه اللي بيميّز قصّاص عن التاني؟

٧– تفتكر فيه أهميّة لوجود الشخصيّة دي في حياتنا دلوقتي برغم وجود التليفزيون و النت؟ ليه؟

٨– إيه أجمل؟ تسمع الحكاية مع موسيقى أو من غير موسيقى تصويريّة؟ تسمع الحكاية على شكل أغنيّة أو من غير نغمات و ألحان؟ أنهي طريقة مشهورة في بلدكم أكتر؟

٩– بابا شارو – عمّو حسين – أبلة فضيلة – ماما نجوى مذيعين برامج أطفال مشهورين في مصر في عالم قصص الأطفال .. مين أهمّ مذيع برامج أطفال في بلدك؟

شارك زملاءك و اسأل عن أشهر الأسماء في بلادهم.

١٠- ناقشوا في الفصل إزّاي القصّة و المذيع بيلعبوا دور في حياة الأطفال؟ و إيه شكل الحكاية في حياة الكبار؟ ياترى لسّه مهمّ وجود قصص و حكايات و مذيعين لبرامج الأطفال؟ – ليه أيوه؟ ليه لأ؟

١١- ناقش: إيه دور الأدب في حياة الإنسان؟

ليه لازم ندرس الأدب بصوره المختلفة؟

إيه تأثير الأدب و خصوصاً القصص على شخصيّة الإنسان؟

كلمات مفيدة: محترف / تقليدي / مُشوّقة / سفير / معاصر

١٢- ماما نبيلة واحدة من الشخصيّات العربيّة المعاصرة . . بتشتغل مذيعة برامج الأطفال و محترفة في رواية حكايات الأطفال.

اسمع الحوار معاها. اقرا اللستة و قول أنهي جزء في الحوار عجبك أكتر.

١- تاريخ الشخصيّة و مشوار حياتها.

٢- أوّل وظيفة في مجال القصص و الحكايات.

٣- ليه هيّ بتحبّ تقول حكايات؟

٤- هيّ بتعمل إيه دلوقتي؟

٥- وظيفة مذيع برامج الأطفال المحترف.

٦- الدور التقليدي كمذيع برامج الأطفال.

٧- مين هوّ المذيع الشاطر للأطفال؟

٨- إيه اللي بيخلي القصّة مُشوّقة؟

٩- التأثير العالمّي المختلف للقصّص.

١٠- أنواع القصّص المختلفة.

اسمع مرّة تانية

١- تخيل إنّك بتشتغل في الإذاعة و هتقدّم للناس فكرة عن مين هيّ ماما نبيلة. اكتب ملخص للي سمعته عن حياتها . . أهميّة وظيفتها . . دور الحكايات في حياة الناس.

٢- قارن الملخص بتاعك مع زميلك.

٣- حضّروا مع بعض. موضوع عن شخصيّة مشابهة و قدّموا الشخصيّة للفصل.

تقديم (٢ب)

ملايكة على الطريق

كلمات مفيدة: شال / ضَرَبْت فرامل / ملاك / ملايكة / أساطير / تراث / مبلول

كلّ مدينة لها قصص مَحليّة مشهورة .. جزء منها قصص حقيقيّة و جزء بيبقى خيالي. و بعدما تتنقل من واحد للتاني بتزيد عليها إضافات و تعليقات كتيرة. حكايات عن بيت مهجور – مقابر – واحد من أولياء الله – شهيد – قدّيس – عيلة مُعينة .. و تكبر القصّة بين الناس.

اسمع القصّة دي لحادثة حقيقيّة من واحدة اسمها مها الشاروني و جاوب:

١- الجوّ كان شكله إيه في اليوم ده؟

٢- مها كانت مسافرة ليه؟

٣- كان بقالها كام ساعة برّه البيت؟

٤- إيه اللي حصل لمّا كانت سايقة على الطريق السريع؟

٥- تفتكر الولد ده كان مين؟

٦- فيه حكايات زيّ كده محليّة مشهورة في مدينتك؟

٧- إنت بتؤمن أو بتصدّق في حكايات من النوع ده؟

٨- إيه رأيك في الطريقة اللي اتحكت بيها الحكاية؟

٩- تفتكر إيه المواصفات اللي لازم تبقى موجودة في واحد بيحكي حكاية أو فيلم أو في برنامج بيتكلّم عن حكايات من الأساطير أو التراث.

نصّ استماع تقديم (٢ب)

٨

مها الشاروني حكت وقالت

مرّة كنت رايحة أزور جدّي و جدتي في البلد على العيد عشان كان بقالي سنة ماشفتهمش . . كان يوم برد و مطرة . . و كنت سايقة بسرعة. مش فاكرة كان بقالي قد إيه باسوق؟ يمكن كان بقالي ساعة سايقة على الطريق . . وكانت الدنيا ليّلت و البرد زاد قوي . . و أنا بالعافية شايفة قدّامي . . و نَعسانة و تعبانة. و فجأة لقيت قدّامي طفل صغيّر في السن و شعره طويل . . و كان واقف في نصّ الطريق تقريباً في الضلمة . . أوّل ماشُفته طبعاً ضَرَبْت فرامل و وقفت بسرعة. نزلت من العربيّة بسرعة . . ولقيت الولد بردان و بيعيّط أخدتُه بسرعة و لفّيته بالشال بتاعي من المطرة و ركبّته العربيّة و سألته ليه واقف هنا؟ و فين البيت بتاعه؟ شاورلي على نهاية الطريق بالظبط . . نفس الطريق بتاع بيت جدّي . . ولمّا قرّبنا نوصل شاورلي على بيت في طرف البلد جنب المقابر تقريباً فسُقت لحدّ هناك . . و لمّا وصلت نزلت بسرعة و خبّطت على الباب . . فتحت لي واحدة ست مش كبيرة قوي فقلت لها: «ابنك معايا وأنا لقيته في الطريق» بصّتلي باندهاش و ألم وقالت لي: «ماعنديش أولاد . . ابني الطفل الوحيد مات في حادثة عربيّة من سنتين» . . جريت للعربيّة و فتحت الباب . . و لدهشتي مالقيتش الولد في العربيّة . . لكن لقيت الشال واقع جنب العربيّة و مبلول ميّة. اتأسّفت لها و وصلت لبيت جدّي و أنا تعبانة . . وحكيت له الحكاية فقال لي إنّه سمع حكاية الولد اللي بيطلع في الضلمة دي قبل كده . . و قال لي إنّ كلّ مرّة بتحصل . . هوّ بيساعد الناس اللي بيظهر لهم.

دخلت نمت لإنّ كان بقالي ساعات خارجة من البيت. و تاني يوم و أنا راجعة من زيارة جدّي وقفت مكان ماقابلت الولد . . و لدهشتي شفت على الطريق حفرة ضخمة و إصلاح في الطريق . . و فهمت إنّه لولا إنّي وقفت لمّا شُفت الولد كان ممكن أقع في الحفرة دي في الضلمة و أموت.

لاحظ القواعد

١- لاستخدام الماضي التام المستمر في الكلام عن أحداث في الماضي وسرد الحكايات

كان + بقى لـ + (ي / لَك / لِك / لُه / لها / لنا / لهم / لكو) + زمن.

٢- حالات زمن الماضي المستمر التام

أ - لمّا دخلت أنام كان بقى لي + ١٠ ساعات خارجة من البيت.

كان + بقى لـ + ضمير + زمن + اسم فاعل.

ب- لمّا ابتدى يحضّر ماجستير العربي كان بقى له ٦ سنين بيدرس عربي.

كان + بقى لـ + ضمير + زمن + بـ + فعل مضارع.

٣- للنفي:

أ - لا مش صحيح ماكانش بقالي ساعتين مستنيّ. كان بقالي ساعة بسّ.

ب- كان بقى لي سنة ماشفتهمش.

كان + بقى لـ + ضمير + زمن + نفي الفعل الماضي.

٤- المواصفات لسرد القصّة أو الخبر بطريقة مُشوّقة

المواصفات	المثال
أ - وصف خلفيّة و تصوير لأحداث القصّة.	كان يوم برد و مطرة و الدنيا ليّلت و البرد زاد قوي.
ب- وصف لمشاعر و إحساس اللي بيحكي القصّة	بالعافية شايفة قدّامي .. و نعسانة و تعبانة.
جـ- وصف تفاصيل لأبطال الفيلم أو الحكاية	طفل صغيرّ في السن و شعره طويل و هدومه مقطعّة و بيعيّط.
د- نقل مباشر لكلام أبطال الحكاية.	قالت لي "أنا ماعنديش أولاد ابني الصغيرّ الوحيد مات في حادثة عربيّة".
هـ- وصف أحاسيس أبطال الحكاية أو الفيلم.	بصّتلي باندهاش و ألم.
و- استخدام الدراما و درجة الصوت في نقل الأحداث.	

تدريب (٢ - أ(١))

اربط جملة من (أ) مع جملة من (ب).

(أ)	(ب)
١ - لمّا خلّفت أوّل ولد	أ - أصل إحنا كان بقى لنا أسبوعين عيانين و كنّا واخدين أنفلونزا جامدة.
٢ - لمّا جه الأتوبيس أخيراً	ب - آه .. هيّ كان بقى لها ٣ شهور مابتشتغلش و بتدوّر على شغل جديد.
٣ - مش معقول ياحمدي إنت خدت الدكتوراه في سنة واحدة وللا إيه؟	ج - كان بقى لي ساعة واقف على المحطّة.
٤ - إنت أوّل مرّة تشتغل في برامج الأطفال السنة دي بسّ؟	د - كان بقى لي ٤ سنين متجوّز.
٥ - هيّ نانسي كانت بتدوّر على شغل وللا إيه؟	هـ - لا. طبعاً ياراجل .. ده أنا كان بقى لي ٥ سنين باحضّر و باكتب فيها.
٦ - إنتو مش باينين ليه؟ مابتجوش النادي ليه؟	و - لا. لا أنا كان بقى لي ٨ سنين باشتغل في الإذاعة في برامج أطفال.

تدريب (٢ – أ(٢))

في العين السخنة

ياسمين كان بقى لها كتير ماسافرتش العين السخنة و انتهزت فرصة الأجازة و قرّرت تسافر كام يوم مع واحدة صاحبتها و حجزوا في فندق على البحر على طول .. عشان تريّح أعصابها و تنسى الشغل و فعلاً سافرت يوم الخميس عشان تقعد مع صاحبتها لوسي يومين .

اسمع الحكاية و جاوب . تفتكر إيه أوّل صورة في الحكاية؟ و إيه آخر صورة؟

١- رتّب الصوّر حسب الحكاية .

٢- اسمع مرّة تانية و اختاروا ٣ طلاب يحكوا كلّ واحد الحكاية بطريقته . الطالب الكسبان هوّ اللي يحكي الحكاية بطريقة مُشوّقة .

٣- احكي من واقع حياتَك حكاية أو موقف حصلك بنفس طريقة الراوي في الاستماع .

تدريب (٢ – ب(١))

أخبار الصباح

كلمات مفيدة: وباء / مجاعة / خطف / كوارث طبيعيّة / قتل / أزمة سياسيّة / تمرّد / سرقة

أ – كلّ يوم الصبح بنقرا أخبار كتيرة أنواعها كتيرة .. منها أخبار مفرحة و منها أخبار مزعجة أو محزنة أو مسليّة أو مضحكة. اتكلّم مع زميلك و قول إيه معاني الكلمات و عناوين الأخبار دي.

١– وباء انفلونزا الطيور
٢– مجاعة وسط أفريقيا
٣– خطف ابن مليونير عربي
٤– تسونامي في شرق أسيا و بركان في هاواي
٥– قتل رئيسة الوزراء
٦– أزمة سياسيّة مع إيران
٧– تمرّد في الصومال
٨– مليونير يتجوّز جارسونة
٩– سرقة لوحة بيكاسو من متحف إنجلترا

ب – قول إيه نوع الخبر لكلّ عنوان؟ حضّروا أخبار تانية اقروها قدّام الفصل و كلّ طالب يتعرّف على نوع الخبر.

تدريب (٢ – ب(٢))

إيه في الأخبار النهاردة؟

اسمع البرنامج الإذاعي .. أخبار الصباح. و قول إيه نوع الخبر؟
اسمع الخبر مرّة تانية و احكي إيه اللي حصل لزميلك.

١- املا الجدول

الخبر	النوع	بيتكلّم عن .....
١-		
٢-		
٣-		
٤-		

٢- احكي الأخبار اللي سمعتها بالتبادل مع زميلك. إيه الاختلاف بين حكاية الخبر و حكاية القصّة؟

٣- طالب (أ) حضّر من عندك أو اختار نوع خبر من الصور دي. احكي الخبر لزميلك بطريقة مُشوّقة (استعمل أنواع مختلفة من الأخبار).
طالب (ب) اتعرّف على نوع الخبر.

اعكسوا الأدوار و كرّروا النشاط.

تدريب (٢ - ج(١))

١ - حضّر قصّة خياليّة أو حقيقيّة زيّ تدريب (٢ - أ(٢))
استعمل تعبيرات زيّ (أوّل ما - و في اللحظة اللي - و فجأة - ساعتها - و لمّا - عمري ماحسّيت بـ - قام - راح - فضل - عَمّال - قعد - كان بقى له).

- استخدم تغيير الصوت و التمثيل و إنت بتحكي الحكاية.

٢ - احكي حكاية من التراث الشعبي القديم عندكم و استعمل طريقة سرد الحكاية بطريقة مُشوّقة.
أحسَن طالب في الفصل هوّ اللي يقدّم حكايته بطريقة صحيحة و مُشوّقة.

تدريب (٢ – ج(٢))

حكاية للفصل كلّه

١– اختار جملة من الجمل دي و ابدأ حكاية.

٢– زميلك يضيف جملة تانية عشان يكمّل الحكاية.

٣– كلّ زميل بالترتيب يضيف جملة لغاية ما الفصل كلّه يقول حكاية من تأليفكم.

أفكار جُمل لبداية حكاية:

أ – أنا صحيت النهاردة و قرّرت إنّي أعمل حاجة مختلفة ....

ب– و أنا ماشي ومروّح من الشغل سمعت فجأة صوت انفجار ....

ج– قرّرت إنّي آخد أجازة و أروح مكان جديد الأسبوع اللي فات فـ...

د– و أنا مروّح إمبارح بالليل بالعربيّة قرّرت إنّي أخرّم من شارع جديد ......

هـ– الأسبوع اللي فات اتخانقت أنا و مراتي و قرّرت أغيرّ نظام حياتي ....

و– كنّا السنة اللي فاتت على الشاطئ و فجأة ....

مثال لجملة (أ):

أنا صحيت النهاردة و قررّت إنّي أعمل حاجة مختلفة	طالب (١)
و قررّت بدل ماأروح الجامعة أطلع رحلة أنا و أصحابي	طالب (٢)
و عشان كان بقالي حوالي شهرين ماتفسحتش	طالب (٣)
فأوّل ماخلصت الفطار اتّصلت بصاحبي حسام و......	طالب (٤)

استعمل الصفات دي في وصف شخصيّات حكايتك

طويل الروح – سريع التفكير – بطئ الحركة – سئ السُمْعَة – ناعم اللسان – هادي الطبع – جميل الملامح – بشوش الوجه – حلو الكلام – مبيض الشعر – طويل الدقن – عصبي المزاج – مفتول العضلات – ضخم الجتّة – قصير الشعر – طويل اللسان – سريع الحركة – بطئ الفهم.

تدريب (٢ – ج(٣))

احكي عن موقف مُزعج / مُضحك / مُحرج / مُحزن حصلك قُريّب.

أحسن طالب هوّ اللي يحكي بطريقة مُشوّقة.

ثقافة أكتر – دردشة أكتر

١- مع الكاريكاتير

أ – إيه رأيك في فكرة الصورة؟ بتتكلّم عن أنهي موضوع؟

ب – ياترى الفنان عبّر بصورة مقنعة؟

٢- من مكتبة الأفلام

أ – اتفرّج على قصّة فيلم "محامي خُلْع"   المؤلف: وحيد حامد   إخراج: محمد ياسين

إنتاج شركة: السبكي فيلم   ١٠٣ ش التحرير – الدقي   تليفون ٣٧٤٩٩٥٢٥

و قول رأيك .. القصّة من أنهي نوع؟

ب – احكي الفيلم لزملائك . كلّ زميل يحكي أو يكمّل جزء من الفيلم .

ج – إيه هيّ مشكلة الفيلم؟

د – إيه كان الحلّ للمشكلة؟

هـ – إيه نهاية المشكلة؟

و – إيه رأيك في حلّ المشكلة؟

ز – فيه مشكلة زيّ كده في بلدكم؟

ح – إيه طريقة الحلّ في بلدكم – عندك اقتراحات تانية؟

ط – إيه رأيك في القضيّة اللي بيتكلّم عنها الفيلم – ناقشوا المشكلة دي في الفصل . ادرس من الإنترنت وجود المشكلة في الدول العربيّة التانية .

ي – قدّم للفصل اللي عرفته عن البلاد العربيّة التانية .

ملحوظة: يمكن الحصول على هذه الأفلام بالدخول إلى موقع جوجل – أدب و فن .

نصّ استماع دردشة حرّة تقديم (٢أ)

مذيعة: أهلاً و سهلاً ياماما نبيلة إحنا كنّا عايزين نسمع مِنِّك عن مشوار حياتك في الأوّل . . حضرتِك اتولدتي في القاهرة؟

ماما نبيلة: لا . . أنا اتولدت في إسكندرية لكن جيت و عشت في القاهرة مع أسرتي لمّا بابا اشتغل في وزارة الخارجيّة. كان عمري وقتها حوالي ١١ سنة و كمّلت دراستي الإعدادية في الهنّد عشان بابا كان سفير هناك. و فضلنا نسافر مع بابا كلّ ٣ سنين في بلد مختلفة. فمثلاً درست الثانويّة بعد كده في اليابان. و بعدين سافرنا أوروبا فدرست في إنجلترا الأدب في الجامعة بالإضافة للعلوم الشرقيّة.

مذيعة: و درستي العربي إزّاي؟

ماما نبيلة: بابا كان مصمّم أدرس اللغة العربيّة في أيّ بلد نروحها . . و برغم إنّ كان بقالنا سنين عايشين برّه البلد لكن أنا كان عندي مدرس خصوصي و كنت بامتحن في السفارة. و لمّا رجعت مصر درست اللغة العربيّة بالانتساب و أخدت بكالوريوس في الأدب العربي كمان. لكن استمرّيت أسافر لو كان عندي وقت و فرصة . . فسافرت بلاد كتير بسبب شغل بابا . . سافرت بلاد كتير في أفريقيا و أمريكا و شرق آسيا . . و على مارجعت و استقرّيت في مصر كان بقالي سنين طويلة باسافر و بالفّ العالم و باسمع و باتعرّف على ثقافات مختلفة . . و ده ساعدني جداً في شغلي بعد كده.

مذيعة: إيه هيّ وظيفة مذيع برامج الأطفال بالظبط؟

ماما نبيلة: مذيع برامج الأطفال بيعمل حاجات كتيرة قوي فمثلاً هوّ لازم يتعامل مع كلّ الأعمار . . لازم يقدر يحكي كلّ أنواع القصص في مواقف مختلفة. ممكن يحكي قصص تاريخيّة و قصص محليّة. قصص الناس الحاليّة و أخبارهم المعاصرة. يحكي قصص بتتقال من مدينة لمدينة و من قرية لقريّة . . سواء الحكايات دي اتنقلت من الجدّات أو الأمهات أو الأصحاب . . مذيع الأطفال المحترف لازم يبقى فاهم الخلفيّة

الاجتماعيّة و الدينيّة و التقاليد و الخرافات اللي في المجتمع ده .. و يربط كلّ الحاجات دي مع بعض لإنّ القصص دي بتأثّر في المجتمع و بتعلّم دروس اجتماعيّة أو دينيّة .. كمان المذيع ده بيشتغل في الإذاعة و في التليفزيون فلازم يبقى عارف إزّاي يتعامل مع كلّ سن و كلّ ثقافة.

مذيعة و إزّاي ابتديتي وظيفة مذيعة أطفال و بقت مهنتك؟

ماما نبيلة أنا كان بقالي حوالي ٤ سنين متخرجة و مستقرّة في مصر و أنا كنت باحبّ الأدب و القصص جداً .. فاتعرَض عليّا وظيفتين وقتها .. واحدة مدرسة في كليّة الآداب .. و التانية إنّي اشتغل في الإذاعة و استخدم خبراتي اللي فاتت في السفر عشان أقدّم برامج للأطفال بالعربي و بالإنجليزي .. فطبعاً مافكّرتش مرّتين و حسّيت إنّ دي فرصة كويّسة اشتغل وظيفة أنا باحبّها. و فعلاً بدأت الوظيفة دي و نجحت فيها قوي .. و بقيت أروح معارض الكتاب و المكتبات يوم الأجازة و نحكي حكايات عشان يتعرّفوا على الكتب و يشتروها.

مذيعة فيه رأي عالمي أو مشترك بالنسبة لتأتير القصص في المجتمع؟

ماما نبيلة آه طبعاً. القصص بتعمل ارتباط إنساني بين الناس و بعض و بين الشعوب و بعض .. بتسبب ارتباط بين المستمع و المذيع .. تلامس بين القصّة و جوّاكي يعني نفسك من جوّه. تلامس و ارتباط بينك و بين العالم الخارجي سواء الخيالي أو الواقعي .. كمان ماتنسيس إنّها بتسلّي المستمع .. و الحكايات بتتقال بشويّة تفاصيل و خيال عشان ماتتنسيش .. و تفضل معاكي في كلّ مراحل عُمرك.

مذيعة و إيه هيّ أنواع الحكايات اللي استخدمتيها؟

ماما نبيلة أنا قعدت سنين استعمل حكايات من التراث الشعبي .. لكن بقالي دلوقتي حوالي ٥ سنين باقدّم حكايات شخصيّة .. عائليّة. حكايات مُضحِكة .. كلّ ماأسمع حكاية حقيقيّة أحطّ فيها شويّة مبالغة و خيال و استعملها .. فدلوقتي عندي حكايات من كلّ الأنواع .. تراث .. عائليّة .. تاريخيّة .. شعبيّة .. نُكت .. المهمّ تتقال بطريقة مُشوّقة.

نصّ الاستماع لتدريب (٢ - أ(٢)) ١٠

يوم الجمعة الصبح صحيت بدري وقمت فاتحة الشبّاك عشان أتفرّج على منظر البحر الجميل . . الحمد لله إحنا حجزنا في فندق اسمه سيستا على الجبل . . وطبعاً منظر البحر من فوق كان جميل جداً . . لمّا لقيت الجو جميل رُحت نازلة على طول وقلت أتمشّى على الشاطئ شويّة وألعب رياضة قبل ميعاد الفطار. نزلت الريسبشن و هناك لقيت الجرايد جنب مركز الغوص . . و أنا واقفة أقرا الأخبار . . التليفزيون الداخلي للمركز كان عَمّال يعرض فيلم جميل عن السمك و الدولفين وإزّاى بتعوم مع بعض في مجموعات بأشكال جميلة . . طبعاً أنا قلت في نفسي ياريتني كنت باعرف في موضوع الغوص ده . . أكيد كنت اتفرّجت على أشكال جميلة تحت الميّه و شفت كلّ الأسماك اللي في الفيلم ده . . المهمّ . . خرجت و اتمشّيت على الشاطئ و شفت ناس كتير صحيوا و قاعدين على الكراسي . . أو بيستجمّوا قدّام البحر . . و بياخدوا حمّام شمس. و رجل الانقاذ قاعد في مكانه يراقب الناس. بعد ماخلّصت تمشيّة طلعت أوضتي و خدت دشّ . . و أنا واقفة في البلكونة مستنيّة صاحبتي عشان ننزل الفطار شفت حاجة في البحر من بعيد زي مايكون واحد بيغرق في البحر . . دوّرت على نضارتي النظر عشان أشوفه كويّس. مالقيتهاش فقمت بسرعة و رُحت نازلة جَرْي على السلم و قلت للبحّار . . إنّ فيه واحد بيغرق . . هوّ طلع الكابينة بتاعته و استعمل نضّارته المُكَبّرة و فِضِل يبصّ يمين و شمال زي ماأنا شاورتله . . و لكن نزل يضحك و يقوللي مافيش حاجة يامدام ده دولفين بيعوم في الميّه لكن مافيش حدّ بيغرق . . و طبعاً أنا اتكسفت جداً . . عشان عملت دوشة وإزعاج كلّ ده عشان مالبستش النضارة بتاعتي و ماشفتش كويّس.

نصّ الاستماع لتدريب (٢ - ب(٢)) ١١

الخبر الأوّل

سيداتي و سادتي عندنا خبر النهاردة من W.H.O بخصوص فيروس إنفلونزا الطيور إنّه بدأ ينتشر بصورة أوضح و خُصوصاً في فصل الشتاء في بعض البلاد العربيّة و الصين. و عندنا أوّل خبر لشخص من الصين أُصيب بالعدوى بعدما لمس ابنه المتوفّي بنفس المرض. و المنظمة بتشجّع كلّ الدُول اللي بتحتاج المصل بالشراء فوراً من مكاتب الصحّة في كلّ الدول دي و منع التعامُل مع الطيور الحيّة.

١٢

الخبر التاني

عندنا الخبر التاني من المتحف المصري .. اكتشف المتحف المصري اختفاء و سرقة بعض الآثار المصريّة النادرة من مخازن المتحف .. و بعد الجرد الكامل لأوضة التماثيل الصغيرة .. اكتشفوا سرقة تمثالين من عصر الأسرة القديمة و بدأ تحقيق واسع مع كلّ مسئولين المخازن و المشرفين .. و سؤال المرشدين الموجودين في نفس وقت السرقة بالإضافة لاستجواب كلّ أمناء المتحف و ظبّاط أمن المتحف و لسّه التحقيق مستمرّ.

١٣

الخبر التالت

عندنا خبر عن راكب في مطار السودان حاول ركوب الطيّارة و تهريب نسناس في صندوق صغير للعب الأطفال .. الموظفين افتكروا إنّها لعبة أطفال محشيّة .. لكن الراكب كان منوّم النسناس .. و أوّل ما طارت الطيّارة بدأ النسناس يتحرّك و الركاب خافوا و صرّخوا و طبعاً اضطرت الطيّارة ترجع المطار مرّة تانية و نزّلوا الراكب عشان سلطات المطار تتصرّف معاه. و طبعاً اتأخّرت الطيّارة عن الميعاد.

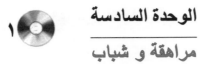

الوحدة السادسة

١

مراهقة و شباب

محتويات الموضوعات في الوحدة السادسة

- تقديم (١) الكلام عن التشابه و الاختلاف و المقارنة بين عادات الشباب المصري زمان و دلوقتي.
  الكلام عن التشابه و الاختلاف والتفرُّد في العادات الشخصيّة بين الناس في البلاد المختلفة.
  الكلام عن اختلاف و تشابه العادات و التقاليد بين البلاد.
- تقديم (٢) الكلام عن مشاكل الشباب باستخدام أسلوب التعميم و التعبير عن النسب المختلفة في الاحصاءات.
  التعبير عن مخاوف الشباب و اختلاف نوع الشخصيّات في صنع القرارات.
  وصف حلول للمشاكل مع استخدام تعبيرات وصفات مركّبة لوصف المشاعر و الأحاسيس.

فهرس الكلمات في الوحدة ٦

تقديم (١)

السِمْنة – العقيدة – مُتديّن – بخلاف – مَهْر – شَبْكة – مصروف – فنّي – صنايع – ملابس جاهزة – الأشباح – متشابهين – مُتفرِّد – يحْوِل عينيه – معجون أسنان – بازوّغ من المدرسة – مش ملتزم قوي بالدين – كنت ماباصدّق أخلّص دراسة – أفرفش – تطرُّف – كليّة الفنون – كليّة الإعلام.

تقديم (٢)

العشوائيّات – الستّات بيزاحموا الرجّالة – ياخدوا رزقهم – جرايم الاغتصاب – انتشار الفقر – أتفه الأسباب – لُقْمة العيش – مخاوف – شايل الهمّ – متفائل – نلاقي قسْمِتنا – ابن الحلال – ارتفاع – معدّل – الطاقة النوويّة – مُتّزِنَة – عظيم – حاسم – مُتردّد – حَريص – مُلائِم – يتْدَبّس – يربط برنامجه بحياتك – استفتاء – مخاوف شخصيّة – سيرة ذاتيّة.

تصرّفات المراهقين

تقديم (١أ)

أنا مراهق عادي

اتفرج مع المدرس على برنامج "رأي الناس".

دردشة حرة:

١- المراهقة سن صعب و فيه بتبدي مشاكل كتيرة. تفتكر فيه فرق بين تصرّفات المُراهِق و المُرَاهقة (اللبس / الموسيقى / التعامل مع الأهل / رمز البطولة و المثل الأعلى / الشلّة و الأصحاب)؟ اسأل زميلك عن المُراهِقين في بلده و قارن بين بلاده و بلدك في عاداتهم.

٢- اسأل زميلك عن الفرق بين عادات البنات و الأولاد في بلادكم في السن ده زي الجدول

اسأل عن	الأولاد	البنات
١- أنواع الهوايات ٢- وقت الفراغ و حفلاتهم ٣- العلاقة مع الأهل ٤- العلاقات مع الأصحاب		

دي معلومات عن شباب مصريين و مراهقين.

٣- اقرا المعلومات دي عن الشباب المراهقين دول في مصر.

٤- قارن بين الشخصيتين.. إزّاي متشابهين أو مختلفين. اتناقش مع زميلك.

الاسم: عصام خليل.

السن: ١٦ سنة .

التعليم: أولى ثانوي عام (حكومة).

السكن: في عين شمس.

عادات يوميّة: المذاكرة - مرواح المدرسة - مقابلة الأصحاب تحت البيت.

المصروف: من بابا و ماما.

الأصحاب: في المدرسة - الجيران - الشارع.

هوايات: لعب الكورة الشراب - مشاهدة الأفلام الكوميديّة - مقابلة أصحابه.

الصحّة: أحياناً بيدخّن مع أصحابه - مابيهتمّش بالسمنة و لا الرياضة.

الأكلة المفضلة: الفول و الطعميّة - الكشري

الاسم: رنا هشام.

السن: ١٧ سنة.

التعليم: تانية ثانوي فرنساوي في الليسيه.

السكن: في عين شمس.

عادات يوميّة: المذاكرة - مرواح المدرسة - مكالمات تليفونيّة للأصحاب.

المصروف: من بابا و ماما.

الأصحاب: في المدرسة - العيلة - الجيران - أحسن وقت مع أصحابها

هوايات: قراية القصص - مشاهدة الأفلام الرومانسيّة - عزف البيانو.

الصحّة: مابتدخنش - بتهتم جداً بالسمنة - رفيّعة جداً

الأكلة المفضلة: الوجبات الجاهزة

٥- املا الفراغات بالمعلومات عن الشباب المراهقين في بلدك. استعمل التعبيرات المفيدة دي.

أ - بالمقارنة بالمراهق المصري فـ المراهق الـ . . . .

ب - على عكس المراهق المصري فـ المراهق الـ . . . .

جـ - أما بالنسبة للمراهقة المصريّة فـ . . . . في حين إنّ المراهقات الـ . . . .

د - المراهق الـ . . . . زمان كان بـ . . . . لكن دلوقتي بقى . . . .

٦- اسأل زميلك إيه أكتر حاجات بتدايقك في تصرّفات المراهق و إيه أكتر حاجة بتعجبك؟ اسأل باقي زملائك.

تقديم (اب)

الشباب المصري

٢

اسمع التعليقات دي عن الشباب المصري زمان و دلوقتي و املا الجدول

- الشباب زمان ماكانوش بيشتغلوا و همّ بيدرسوا في حين إنّ دلوقتي بعض الشباب ممكن يشتغل وهوّ بيدرس.
- اللغة الإنجليزيّة دلوقتي بقت تعتبر اللغة الأجنبيّة الأولى في المدارس. لكن زمان كان الشباب بيدرسوا الفرنساوي و كان هوّ لغة الطبقة العالية و اللغة الأولى في المدارس.
- المدارس الحكومية ماكانتش بتهتمّ بتدريس اللغة الإنجليزيّة. إنّما دلوقتي لازم الشباب يدرسوا إنجليزي أو فرنساوي كلغة تانية عشان البيزنس و فُرص العمل.
- بالنسبة لموضوع الجواز فالبنات كانوا ممكن يتجوّزوا من غير مايدخلوا الجامعات. البنات دلوقتي بقوا يخلّصوا الجامعة الأوّل و بعدين يتجوّزوا. و زمان كان العريس بيدفع مَهْر و شَبكة و العروسة تجيب كلّ حاجة. أمّا دلوقتي فبقى العريس يجيب الشقّة و المَهْر و الشَبكة و ممكن العروسة تشترك في تجهيز الشقّة.

٣

- زمان الشباب كانوا بيخرجوا أو بيزوروا بعض. أمّا الأيّام دي فبيتقابلوا عن طريق الموبايلات و التليفون و الرسائل و الانترنت.
- زمان الشباب لمّا كانوا بيخرجوا مع بعض كان كلّ مرّة واحد بيعزم المجموعة و يدفع للكلّ على عكس الشباب دلوقتي بقى كلّ واحد بيدفع لنفسه بسّ.
- بالنسبة لمِرْواح القهوة . . فزمان الشباب كانوا بيحبّوا يقعدوا على القهوة و يلعبوا طاولة و شطرنج . . بسّ دلوقتي بقوا بيحبّوا يشربوا شيشة و يتفرّجوا على ماتشات الكورة في القهوة.
- زمان الشباب ماكانوش بيسيبوا البيت قبل الجواز . . دلوقتي الشباب الرجّالة ممكن يسيبوا البيت بعد الجامعة عشان يسافروا للشغل في محافظة أو بلد تانية بخلاف البنت فهي مابتسيبش البيت أبداً غير لمّا تتجوّز.

٤

- زمان البنت ماكانتش بتخرج من غير أهلها. دلوقتي البنت ممكن تخرج برّة لوحدها أو مع أصحابها.
- البنت زمان و دلوقتي بالمقارنة مع الأولاد ما تقدرش تسهر لوحدها. لكن الولد ممكن يسهر ويرجع البيت متأخّر.
- البنات زى الولاد زمان و دلوقتي لسّة بياخدوا مصروفهم من الأهل لحدّ مايشتغلوا بعد التخرّج من الجامعة.

١- املا الجدول زي الأمثلة

الموضوع	زمان	دلوقتي	أدوات ربط الجملة
الشغل	ماكانوش بيشتغلوا أيّام الجامعة.	بعض الشباب بيشتغلوا وهمّ بيدرسوا في الجامعة.	في حين إنّ لكن إنّما بالنسبة لـ .... كان .... كان .... بقى .... أمّا .... فـ .... بالمقارنة مع .... بسّ .... أحسن من ....زي .... على عكس.... .... بخلاف .... فـ
اللغة الأولى	الفرنساوي	الإنجليزي	
دراسة الإنجليزي	ماكانوش بيدرسوا لغة أجنبية	لازم يدرسوا لغة أجنبيّة	
الجواز المصري			
التحيّة بين الشباب			
فسحة الشباب			
القهوة			
سيبان البيت بعد الجامعة؟			
السهر برّه			
المصروف			

٢- اسمع مرّة تانية و اتكلّم مع زميلك عن بلدك إيه التشابه أو الاختلاف عن بلدك؟

٣- اسأل زملاء تانيين عن التشابه و الاختلاف و المقارنة بين شباب بلدهم و الشباب المصري.

لاحظ القواعد ٥

١- للتعبير عن المقارنة وربط جملتين مع بعض

معظم الطلبة كانوا زمان بيدرسوا الفرنساوي كلغة أولى **لكن** دلوقتي بيدرسوا الإنجليزي.

جملة (١) + لكن + باقي الجملة (٢)

أغلب البنات زمان ماكانوش بيكمّلوا تعليمهم للجامعة **أمّا** دلوقتي فمعظمهم بيدخل الجامعة.

جملة (١) + أمّا + اسم + فـ + باقي الجملة (٢)

زمان البنت ماكانتش بتقول رأيها في جوازها **في حين إن** البنت دلوقتي بتقدر تقول رأيها.

جملة (١) + في حين إنّ + اسم + باقي الجملة (٢)

زمان الشباب ماكانوش بيستعملوا الكومبيوتر **بسّ** دلوقتي بيستعملوه في كلّ حياتهم.

جملة (١) + بسّ + جملة (٢)

١٧٤ كلمني عربي في كل حاجة

البنت ماتقدرش تطلب إيد راجل للجواز **إنّما** الولد يقدر.

جملة (١) + إنّما + جملة (٢)

زمان البنات **كانوا** بيحبّوا يقعدوا في البيت بعد الجواز دلوقتي **بقوا** يحبّوا يتوظّفوا.

كان + جملة (١) + بقى + جملة (٢)

البنت مش ممكن تسهر برّه لوحدها **بالمقارنة مع** الشاب اللي ممكن يسهر و يرجع متأخّر.

بالمقارنة مع / بـ + اسم + جملة (١) + فـ + جملة (٢)

بالنسبة للهوايات فالأولاد بيحبّوا كورة القدم في حين إنّ البنات بيحبّوا الفرجة على الأفلام

بالنسبة لـ + اسم + جملة (١) + فـ / فإن + جملة (٢)

٢- للتعبير عن التشابُه ٦

الأولاد زيّ البنات لازم يتعلّموا و يدخلوا المدرسة.

اسم (١) + زي + اسم (٢)

البنات لازم يتعلموا زي ماالولاد لازم يتعلموا

جملة (١) + زي + جملة (٢)

٣- للتعبير عن الاختلاف

زمان الشباب كانوا بيزوروا بعض كتير على عكس الأيّام دي بيكلّموا بعض بالرسائل و الموبايلات.

أ – جملة (١) + على عكس + جملة (٢)

أو على عكس جملة (١) + فـ / هـ + جملة (٢)

الشباب زمان ماكانوش بيشتغلوا قبل مايتخرّجوا بخلاف دلوقتي فممكن الشاب يشتغل و يدرس.

ب – جملة (١) + بخلاف + فـ / هـ+ جملة (٢)

تدريب (١ – أ)

أنا مواطن عادي

كلمات مفيدة: فنّي صنايع / ملابس جاهزة / الأشباح / متشابهين / متفرّد / يحْوِل عينيه / معجون أسنان

دي معلومات عن مواطن مصري عادي متعلّم تعليم متوسط ودخله متوسّط.

١– اقرا المعلومات دي عن المواطن المصري ده.

الاسم:	سعيد ناجي
السن والجنس:	٢٨ سنة / ذكر
التعليم:	دبلوم فنّي صنايع
الوظيفة:	فنّي في مصنع ملابس جاهزة
الحالة الاجتماعيّة:	متزوّج
الأولاد:	طفلين ولد ٤ سنين / بنت ٦ سنين
السكن:	إيجار جديد في عين شمس أوضتين وصالة وحمّام بـ ٣٥٠ ج في الشهر
الدَخل:	٨٠٠ ج في الشهر
مصاريف تانية:	أكل – مدارس – علاج – مواصلات – هدوم موسميّة الممتلكات: أدوات كهربائية – عفش الشقّة.
عادات يوميّة:	مشاهدة التليفزيون ساعة يومياً – سماع أو قراءة الأخبار – ركوب المواصلات للشغل – الصلاة يومياً في البيت أو الجامع.
الهوايات:	مشاهدة الأفلام و المسرحيّات الكوميديّة – مباريات الكورة.
الصحّة:	مابيدخّنش – بيروح للدكتور عند الضرورة – مابيهتمّش بالسمنة.
الأكلة المفضّلة:	الفول و الكشري – الكبدة – الخضار عموماً – العيش و الجبنة البيضا.
العقيدة:	مسلم متديّن – مابيؤمنش بالأشباح.

٢– املا الفراغات بالمعلومات عن بلدك و اتكلّم عن التشابه و الاختلاف بين المصريين و الناس في بلدك مع زميلك. استخدم التعبيرات المفيدة دي.

أ– بالمقارنة بالمواطن المصري العادي أو الأقل من المتوسّط. فالمواطن الـ . . . .

ب– المواطن في بلدي زي المواطن المصري من حيث . . . . و لكن مختلف من حيث . . . .

ج– و على عكس المواطن المصري فالمواطن الـ . . . .

د– أما بالنسبة لـ . . . . فـ . . . .

هـ- المواطن الـ . . . . كان . . . . لكن دلوقتي بقى . . . .

و- المواطن المصري . . . . على عكس . . . .

ز- بخلاف المواطن المصري . . . . إلخ.

٣- اسأل زميلك عن نفس الموضوعات اللي فاتت عن المواطن العادي (فوق المتوسّط) في بلده بيعيش في أنهي مستوي (من تعليم و ممتلكات و . . . إلخ) و قارنوا مع بعض التشابه و الاختلاف بين البلدين.

٤- اسأل زملاء تانيين في الفصل من بلاد تانية و كرّر النشاط.

تدريب (١ - ب(١))

إحنا مختلفين وللا متشابهين؟

كلمات مفيدة: بازوّغ من المدرسة / مش ملتزم قوي بالدين / كنت ماباصِدّق أخلّص دراسة / أفرفش / تطرُّف / كليّة الفنون / كلية الإعلام

دول أصحاب في النادي بيتكلّموا عن ذكريات دراستهم في المدارس و الجامعة إزاي همّ متشابهين و مختلفين في حاجات؟ اسمع.

١- املا الجدول من الاستماع.

الاسم	متشابهين في	مختلفين في	أسلوب المقارنة / التشابه / الاختلاف
١-			
٢-			
٣-			
٤-			

٢- دراستك كانت متشابهة أو مختلفة مع أيّ نظام دراسي؟

اتكلّم عن نظام دراستك مع زميلك. قارن مع زميلك في التشابه و الاختلاف بينكم و بين بعض.

٣- اسأل باقي الفصل و كرّر النشاط.

تدريب (١ - ج(١))

إنت متفرِّد / مختلف / متشابه في إيه؟

١- جاوب الأسئلة دي مع زميلك.

السؤال	أنا	زميلي
١ - إيه نوع الموسيقى اللي بيعجبك؟		
٢ - إيه أكتر حاجة بتضحكك؟		
٣ - بتحبّ تعمل إيه في وقت الفراغ؟		
٤ - بتحبّ تخرج مع مين في الفُسح؟		
٥ - إيه هيّ عادات الناس المزعجة بالنسبة لك؟		
٦ - إيه المواضيع اللي تحبّ تقراها؟		
٧ - إيه المواضيع اللي تحبّ تتكلّم فيها؟		
٨ - إيه أكتر حاجة مريحة بتلبسها لمّا تخرج؟		
٩ - إيه أنواع الأكل اللي بتطلبها لمّا تخرج؟		
١٠ - إيه أكتر أفلام بتكرهها؟		
١١ - إيه أنواع الرياضة اللي بتحبّ تلعبها أو تتفرّج عليها؟		

٢- استعمل الأسئلة اللي فاتت و اسأل باقي زمايلك في الفصل. أنهي زميل متفرّد و أنهي زملاء متشابهين؟ و أنهي زميل مختلف؟

مثال للإجابة

عموماً معظم الزملاء ....

أغلب الزملاء ....

بشكل عام معظم الزملاء .... و لكن فيه ٢ مختلفين في ....

تدريب (١ - ج(٢))

أ - اسأل زميلك الأسئلة دي و اعمل مقارنة مع نفسك

أ - ١ - بتوضّب سريرك كلّ يوم؟ ٢ - بتاكل أكلك بطريقة أو نظام معين؟

٣ - بتقوم و تسيب الكرسي بتاعك لحدّ في الأتوبيس؟

٤ - بتحبّ تجمع حاجات؟ زي إيه؟ ٥ - بتقفل أنبوبة معجون الأسنان بعد ماتستعملها؟

٦ - تقدر تِحوْل عينيك؟ ٧ - بتسأل قبل ماتاخد آخر حتّة لحمة أو آخر معلقة في الأكل؟

٨ - بتستعمل منبّه؟ ٩ - بتكتب مذكّرات؟ ١٠ - بتتكلّم و إنت نايم؟

ب -غيّر الزميل و كرّر النشاط . . كلّ واحد يقول مين في رأيه:

الزميل العادي المتفرّد المختلف؟

كام زميل بيشبهوا بعض؟ قارن إجابتك مع الزملاء.

ثقافة أكتر - دردشة أكتر

١- مع الكاريكاتير

أ - إيه الفكرة في كلّ صورة؟ ب - عندك في بلدك نفس المشكلة؟

ج - إزّاي بيتعامل المجتمع مع المشكلة؟ د - إيه رأيك الشخصي في فكرة كلّ صورة؟

٢- من مكتبة الأفلام والإنترنت

أ - اتفرّج على برنامج "الناس و أنا" عن حلقة الصحوبيّة بين المراهقين و المراهقات و ناقش الأسئلة مع زمايلك؟ هتقسموا الفصل مجموعتين. اعكسوا الأسئلة للمجموعة.

أسئلة مجموعة ١

١ – إمتى البنت تقدر تخرج مع الولد؟

٢ – فيه حدّ بيخرج معاهم (الأهل – الزملاء)؟

٣ – ليه في بعض المجتمعات الموضوع ده صعب؟

٤ – فيه أولاد ممكن يزوروا بنات في بيتهم و العكس؟ ليه؟

٥ – إزّاي المراهقين بيعملوا حفلاتهم و يجاملوا بعض في المناسبات المختلفة؟

٦ – إنت موافق على وجود مدارس مشتركة؟ ليه أيوه؟ و ليه لأ؟

أسئلة مجموعة ٢

١ – إيه مشاكل تكوين علاقات عاطفيّة في سن المراهقة؟ احكي عن أوّل تجربة عاطفيّة في سن المراهقة؟

٢ – تنصح بإيه بنتك أو ابنك في المستقبل بالنسبة للموضوع ده؟

٣ – ليه الأولاد بيعاكسوا البنات في السن ده؟

٤ – تتصرّف إزّاي لو بنتك في الموقف ده؟

٥ – لو إنت المسئول عن مدرسة ثانويّة تنصح البنات و الأولاد بإيه؟

٦ – ليه بينتشر الإدمان في السن ده؟ قول بعض الأسباب؟

٧ – إزّاي نحافظ على أولادنا من المشكلة دي؟

٨ – إيه مشاكل تانية بتقابل المراهق؟

٩ – إيه أسباب المشاكل دي؟ و اقتراحاتك لحلها؟

ب – ناقش الأفكار دي بالنسبة لاختلاف الحضارات بين زميل و التاني (اختار زميل مختلف عنّك من الشرق أو الجنوب أو الغرب) قارن بين ثقافة البلاد المختلفة.

ج – اختاروا طالب يقدّم للفصل الفرق بين الحضارات في الموضوعات اللي ناقشتوها.

د – اتفرّج على فيلم إحنا التلامذة و ناقش:

١ – إيه هيّ فكرة الفيلم؟

٢ – إيه رأيك في شخصيّة كلّ صديق؟

٣ – ممكن العلاقات العاطفيّة تعيش و تدوم لبعد الجامعة؟

٤ – أنهي أفضل للطالب يبتدي علاقة عاطفيّة وقت الجامعة وللا بعد الجامعة؟

٥ – إيه تأثير العلاقات دي على الدراسة؟ إيجابي ليه؟ سلبي ليه؟

٦ – تفتكر إيه هوّ أنسب موقف للأهل؟

٧ – إيه اللي بيسبب تكوين علاقات مش صحيحة بين الشباب؟ الأسرة / أصحاب السوء / نوع الدراسة / الفراغ / مافيش قدّامهم أهداف أو طموح؟ ناقش مع زملائك في الفصل.

٨ – إيه موقف المجتمعات الشرقية و الغربيّة من نوع العلاقات دي؟ اسمع رأي زملاء من ثقافات مختلفة عن رأيهم في تكوين علاقات عاطفيّة وقت الدراسة. ردّ فعل المجتمع إيه؟ طريقة علاج المجتمع أو الأسرة إيه؟

نصّ الاستماع لتدريب (١ – ب (١)) ٧

مرڤت | احكي لنا عن نظام الدراسة في مدرستك كان إزّاي؟

ماجد | أنا كنت طالب في مدرسة عباس العقاد الثانوية في مدينة نصر. كنت طالب ثانوي عام حكومي. كنت باتشابه مع كلّ زملائي من طلبة الحكومة من حيث عدد ساعات الدراسة . . فإحنا كنّا بنبدأ السّاعة ٨,٣٠ و نخلّص السّاعة ١,٣٠ . . و مع إنّ كلّ مدارس الحكومة زي بعض . . إلا إنّ بعض المدارس دي بتدرّس على فترتين لمّا بيكون عدد الطلبة كبيرفي المنطقة دي. كان زمان عندنا فسحتين لكن دلوقتي مابقاش فيه غير فسحة واحدة بسّ بالنسبة للتدخين . . فأنا الحمد لله مابدخّنش لإنّ بابا قاللي زمان إنّ ده مُضرّ جداً و هوّ كمان ماكانش بيدخّن. أما عن موضوع البنات فطبعاً كان فيه أولاد بيزوّغوا من المدرسة و بيروحوا يعاكسوا البنات اللي في مدرسة البنات الأزهريّة اللي جنبنا . . بسّ أنا ماكنتش باعمل كده. و على عكس معظم أصحابي أنا كنت من عيلة متديّنة و باصلّي و كنت باروح مع أبويا الجامع. و إنتي يا مرڤت درستي فين؟

مرڤت | أنا درست في مدرسة الدليفراند . . و دي مدرسة فرنسيّة خاصّة. كان بداية اليوم الدراسي بتاعنا السّاعة ٨,٣٠ لكن كان بينتهي السّاعة ٣,٣٠. كنّا زمان بنخلّص السّاعة ٤ لكن سمعت إنّ المدرسة دلوقتي بتخلّص السّاعة ٣,٣٠. و بالنسبة لمواضيع الدراسة فعندنا عدد المواد كان أكتر شويّة من عندكم في المدارس الحكوميّة . . بخلاف المواد الأساسيّة زي العربي و المواد الاجتماعيّة و الحساب و العلوم. كان عندنا كمان دراسة الكومبيوتر و رسم و باليه و رياضة . . كرة يد و كرة سلّة . .

و كمان موسيقى. أمّا عن وقت الفراغ فغالباً كنّا بنخرج في الأجازة و بنتقابل مع أصحابنا زي دلوقتي كده أو بنروح السينما . . و أنا زيّك من عيلة متديّنة و كنت باروح الكنيسة باستمرار مع أهلي . . و إنت ياصلاح متخرّج منين؟

صلاح

متخرّج من كليّة الإعلام . . مش فاكر أيّام المدرسة قوي . . لكن بالنسبة للجامعة برضه أنا زيّكم كنت بابتدي الدراسة السّاعة ٨,٣٠ . . إنّما كلّ يوم باخلّص في وقت مختلف شويّة . . على حسب المحاضرات بتاعتي . . طبعاً عدد المواد الدراسيّة اللي درستها في الجامعة كان أكتر بكتير من عدد المواد في المدرسة . . بسّ الفرق إنّها متخصصة. طبعاً كنت باروّح لمّا باخلّص . . مافيش ميعاد مُحدّد . . حسب مانخلّص المحاضرات. ماكانش عندنا وقت للرياضة أو للهوايات و الموسيقى و الحاجات دي . . و أنا كنت ماباصدّق أخلّص عشان أروّح و أقابل أصحابي. أنا مش متديّن قوي . . موضوع الدين ده لمّا أعجّز أبقى أفكّر فيه. إنّما دلوقتي أنا عايز أعيش وأفرفش. و إنتي ياسوزان إيه كان نظام دراستك؟

سوزان

أنا كانت اهتماماتي زي كلّ الطلبة في الوقت ده . . كان مهمّ عندي أجيب درجات كويّسة . . أعرف أتفاهم مع أهلي كويّس . . زي كلّ الطلبة كنت باروح الجامعة الصبح . . حوالي ٩ بتبتدي محاضراتنا . . لكن المواد بتاعتنا كانت مختلفة عنكم لأنّي دخلت كليّة الفنون الجميلة. كنت باروّح متأخّر معظم الوقت . . عشان أخلّص اللوحة اللي في إيدي . . يعني كان فيه حريّة في المواعيد . . المهمّ نخلّص الشغل بتاعنا. و كنّا دايماً بنسهر في الجامعة . . ماعندناش وقت كتير للرياضة . . و في الأجازة كنّا بنروح السينما كتير. أو بناكل في مطاعم . . أنا برضه متديّنة لكن ماعنديش تطرُّف بالمقارنة ببعض الشباب دلوقتي. إنتوا امتحاناتكم كانت كلّها كتابة في حين إنّ إمتحاناتنا كانت كلّها رسم و نحت و تصوير . . أما عن أيّام المدرسة فكانت مدرستي مدرسة سانت كلير و دي كانت مدرسة لغات إنجليزي . . كان نظام اليوم عندنا يوم طويل من ٨ لـ ٤ و فسحتين و شغل كتير . . ماكنتش باحبّ أيّام المدرسة أبداً . . لكن بقيت أحبّ الجامعة بعد ما دخلت كليّة الفنون.

مخاوف شبابيّة

تقديم (٢أ)

الشباب متّدايق من إيه؟

كلمات مفيدة: العشوائيّات / الستّات بيزاحموا الرجّالة / ياخدوا رزقهم / جرايم الاغتصاب / انتشار الفقر / أتفه الأسباب / لقمة العيش / مخاوف

اتفرج مع المدرس على برنامج "رأي الناس".

١- دردشة حرة

أ - اقرا الموضوعات دي اللي بتشغل الشباب في بعض الدول دلوقتي.

ب - ناقش المشاكل دي و قول أنهي مشكلة زي بلدك و إيه المختلف؟

الشباب متدايق عشان كلّ حاجة عايزة تتصلّح. عايزين أمانة في الانتخابات. عايزين تطوير في التعليم. عايزين تحسين المرتّبات. عايزين الاهتمام بالعشوائيّات. عايزين رفع مستوى المعيشة شويّة عشان زيادة انتشار الفقر. كلّ يوم و التاني بيعملّوا مظاهرات وعايزين الحكومة تسمعهم.

بعض الشباب قلقانين من زيادة عمل الستات. معظم الستات في المدن بيشتغلوا و بيزاحموا الرجّالة و بياخدوا رزقهم و مراكزهم و بيقبضوا مرتّبات زيّهم إن ماكانش أحسن. كمان فرص العمل للبنات دلوقتي أكتر و الأشغال بتفضّلها.

انتشار الفقر و الجهل بين المجتمعات بيزوّد الجريمة و ماكنّاش بنسمع عن جرايم الاغتصاب .. لكن دلوقتي فيه جرايم سرقة و قتل و مخدرات .. و أولاد بتقتل أب أو أم عشان أتفه الأسباب أو عشان الفلوس.

الناس كترت و الوظايف قلّت و الأسعار بتزيد .. و الشباب خايف بعدما يتخرّج مايلاقيش وظيفة أو مرتّب .. و طابور طلب العمل في الخارج بقى طويل .. و كتير من الشباب بيهاجر عشان يدوّر على لقمة العيش برّه.

ج – قول ٤ مشاكل تانية ممكن تكون حقيقيّة بين شباب بلدك و بتسبب لهم قلق.
شارك زملاء من بلاد تانية عن مشاكل الشباب في العالم.

تقديم (٢ب)

إنت متفائل من بكرة؟

ده حوار في التليفزيون بين الشباب و مذيعة في برنامج شباب اليوم.

١– اسمع و قول إيه هيّ هموم الشباب ده؟ مين متفائل و مين شايل الهمّ؟

٢– اسمع مرّة تانية و قارن بين مشاكل الشباب في مصر و في بلدك؟

٣– إنت متفق مع مين من الشباب دول في رأيهم و بتختلف مع مين؟ و ليه؟

٨

مذيعة	إيه رأيك إنت متفائل من بكرة؟
شاب (١)	مش عارف يافندم . . أنا متخرّج من سياحة و فنادق . . و معظم أصحابي خايفين من أيّ حركات إرهابيّة تانية ممكن تأثّر على السياحة و الاقتصاد بتاعنا . . و طبعاً الأشغال بتتأثر . . و بعضنا حاسس إنّ لو حاجة زي كده حصلت تاني السياحة هتتدهور و مش هنلاقي شغل . . و طبعاً دي حاجة سيّئة و مُحبْطة لو حصلت.
مذيعة	لا . . إنّ شاء الله مافيش حاجة تحصل . . طيّب و حضرتِك متفائلة من بكرة؟

شابّة (٢)	أنا و صاحباتي ولا واحدة فينا عايزة تشتغل بعد ما تتخرّج . . نِفْسِنا نلاقي ابن الحلال و نتجوّز ونربّي الأولاد. عشان كده ربنا يسهّل و نلاقي قسمتنا . . أنا مابهتمّش قوي بالسياسة و الاقتصاد . . عشان كده أنا دايماً متفائلة . . و طبعاً تبقى حاجة رائعة لو ربنا بعتلنا ابن الحلال بسرعة.
مذيعة	إنّ شاء الله ياستّي . . أتمنّى لك أسرة سعيدة . . و حضرتَك إيه أخبار أحلام المستقبل معاك؟
شاب (٣)	أنا متّفق مع زمايلي. بعض مننّا طبعاً و أنا واحد منهم عايز أشوف الحالة الاقتصاديّة في بلدنا مستقرّة عشان ده هيأثّر على المرتّبات و خصوصاً فرص العمل . . و طبعاً زي ماحضرتِك عارفة سوق العمل بيتأثّر عموماً بالحالة الاقتصاديّة أو السياسيّة في البلد و طبعاً دي حاجة مُقلقة.
مذيعة	آه . . معاك حقّ . . بسّ دي مش مشكلة الشباب في بلدنا بسّ . . المشاكل الاقتصاديّة بتأثّر في جميع البلاد على الوظايف و الأشغال. طيّب و حضرتِك؟
شابّة (٤)	أنا و صاحبتي نادراً لمّا بناقش هنعمل إيه في المستقبل . . أنا مش شايلة همّ بكرة . . الوظايف بالنسبة للستّات مطلوبة . . أنا دارسة كمبيوتر و دي حاجة مطلوبة دلوقتي . . و لا واحدة فينا بتفكرّ في الجواز بدري . . خصوصاً دلوقتي كلّ بنت بتحبّ تكوّن نفسها و يبقى معاها قرش للزمن. الوظيفة أهمّ من الجواز في رأيي . . صحيح مش كلّ واحدة بتفكّر بالطريقة دي لكن كتير من البنات دلوقتي بيفكّروا كده. طبعاً هتبقى حاجة محزنة قوي و كمان حاجة تكسف لو البنت الشرقيّة مابتفكّرش غير في الجواز وبسّ. عشان كده أنا باختلف قوي مع رأي الزميلة في البرنامج. بعض البنات يمكن بيفكّروا كتير في العريس . . طبعاً ده شيء عادي لكن مش كلّ واحدة فينا زيّ التانية . . و معظم البنات دلوقتي بيفكّروا بطريقة مختلفة.

لاحظ القواعد

١- للكلام عن نسبة الأعداد المختلفة بنستعمل تعبيرات زيّ

أ – كلّ – كلّنا – كلّهم . . . إلخ – جميع الناس = ١٠٠٪

ب- معظم – أغلب الناس – غالبية الناس – أغلبية الناس = ٩٠٪

ج- بعض من الناس – بعض الناس – بعضنا – مش كلّنا = ٥٠٪

د- (نُدرة) نادر من الناس – قليل من الناس – مش كلّ واحد = من ٥ – ١٠٪

هـ- ولا واحد فينا – ولا حدّ – ولا حدّ (فينا – فيهم – فيكو) = صفر

٢- تعبيرات للوصف و التعبير عن المشاعر

١- تعبيرات سلبيّة	حاجة (مؤنّث)	مُقْرِفة – مُزْعِجة – مُحْبِطة – مُكْئِبة – سيّئة – مُحْزِنة . . إلخ
	شيء (مذكّر)	مُقْرِف – مُزْعِج – مُحْبِط – مُكْئِب – سَيِّئ – مُحْزِن . . . إلخ
٢- تعبيرات إيجابيّة	حاجة (مؤنّث)	مُدْهِشَة – مُفْرِحة – هايلة – رائِعة – جميلة – عاديّة – لطيفة . . . إلخ
	شيء (مذكّر)	مُدْهِش – مُفْرِح – هايل – رائع – جميل – عادي – لطيف . . . إلخ

٩

١٠

حاجة / شيء + صفة إيجابيّة أو سلبيّة

٣- أحياناً بنستعمل الفعل زيّ: حاجة تحزن . . حاجة تِقْرِف / شيء يِحْزِن . . شيء يِقْرِف . . / شيء يِكْسِف.

تدريب (٢ – أ)

١– وصّل جملة من (أ) مع جملة مناسبة من (ب).

(أ)	(ب)
١ – معظم زملائي قلقانين من ارتفاع مُعدّل الجريمة	– و دي طبعاً حاجة هايلة عشان الشباب لمّا يكون عندهم الثقافة دي عدد الناس هيقلّ و طبعاً ده شيء رائع.
٢ – أغلب أصحابي متدايقين من الوضع الاقتصادي في البلد لحسن مايلاقوش وظيفة	– بسّ دي حاجة غريبة .. مفروض إنّهم ذاكروا كويّس و كمان ولا حدّ فيهم سقط قبل كده.
٣ – بعض الطلبة خايفين من امتحان آخر الدورة	– طبعاً دي حاجة متّزنة جداً في تفكيرهم لإنّ الست لازم تتثقّف كويّس وكمان تشتغل شويّة .. قبل ماتفكّر في تكوين عيلة.
٤ – قليل من الناس اللي بيفكّر في موضوع الطاقة النوويّة.	– عشان الناس شاطرة بسّ في الكلام .. لكن تفكّر في حلول عمليّة عشان نساعد بلدنا .. لأ .. و طبعاً دي حاجة تِكْسِف.
٥ – ولا حدّ من اللي قابلتهم عايز يقترح حاجة عشان تحسين الوضع السياسي	– أصل الموضوع ده شيء جديد بالنسبة لنا و لسّه هنبتدي نعمل محطّة جديدة في الساحل الشمالي عشان كده ولا حدّ فينا بيفهم في الموضوع. لكن توفير الطاقة شيء مطلوب.
٦ – غالبية الناس تقريباً مهتمّين بموضوع التلوث الحالي في العالم	– دي حاجة عظيمة جداً إنّ الناس بدأ يبقى عندهم وعي في الموضوع ده لإنّه بيمسّ الصحّة والهوا و الأكل و كلّ البيئة.
٧ – تقريباً نُصّ الناس اللي اتكلّمت معاهم مبسوطين من فكرة تنظيم الأسرة	– ماهمّ معاهم حقّ. لو ماكانش فيه بطالة. ماكانش بقى فيه جريمة.

٨- جميع أصحاب الأعمال الحرّة و الخاصّة نفسهم الضرايب تتحسّن	- طيّب ليه مايفكّروش بعد التخرّج يعملوا مشروعات صغيرّة؟ منها يشجعّوا الصناعات الصغيرة و منها يحسّنوا دخلهم بدل الوظيفة؟
٩- ولا واحدة فينا موافقة إنّها تتجوّز و هيّ في الجامعة	- و أنا سمعت إنّ القوانين اتحسّنت عشان الناس كلّها تقْدَر تدفع للحكومة و هيّ مرتاحة.

٢- اسمع وصحّح مع زميلك.

٣- ناقش الآراء دي في مجتمعكم. ياتري بيفكّروا بنفس الطريقة؟ إيه الاختلاف؟

تدريب (٢ – ب)

إزّاي بتعمل قرارك وإزاي بتاخده؟

نهال و يسري و رانيا بيتناقشوا عن اختلاف الشخصيّة بين كلّ شخص و التاني. و إزّاي إنّ ولا واحد بيعمل قراره بنفس طريقة التاني. مثلاً واحد بيقرر بسرعة و واحد بطيء.

اسمع وجاوب

١– همّ صحيح مختلفين في طريقة صُنع و عمل القرار وللا متشابهين؟

رانيا

يسري

نهال

٢– اكتب نوع الشخصيّة تحت الصورة (حريص – متردّد – حاسم).

٣– اسمع مرّة تانية و املا الجدول

الاسم	بيعمل قرار إزاي؟	نوع شخصيّته
يسري		
نهال		
رانيا		

٤– اتكلّم عن نفسك إزّاي بتكوّن و بتعمل القرار بتاعك في أي موقف؟ صحيح إنّ الإنسان شخصيّته من طريقة صُنع قراره؟

٥– اسأل زميلك نفس السؤال اللي فات و حاول تعرف إنتوا مختلفين وللا متشابهين؟

٦– اسأل باقي الزملاء في الفصل و اعرف مين زيّك و مين مختلف عنّك؟ و كلّ واحد أنهي شخصيّة؟

٧– أنهي زميل طريقته أحسن في صُنع القرار و ليه؟

تدريب (٢ - ج(١))

كلمات مفيدة: يربط برنامجه بحياتك / استفتاء

١- طالب (أ) اتكلّم مع زميلك عن المشاكل دي. إزّاي هتتصرف و تاخد قرار في المواقف دي.

أ- إنت متْدبّس مع واحد كنت بتعرفه من زمان و مش عارف تخلص منّه .. كلّ شويّة يزورك و عايز يربط برنامجه بحياتك و يخرج معاك في كلّ حتّة .. و طبعاً دي حاجة بتنرفزك و بتدايقك.

ب- الكومبيوتر بتاعك باظ و مش عارف إزّاي تصلّحه و لازم تخلّص شغلك اللي عليه النهاردة .. و طبعاً ده موقف مزعج جداً.

ج- إنت مش عارف تنظّم وقتك كويّس و فيه مشاغل كتير و ظروف بتعطّلك و في آخر اليوم بتلاقي نفسك ماخلّصتش حاجة و ده شيء مُحْبِط بالنسبة لك.

طالب (ب) حاول تساعد طالب (أ) باقتراحات و قول من مناقشتك معاه هوّ أنهي شخصيّة.

٢- اعكسوا الأدوار و كرّروا النشاط.

٣- اسمع طريقة حلّ المشاكل من طلبة تانيين في الفصل و قول كلّ واحد شخصيّته إيه؟

تدريب (٢ - ج(٢))

١- اقرا نتيجة الاستفتاء ده بعد سؤال بعض الناس عن المستقبل .. بكرة هيبقى أحسن وللا لأ في مواضيع زيّ السياسة / الاقتصاد / العدل / الحرب / السلام.

السؤال: إيه رأيك بكرة هيبقى أحسن من النهاردة؟

النتيجة:

هيبقى أوحش و أسوأ	مش هيبقى فيه تغيير كبير	هيبقى أحسن	ماعندهمش رأي
٦٠٪	٢٠٪	١٢٪	٨٪

٢- خد رأي الفصل في نفس السؤال و اعمل استفتاء تاني زيّ اللي فات مع إضافة مواضيع تانية من عندك.

٣- إيه رأي الفصل؟ إيه أهمّ الحاجات اللي بتقلِق الزملاء من المستقبل؟

٤- اسأل زملاءك عن حلول و اقتراحات للمشاكل دي.

٥- شارك مدرّسك و الفصل بالمشاكل و الحلول و نتيجة الاستفتاء.

تدريب (٢ - ج(٣))

كلمات مفيدة: مخاوف شخصيّة / سيرة ذاتيّة

١- إيه أكتر مشاكل بتقلقك على المستوى الشخصي. اقرا اللستة اكتب حاجات شخصيّة أكتر.

أ - ألاقي وظيفة
ب - أغيرّ من شكلي و مظهري
ج - الخوف من السن و العَجَز
د - ألاقي الزوج المناسب / الزوجة المناسبة
هـ - تكوين أصحاب كويّسين
و -
ز -
ح -

٢- ناوي تعمل إيه في المخاوف الشخصيّة و المشاكل دي؟ شارك زميلك بأفكارك و اسأله عن مخاوفه و مشاكله.

مثال: مشكلة إنّي ألاقي الوظيفة. دي حاجة مُقْلِقة بالنسبة لي. و أنا باحاول حالياً أكتب السيرة الذاتيّة و........

٣- اسأل زملاءك في الفصل عن اللستة بتاعتهم و مجهوداتهم و أفكارهم في حلّ المشاكل دي.

٤- قول قدّام الفصل إيه المشاكل و المخاوف المتشابهة و المشاكل المختلفة بسبب البيئة / البلد أو الثقافة اللي بتدايق و بتشغل زملاءك.

مثال: معظم و أغلب الشباب خايفين إنّهم مايلاقوش وظيفة بعدما يتخرّجوا و........

بعض الشباب قلقانين من:

ولا واحد بيفكرّ في ....

جميع الطلبة حاسّين إنّ ....

٥- أفكار تانية للأسئلة: السكن - الطلاق - الأولاد - المرتّب - الموت - الأمراض - العلاج - التلوّث - التكنولوجيا - خطر الطاقة النوويّة - حقوق الإنسان - التفرقة العنصريّة أوالدينيّة - الديمقراطيّة - الفقر - الإرهاب - العلاقات العاطفيّة خارج الزواج - الإدمان - الحبّ الحقيقي - الجواز - مشاكل تانية.

ثقافة أكتر - دردشة أكتر

١- مع الكاريكاتير

اتفرج على برنامج "الناس و أنا" من برامج التلفزيون المصري.

أ- بُصّ للصورة و جاوب. إيه مخاوف الشباب دول؟

ب- ياترى الشباب في بلدك عندهم نفس المخاوف دي؟

٢- من مكتبة الأفلام و الإنترنت

اتفرّج مع زملائك على

فيلم "سهر الليالي"	تأليف: تامر حبيب	إخراج: هاني خليفة
إنتاج شركة: السبكي فيلم	١٠٣ ش التحرير - الدقي	تليفون ٣٧٤٩٩٥٢٥

أ - ناقش إيه مشاكل العائلات دي؟

ب - إيه رأيك في كلّ مشكلة؟

ج - الفيلم عايز يقول إيه؟

د - إزّاي كلّ أسرة عرفت تحلّ مشكلتها؟

هـ - إيه رأيك في معالجة الفيلم للمشاكل؟ عندك رأي تاني أفضل من رأيّ مخرج الفيلم؟

و - فيه مشاكل زيّ كده في بلدك؟ إيه رأي المجتمع فيها؟ و إزّاي بيتعامل مع المشاكل دي؟

ملحوظة: يمكن الحصول على هذه الأفلام بالدخول إلى موقع جوجل - أدب و فن.

نصّ الاستماع لتدريب (٢ – ب)

١٢

يسري: إمبارح كان يوم صعب قوي بالنسبة لي يارانيا.

رانيا: إيه يايسري؟ حصل إيه؟

يسري: أبداً .. كنت محتاج أعمل قرار مهمّ و كنت محتاج آخد رأي معظم الناس اللي باعرفهم عشان أقدر أكوّن قراري و أبقى مرتاح.

رانيا: ياه! لازم كلّ مرّة تسأل ناس كتير عشان تكوّن قرارك؟

يسري: في الحقيقة أيوه. لو اضطرّيت أعمل قرار لوحدي بابقى خايف و مش عارف أنا صحّ وللا لأ .. هاأقولك مثلاً .. الشهر اللي فات كان عندنا أجازة العيد الكبير فسألت كلّ زملائي هيعملوا إيه في العيد. و لمّا سمعت كلّ آرائهم وأفكارهم .. قررت أروح مع شلّة منهم شرم الشيخ .. و انبسطت جداً .. لكن لمّا باكون لوحدي بابقى محتار و لازم أدرس الموضوع و أسمع من الناس السلبيّات و الايجابيّات و بعدين أفكرّ شويّة تاني مع نفسي و أعمل قراري .. و إمبارح كان واحد من الأيّام دي .. عشان كنت عايز أروح مدينة الشيخ زايد و مش عارف أنهي طريقة أحسن .. الأتوبيس .. وللا عربيتي .. وللا تاكسي .. وللا مع واحد صاحبي؟ .. و هارجع إزّاي؟ .. و ساعات أندم على قرراتي و أقول ياريتني ماعملت كده.

رانيا: بسّ .. بسّ. دي حاجة تزهّق .. ده إنت مملّ قوي يايسري. إيه يانهال؟ و إنتي كده برضه بتاخدي سنة علبال ماتقرري حاجة؟

نهال: الحقيقة أنا عكس يسري خالص. أنا صحيح باحبّ أسأل .. لكن في القرارات الكبيرة وفي حاجة متخصّصة قوي أنا مابافهمش فيها .. زيّ مثلاً شرا عربيّة غاليّة .. طبعاً هاسأل بغرض إنّي أعرف معلومات مهمّة أبني عليها قراري لإنّي مابافهمش في العربيّات .. لكن أغلب الحاجات اللي باعرفها و ممكن أفهم فيها باعمل قرار فيها .. و أنا اتعوّدت إنّي اتصرّف بسرعة و أقرر بسرعة .. و ده طبعاً لإنّ شخصيّتي كده .. بالإضافة للتمرين على صُنع القرارات بسرعة .. لأنّي باشتغل في وظيفة علمتني لازم أعمل قرارات كتيرة و بسرعة. لكن إنتي يارانيا بتكوّني قرار بسرعة؟

رانيا	في الواقع أنا معتدلة جداً .. يعني ماباعملش قرار بسرعة قوي كده زيّك .. لكن في نفس الوقت أنا لازم أفكرّ كويّس قبل ما أعمل قرار .. لأنّي مسئولة أوظّف ناس وأعمل مقابلات مع ناس .. فبُناءً عليه أنا لازم أعمل قراري بالراحة .. وأفكرّ كويّس قبل ماأتدَبّس وأوظّف شخص غلط .. لازم يكون مُلائم ومناسب أولاً. و لكن بالرغم إنّي باخد شويّة وقت في تكوين القرار لكن مابا ندمش أبداً على أيّ قرار باعمله .. لأنّي باكون فكرّت كويّس.

الوحدة السابعة

١

طِبَاع وشخصيّات

محتويات الموضوعات في الوحدة السابعة

- تقديم (١) الكلام عن الشخصيّات المختلفة وصفاتها ووصفها.

  التعبير عن الميول وأسباب تفضيل شخصيّة عن الأخرى.

  الكلام عن التغيير في الشخصيّة وتأثير الطباع على حياة الشخص وقرراته.

- تقديم (٢) الكلام عن التغيير في الحالة. افتراض التغيير في الحالة.

  وصف الأشكال الاجتماعيّة المختلفة للعائلة.

  الكلام عن المميّزات والمساوئ في عادات العائلات.

فهرس الكلمات في الوحدة ٧

تقديم (١)

عشري – خجول – منطوي – متحفّظ – أمين – حريص – شجاع – غيور – مُهمل – مُتَذمِّر – حِنّيِّنَه – فَجْعان – مُتردّد – مكّار – ذكي – مجتهد – مؤدّب – صبورة – عصبيّة – مصلحته – يعمل حساب كلّ حاجة – طموحة – مليانة نشاط – عافية – كِبْرِت في دماغي – ربّنا وفّقنا – ابتدينا نِتْعِرِف – على قدّنا – مَنْصِب – رئيس قطاع – تأسيس.

تقديم (٢)

استغنى – لونه أسْمَر – الغُرْبَة – لمّة – ارتباط – غاب – نتلمّ – نتابع – مساوئ – الدنيا مشغوليّات – وَضْعي – شقيق – شُقَقَة – يستسلم – يقضّي – يِتْطمّن – مافاضلش غيري – عطاء – رُقَاق – فتّة – نكرم الضيف.

أنواع الناس و الشخصيات

تقديم (١ أ)

شخصيّتك من أنهي نوع؟

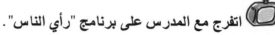 اتفرج مع المدرس على برنامج "رأي الناس".

دردشة حرّة:

أ – أنهي عبارات من الجمل دي بتوصف شخصيّتك؟ كمّل الجداول و اكتب من عندك جمل تانية عن نفسك.

أكيد غلط	غالباً صحّ	بالتأكيد صحّ	اختبار شخصيّة
			١ – ماباطيقش الانتظار عموماً و خصوصاً انتظار الناس.
			٢ – باتجنّب إظهار مشاعري الحقيقيّة للناس.
			٣ – باتمتّع بالمشي على الشاطئ وقت غروب الشمس.
			٤ – باموت في منظر البحر و باحبّ أقعد قدّام الميّة.
			٥ – باحبّ النظام و ماباطيقش الفوضي و لازم أعمل برنامج يومي.
			٦ – باحبّ أتكلّم بالساعات في التليفون.
			٧ – معظم الوقت باقعد لوحدي أقرا كتاب و اسمع موسيقى.
			٨ – بانبسط جداً لمّا أسمع مشاكل الناس و أساعد في الحلّ.
			٩ – أنا راجل بتاع الأزمات و المشاكل الصعبة و الحلول السريعة.
			١٠ – بافرح و باستمتع بالإنجازات.
			١١ – باحبّ أزور الأماكن الغريبة.
			١٢ – بيعجبني الشِلل و الأصحاب الكتير.
			١٣ –
			١٤ –
			١٥ –

ب – قارن إجابتك مع إجابات زميلك .. اتكلّموا مع بعض إزّاي إنتم مختلفين أو متشابهين.

ج – غيّر الزميل و قارن إجابتك مع زميل تاني.

د – جاوب مع زميلك .. أنهي عبارة من الجدول مناسبة للصفات دي:
عصبي – مُتَحَفِّظ – رومانسي – مُنَظَّم – اجتماعي – مُنطوي – حكيم – رغّاي.

تقديم (١ ب)

أنا شخصيّتي كده!

٢

أمل و ماجدة بيتكلّموا عن أصحابهم و الشِلّة بتاعتهم.

اسمع وصف الشخصيّة و اكتب الصفة تحت الصورة المناسبة.

عشري / اجتماعي

خجول

مُنطوي / مُتَحفّظ

أمين

حريص

جرىء

غيوّر

مُهْمِل

متذمّر

حنينة وطيّبة

فجعان

متردّد

مكّار

ذكي

مجتهدة

مؤدّب

٣

أمل: إيه رأيك في الشلّة بتاعتنا ياماجدة؟

ماجدة: صدقيني ياأمل الشلّة بتاعتنا فيها شخصيّات غريبة و مختلفة فمثلاً عصام! مابيحبّش يقعُد مع الناس و دايماً قاعد لوحده يقرا أو يسمع مزّيكا و مابيحبّش يقعُد على القهوة أو يتبادل الآراء مع حدّ. هوّ منطوي جداً بيموت في الوحدة.

أمل: و سامح مابيحبّش يتعرّف على ناس جديدة أو يروح حفلات و يقابل ناس لأوّل مرّة. حتى و إن وصلته دعوة ببلاش برضه مش هيروح أصله خجول و بيتكسف جداً.

ماجدة: منير بقى راجل برغْم إنّه بيشتغل في البورصة .. إلا إنّه لايمكن يعمل صفقة إلا و يكون فكّر فيها كويّس و يحسبها كويّس قوي قبل ماياخد قرار في أيّ عملية ماليّة .. حريص جداً على فلوس العملاء.

أمل: أما حمدي فجرئ جداً .. طول النهار يشتري حاجات و يبيع بمبالغ كبيرة و مابيخافش من الخسارة .. و يعمل صفقات صعبة و يجرّب حاجات جديدة.

ماجدة: عادل بقى بيموت في الحفلات و الرقص و الديسكو و طول الوقت بيته مليان. و بالليل ينزل و يسهر مع أصحابه بعد الشغل. لازم يبقى مع الشلّة كلّ يوم. اجتماعي و عشري قوي و بيحبّ الناس و الزيارات و المقابلات جداً.

أمل: لكن تامر ده .. فحكاية لوحده .. مابيحبّش حدّ يكون أحسّن منّه. السنة اللي فاتت اشترى عربيّة غاليّة .. بعد ٦ شهور ابن عمّه اشترى عربيّة أجدد و أحسن .. اتدّايق جداً .. و راح بايع العربيّة و اشترى الموديل الأكبر .. و اللي فيها كماليّات أكتر .. أوّل ماحد يلبس حاجة .. ينزل جَري و يجيب اللي أحسن منها. غيور موت.

ماجدة	و شفتي عماد عمل إيه إمبارح .. لقى شنطة واحدة نسيتها على الكرسي في القطر كانت قاعدة جنبه و نزلت و سابتها .. فِضِل يتصل بيها لحدّ مالقاها و وصلها الشنطة لغاية البيت. راجل أمين جداً.
أمل	فعلاً. أمّا تامر فكلّ مانخرج معاه عمره مايعزمنا و لا يشارك أيّ حدّ بأكله أو فلوسه أو حاجته .. و لمّا نروح حفلة ياكل الأكل لوحده و مايسبش حاجة لأيّ حدّ. راجل أناني جداً.
ماجدة	لكن الحمد لله! سمر حِنيّنَة و طيّبة بتساعد كلّ الناس و تدّي فلوس للمحتاجين و دايماً تعزمنا لمّا مايبقاش معانا فلوس.
أمل	و طبعاً إنتي حضرتي حفلة الأسبوع اللي فات .. و شفتي عصام في الحفلة كان قاعد بياكل طول الوقت و عمّال يملى الطبق بتاعه و ياكل كلّ شويّة. لغاية ماتقريباً خلّص الأكلّ اللي كان على السفرة .. مش معقول عصام ده فجعان بشكل .. كأنّه عمره ماأكل قبل كده.
ماجدة	آه صحّ. معاكي حقّ .. و إمبارح لمّا نزلت مع نجوى في الأوكازيون فِضْلِت تدوّر على شنطة إيد بتاع ساعتين .. و بعدين عجبها شنطتين و قعدت ساعة عشان تقرر تشتري دي وللا دي ياساتر! دي مُتردّدة بشكل!
أمل	ياحرام ياماجدة. أكيد تعبتي قوي. بسّ هيّ على الأقل دوغري. ده أنا أوّل إمبارح كنت بازور حسام و مراته .. و سمعت حسام قاعد يتكلّم في التليفون ييجي ساعة .. و يلفّ ويدور و يحاول يضحك على زميله في التليفون و يقول معلومات مش كاملة عشان يكسب هوّ أكتر منّه في الشغل .. ياخبر أبيض ماكنتش مصدّقة نفسي .. مكّار بشكل.
ماجدة	بسّ دُعاء بقى لذيذة قوي و ذكيّة جداً .. تفهمها و هيّ طايرة .. مخّها كمبيوتر و شاطرة في الحسابات و مافيش مشكلة في الكومبيوتر إلا و تعرف تحلّها .. تحبّي تقعدي معاها و تصاحبيها.

أمل: آه فعلاً كلامك مظبوط .. و اللي برضه شاطرة زيها ياسمين .. يمكن مش بنفس ذكاء دُعاء لكن شغّالة .. تخلّص بسرعة و تشتغل كتير و تذاكر كتير و بتعمل دراسات عليا حالياً .. لكن ماتقصّرش في بيتها .. مجتهدة جداً.

ماجدة: و اللي كمان تحبّي تخرجي معاها جيهان .. في الحقيقة بنت مش معقولة .. محترمة جداً .. و مؤدّبة .. و ماتتكلّمش على حدّ و تحترم الكبير و تشجّع الصغيرّ.. و تحترم الناس عشان شخصيّتهم مش عشان فلوسهم أو مظهرهم .. و تقول الكلام في وقته.

أمل: مظبوط كلامك ١٠٠٪ .. فعلاً هيّ كده .. مش زيّ أخينا مُهاب اللي لمّا تقعدي معاه.. دايماً مش عاجبه حاجة و دايماً ينقد كلّ حاجة و يشوف الغلط قبل الحاجة الكويّسة .. مايشكرش ربنا على حاجة أبداً .. ياساتر! شخصيّته مُتعبة فعلاً.

لاحظ القواعد

١- صفات مهمّة لشخصيّات الناس ٤

هوّ	العكس	هيّ	الإسم
عشري و اجتماعي	منطوي	عشرية و اجتماعيّة	العشرة
خجول	جرئ	خجولة	الخجل
مُنْطوي – مُتحفّظ	عشري	منطويّة – مُتحفّظة	الانطواء – التحفظ
أمين	حرامي (مش أمين)	أمينة	الأمانة
حريص	مُهْمِل	حريصة	الحرص
شُجاع	جبان	شُجاعة	الشجاعة
غيّور – غيّار	واثق من نفسه	غيّورة	الغيرة
مُهمِل	حريص	مُهملة	الإهمال
متذمِر	راضي	متذمِرّة	التذمُرّ
حنيّن و طيّب	قاسي	حنيّنة و طيّبة	الحنيّة و الطيبة
فجعان	عنيه مليانة	فجعانة	الفجع
متردّد	قاطع أو حازم	متردّدة	التردّد

هوّ	العكس	هيّ	الإسم
مَكّار	دوغري	مكّارة	المكر
ذكي	غبّي	ذكيّة	الذكاء
مُجتهد	كسلان	مُجتهدة	الاجتهاد
مؤدّب	قليل الأدّب	مؤدّبة	الأدّب

٢- تعبيرات مهمّة لوصف الشخصيّة

هوّ بيحبّ الـ

بيموت في الـ + اسم

بيعجبه الـ

ماعندوش مانع في + الـ

عشان كده هوّ . . . .

هوّ مابيحبّش الـ

مابيطيقش الـ + اسم

بيكره الـ

هوّ بيتجنّب الـ

٣- نفي الصفات

دي مش + الصفة

مثال: دي مش مترددة

تدريب (١ – أ)

كلمات مفيدة: صبورة / عصبيّة / مصلحته / يعمل حساب كلّ حاجة

١- وصّل الصفة بالتعريف المناسب

أ – عشري و اجتماعي	– بيحبّ ياكل أكتر من احتياجُه . . بيموت في الأكل .
ب – متردّد	– مابيفكرش غير في نفسه و مابيحبّش غير مصلحته .
ج – مؤدّب	– مابتطيقش جوزها يكلّم الستات و مابتّحبّوش يبقى مع أيّ ستّ .
د – فجعان	– مابتحبّش القعاد مع الناس أو تتكلّم مع حدّ .
هـ – أناني	– مابتتنرفزش بسرعة . . هادية مش عصبيّة ولا بتزعق ولا تصرّخ .
و – غيّورة	– شاطر بيفهم الحاجة بسرعة ومخّه يقدر يفهم الحاجات الصعبة .
ز – منطويّة	– بيهتمّ بالدقة في شغله . . كلّ حاجة يعمل حسابها و مابينساش حاجة أبداً .
ح – صبورة	– راجل يحبّ الحاجة الصحّ و لمّا يشوف غلط يعترض و مايخافش غير من ربنا .
ط – حنيّنة و لطيفة	– بيهتمّ باحترام الناس و مابيقولش كلام غلط .
ي – ذكي	– بيموت في الأصحاب و بيحبّ يقعد مع الناس و يسأل عنهم و يهتمّ بيهم .
ك – حريص	– بيكره الاختيارات . . مابيعرفش يعمل قرار بسرعة و دايماً محتار .
ل – جرئ	– قلبها طيّب و تحبّ تساعد الفقير و المحتاج . . بتموت في مساعدة الغلبانين و التعبانين .

٢- صحّح مع زميلك .

٣- قول عكس الصفات اللي فاتت .

٤- أوصف بالتبادل عكس الشخصيّة لزميلك و هوّ يستنتج مين الشخصيّة دي .

٥- اختار بعض من الصفات اللي فاتت أو عكسها اللي بتوصف شخصيّتك أو موجودة في شخصيّتك و قول إزّاي؟

٦- اتبادلوا الأراء عن الصفات المتشابهة أو المختلفة مع زميلك .

مثال: طالب (أ): كلّمني عن نفسك؟ أنهي من الصفات دي في شخصيّتك؟

طالب (ب): أنا باموت في الدقّة و أحب أعمل شغلي على أحسن شكل و أراجع ميت مرّة على كلّ أوراقي . . لازم شغلي يبقى مظبوط على الآخر أنا غالباً حريص قوي .

طالب (أ): أنا كمان زيّك أهتمّ بكلّ التفاصيل في شغلي و مذكّراتي و دقيق جداً .

أو طالب (ب): لا أنا مش زيّك أبداً . . على عكسك خالص . . أنا أهتمّ بالخطوط العريضة في الموضوع ماهتمّش أبداً بالتفاصيل . . إلخ .

تدريب (١ – ب(١))

١ – وصّل مع تغيير الفعل على حسب شخصيّتك.

٢ – طالب (أ): اسأل طالب (ب) يختار جملة من (أ) مع جملة من (ب) مع التغيير المناسب في الفعل. و اسأل بتحسّ بإيه بالنسبة للموضوعات دي. قول الرأي اللي إنت مقتنع بيه.

	(أ)	(ب)	(ج)
	الإحساس	الموضوع	شخصيّتك
	١- باموت في الـ	باكل برّه البيت.	
	٢- ماباطيقش الـ	تتكلّم في التليفون كتير.	
	٣- باتجنّب الـ	تسافر و تروح رحلات كتير.	
	٤-ما بحبّش الـ	تقابل أصحابك كلّ أسبوع.	
	٥- باحبّ الـ	يتفرّج على الأفلام بأنواعها.	
	٦- باكره الـ	بتتكلّم على الناس.	
	٧- باتدّايق من الـ	تسلف حدّ فلوس.	
	٨- باتنرفز من الـ	تصلّح حاجات بايظة في البيت.	
	٩- بيعجِبني الـ	الجواز المبكّر.	
	١٠- مابيعجبنيش الـ	تتكلّم في السياسة.	
	١١- مايهمّنيش الـ	تزور الأهل والعيلة.	
	١٢- بافضّل الـ	تتعلّم حاجات جديدة في الكومبيوتر.	
	١٣- مابافضّلش الـ	تتكلّم عن حياتك الشخصيّة.	
		تروح أماكن تتكلّم عربي على طول.	
		تقابل ناس غريبة لأوّل مرّة.	
		تروح حفلة عند ناس ماتعرفهمش.	
		تقابل ناس من ثقافات مختلفة.	

	(أ)	(ب)	(جـ)
	الإحساس	الموضوع	شخصيّتك
		تسوق في المدن الكبيرة. تركب تاكسيّات في مصر. تشوف آثار ومتاحف. تقرا كتب سياسيّة / دينيّة / تاريخيّة. تقعد لوحدك. تلعب رياضة. تلعب أو تسمع موسيقى. العلاقات العاطفية وقت الدراسة. تتعامل مع ستّات كتير. تكوّن عيلة بدري. تعيش مع بابا و ماما في الجامعة و الشغل. تعيش في أفريقيا وتساعد دول من وسط أفريقيا	

٣ – طالب (ب) كوّن رأي و قول ليه بتقول الرأي ده؟

٤ – طالب (أ) خمّن طالب (ب) شخصيّته إيه؟

مثال

إيه رأيك بالنسبة لقراية الكتب السياسيّة؟

طالب (ب) أنا باموت في قراية الكتب عموماً و السياسيّة خصوصاً.

طالب (أ) آه إنت مثقف؟

طالب (ب) أيوه باحبّ الثقافة عموماً بس أنا هواياتي و ميولي سياسيّة من الدرجة الأولى.

٥– اتبادلوا الأدوار و اكتشفوا شخصيّة بعض؟

٦– كرّروا النشاط مع باقي الزملاء في الفصل.

٧– اسأل زميلك في موضوعات تانية و اكتشف جانب تاني من شخصيّته.

تدريب (١ – ب(٢))
لازم نتغيّر

كلمات مفيدة: طموحة / مليانة نشاط / عافية / كبرت في دماغي / ربّنا وفّقنا /
ابتدينا نتعرف / على قدّنا / منصب / رئيس قطاع / تأسيس

١- دول ٣ أصحاب – مها – مودي – دينا. بيحكّوا إزّاي اتغيّروا في خلال الخمس سنين اللي فاتوا؟
تفتكر ليه اتغيّروا؟ اسمع و املا الجدول.

			كنت
			بقيت
			السبب

٢- ناقش مع زميلك

أ – ليه لازم نتغيّر؟

ب – إيه الحاجات اللي بتساعدنا نتغيّر؟

ج – إيه الحاجات و الظروف اللي بتعطل التغيير في الشخصيّة؟

تدريب (١ – ج(١))

١- إزّاي إتغيّرت في الخمس سنين الأخيرة؟ اتكلّم مع زميلك عن التغير ده.
مثلاً: كنت / لأن / عشان / كنت بـ . . لكن دلوقتي بقيت نشيط عشان بقيت . . . .

٢- إيه الحاجات اللي لسّه عايزة تتغير في شخصيّتك؟

٣ – دردش مع زميلك. و املا الجدول

حاجات اتغيرّت في الخمس سنين اللي فاتوا	حاجات نفسي أغيرها في شخصيّتي
١-	١-
٢-	٢-
٣-	٣-
٤-	٤-
٥-	٥-

٤- إزّاي هتساعد نفسك على التغيير؟

٥- اسمع من باقي الزملاء كلامهم عن نفسهم و شخصيّتهم.

٦- قدّموا بعض اقتراحات عمليّة و حقيقيّة ساعدت في مشاكل التغير في الشخصيّة.

مثال:

أنا ساعدت نفسي إنّي أتغير و بقيت اجتماعي لمّا ابتديت أحضر حفلات مع زمايلي. و شويّة شويّة اتعرّفت على ناس أكتر و . . . . . .

أو اشتركت في نادي رياضي. و لمّا بدأت ألعب رياضة اتعرّفت على ناس في النادي و . . . . . .

تدريب (١ – ج(٢))

١- اتناقش مع زميلك عن الجوانب الإيجابيّة في شخصيّة أعز صديق عندك و الجوانب السلبيّة وليه؟ (ممكن تتكلّم عن أيّ فرد من عيلتك).

٢- اعكسوا الأدوار و اسأل عن الجوانب الإيجابيّة و السلبيّة في شخصيّة أعز صديق لزميلك.

٣- اسأل رأي زميلك أنهي شخصيّات تحبّ تتعامل معاها أو تكوّن صداقات معاها و ليه؟

٤- اتكلّموا عن أسوأ شخصيّات ممكن تتعاملوا معاها. وليه؟

ثقافة أكتر - دردشة أكتر

١- مع الكاريكاتير

صورة (١)

صورة (٢)

صورة (٣)

أ - رأيك إيه في شخصيّة كلّ صورة؟ اسم الشخصيّة دي إيه؟

ب- إيه مميزّات و عيوب كلّ شخصيّة؟

ج- احكي لزميلك عن شخصيّة حقيقيّة قابلتها في حياتك فيها صفة من الشخصيّتين دول؟ إيه المتاعب أو المتعة اللي حصلت في حياتك من علاقتك بالشخصيّة دي؟

د- إيه النصيحة اللي ممكن تقدمها لكلّ شخصيّة؟

٢- من مكتبة الأفلام

اتفرّج على فيلم "سهر الليالي" تأليف: تامر حبيب إخراج: هاني خليفة

إنتاج شركة: السبكي فيلم ١٠٣ ش التحرير - الدقي تليفون ٣٧٤٩٩٥٢٥

"الحفيد" تأليف: عبد الحميد جوده السحار إخراج: عاطف سالم

إنتاج شركة: السبكي فيلم ١٠٣ ش التحرير - الدقي تليفون ٣٧٤٩٩٥٢٥

أ - مين من الشخصيّات دي عجبك؟ ليه؟

ب- مين من الشخصيّات ماعجبتكش؟ ليه؟

ج - إيه تأثير اختلاف الطباع و الشخصيّات على المشاكل بينهم.

د - لو إنت أخصائي اجتماعي إيه النصيحة اللي تحبّ تقدّمها لبعض من الشخصيّات دي عشان ماتكررش المشاكل بينهم.

هـ - إيه نظرة المجتمع في بلدكم؟ بيتعامل مع نماذج الشخصيّات دي إزاى؟

و- قارن بين بلدك و بين مصر في طريقة حلّ المشاكل اللي شفتها و إيه تأثير اختلاف الثقافة و نظرة المجتمع على طريقة حلّ المشاكل.

ملحوظة: يمكن الحصول على هذه الأفلام بالدخول إلى موقع جوجل - أدب و فن.

٣- إيه الصفات في الصديق المفضّل أو الشابّ أو الشابّة اللي تحبّ ترتبط بيها في المستقبل. اسأل زمايلك / اسأل عن صفات تانية من عندك.

الصفة يكون/عنده/عندها	طالب (١)	طالب (٢)	طالب (٣)	طالب (٤)	طالب (٥)	طالب (٦)	لكن مايكونش عنده/عندها
١- طموح							
٢- جمال							
٣- ثقافة							
٤- طيبة							
٥- شجاعة							
٦- ذكاء							
٧- غيرة							
٨- أمانة							

٤ - اسأل زميلك ليه اختار الصفات دي؟ و ليه مش عايز الصفات التانية .. دردشوا إيه الصفات اللي بتخلّي الجواز يبقى أحسن و الصفات اللي بتغيّر الجواز.

٥ - اتكلّم من خبرتك عن ناس و جوازات نجحت برغم اختلاف الشخصيّة أو الطباع. و تفتكر ليه نجحت؟ و ليه فشلت؟

٦- مهمّة ميدانيّة

أ - اسأل المصريين في الكافيتريات و القهاوي إيه رأيهم في أنواع الشخصيّات اللي فاتت و يحبّوا يرتبطوا أو يصادقوا أو يعملوا شغل مع أي نوع؟ و ليه؟

ب- قدّم للفصل نتيجة البحث بتاعك تاني يوم.

مثال:

الطالب: مين هوّ الشخص المُهمِل في نظرك (في رأيك)؟

شخصيّة (١): في رأيي إنّ المُهمِل هوّ الشخص اللي مابيعملش الشغل بتاعه.

شخصيّة (٢): أعتقد إنّ الشخص المُهمِل هوّ ....

نصّ الاستماع لتدريب (١ - ب(٢))

مودي	أنا حاسس إنّي اتغيّرت قوي في السنين الأخيرة. فيه حدّ منكم بيشاركني الإحساس ده؟ يعني حاسس إنّه اتغيّر؟ حصلّك أىّ تغيير في السنين الأخيرة دي يامها؟
مها	بالنسبة لي كان التغيير في شغلي. فأنا كنت باشتغل في مكتب محاسب قانوني بيعمل الحسابات و الضرائب لشركات كبيرة .. و كنت باشتغل في الفرع الرئيسي في المهندسين .. و أنا ساكنة في النزهة الجديدة في آخر مصر الجديدة .. و كنت باسوق كتير قوي .. طبعاً أوّل ماشتغلت في المكتب ده كنت صغيّرة و طموحة .. و مليانة نشاط و عافية .. أنزل و أروح و آجي. و كان الشغل هايل و الماهيّة ممتازة .. وفيه امتيازات كتيرة .. تأمين طبّي .. و أجازات مريحة .. لكن بعد مُدّة تعبت. المرور كان هيموّتني. و من سنتين كده حضرت كورس تبع جامعة خاصّة في فندق هيلتون لمدة أسبوعين .. عن إزّاي تعمل وتأسس الشغل الخاص بتاعَك .. كِبْرِت في دماغي الفكرة .. مع إنّها كانت فكرة جريئة .. و مخيفة شويّة .. إلا إنّ جوزي شجعّني .. و خصوصاً إنّه هوّ كمان محاسب .. فقررنا نفتح مكتب محاسبة صغيّر في مصر الجديدة .. و الحمد لله ربّنا وفّقنا و المكتب كِبِر .. و بقالنا سنتين شغّالين .. كنّا على قدّنا في الأوّل .. لكن ابتَدينا نِتْعِرِف والشغل كِبر شويّة بشويّة. و إنت يامودي حصلّك أيّ تغيير؟
مودي	أعتقد إنّ أكبر تغيير حصلّي في السنين الأخيرة دي هوّ إنّي أخيراً اتجوّزت .. كنت متعوّد أعيش لوحدي .. و أخرج كتير و أسهر كلّ يوم مع أصحابي .. وكلّ يوم في مطعم شكل .. و قهوة شكل .. لكن طبعاً بعدما اتجوّزت بقيت أقعد في البيت كتير .. و آكل مع مراتي .. و مافيش طبعاً أكل برّه عشان المصاريف. بقيت أصحى بدري عشان أوصّل الولاد المدرسة. بقيت أرجع و أساعد مراتي في مذاكرة العيال .. مابقيتش أخرج كتير أو أشوف أصحابي زيّ الأوّل. الجواز بقى يامها .. أمّا بالنسبة للشغل فيادوب اليومين اللي فاتوا غيّرت المنصب بتاعي .. كنت مساعد مدير .. فاترقّيت ودلوقتي بقيت رئيس قطاع في الشركة .. عشان دقيق و حريص في شغلي. المرتّب طبعاً اتحسّن قوي. كويّس .. عشان مصاريف المدارس و العيال. و إنتي يادينا إيه أخبارك؟ حصلّ أيّ تغيير في السنين الأخيرة دي في حياتك؟

دينا: آه .. طبعاً .. إنت شايف قدّامك إنسانة مختلفة تماماً. لو قابلتني من ٥ سنين ماكنتش عرفتني .. شخصيّتي اتغيّرت قوي. أنا دلوقتي بقيت رغّاية و مُتَحدِّثة. و بقيت أحبّ أقعد مع الناس .. لكن زمان ماكنتش كده خالص .. بالعافية كنت بالعب رياضة دلوقتي بقيت ألعب أيّ رياضة. كنت تخينة و باكل كتير و باكل أيّ حاجة .. لكن من ساعة ماالتعرّفت على صاحبتي إنجي و هيّ غيّرت حياتي .. ساعدتني خالص إنّي أبقى اجتماعيّة و عشريّة .. شجعّتني على الرياضة وراحت معايا لدكتور ريجيم عشان أظبّط نظام الأكل بتاعي .. و بقيت أمشي كلّ يوم ساعة و ألعب جيم مرتين في الأسبوع. بقيت باقضي معظم يومي في السباحة و المشي و الرياضة أو أقعد في النادي أو أتفرّج على أفلام أو أزور أصحاب. الحمد لله صحتي دلوقتي بقت أحسن بكتير. و طبعاً لمّا صحتي اتحسّنت اتكوّنت عندي ثقة بنفسي و ابتديت أحبّ الإنجاز و الشغل و أدوّر على وظايف فيها تعامُل مع الناس .. و دلوقتي بقيت أشتغل مديرة علاقات عامّة في فندق كونراد .. تخيّل!! بعد ماكنت انطوائيّة و مُهْمِلة في نفسي بقيت إيه!

قرايب و عيلات

تقديم (٢أ)

كلّ عيلة مختلفة

اتفرج مع المدرس على برنامج "رأي الناس".

دردشة حرة:

إيه معنى التعبيرات دي

بيت العيلة / البيت الكبير / بيت أبويا / بيت أمي.

اتناقش مع زميلك في الأسئلة و الأفكار دي

١ – إنت اتربّيت في بيت العيلة وللا بيت أسرتك؟

٢ – بتزور البيت الكبير؟ إمتى؟ كلّ قدّ إيه؟

٣ – إيه الحاجات و العادات الخاصّة ببيتكم أو بالبيت الكبير؟ (الأعياد و الضيوف مثلاً)

٤ – إيه هيّ القوانين الخاصّة ببيتكم؟ (مواعيد الرجوع بالليل مثلاً)

٥ – إزّاي أسرتك بتحتفل بأعياد ميلادكم؟

٦ – إيه هيّ المناسبات اللي بتجتمعوا فيها مع بعض كعيلة كبيرة؟

٧ – إيه هيّ المشاكل الكبيرة اللي بتحتاجوا تناقشوها كعيلة كبيرة؟

٨ – مع مين بتتكلّم لمّا يكون فيه مشكلة؟

٩ – مين بياخد القرار في العيلة؟ .. (قرار جماعي – فردي – شخصي)

١٠ – إيه المميزات من زيارة بيت العيلة أو البيت الكبير؟

١١ – إيه هيّ المساوئ من الزيارات دي؟

١٢ – لو عندك إخوات (رجّالة / ستّات) إيه أفضل حاجة بتعملوها لمّا تبقوا مع بعض في الزيارات دي؟

١٣ – مين أقرب أشخاص ليك بين أفراد العيلة؟ إيه مميزات علاقة زي كده؟ إيه مساوئ العلاقة دي؟

١٤ – لو والديك منفصلين أو متطلقين إنت اتربّيت في أنهي بيت؟ وإيه مساوئ و مزايا الوضع ده؟

١٥ – إزّاي أفراد العائلة بيتعاملوا مع الأب و الأم لمّا يكبروا في السن؟

١٦ – إزّاي بيتعاملوا الأولاد مع الجدود لمّا يكبروا؟

١٧ – لو أهلك محتاجين مادياً بتتصرّفوا إزّاي في بلدكم؟

١٨ – إيه عادات الجواز عندكم مين بيجهّز البيت – الفرح؟

١٩ – إيه دور الوالدين والأسرة في موضوع الجواز مثلاً: رأيهم في الارتباط – في استعدادات الفرح – أو البيت؟

٢٠ – إيه عادات الجنازات عندكم – إيه دور العائلة أو البيت الكبير؟

٢١ – مين بياخد باله من الأطفال في البيت لغاية سن المدرسة؟ الجدود – الأهل.

تقديم (٢ب)

ليالي الغربة قاسية يابويا

كلمات مفيدة: استغنى / لونه أسمر / الغُربة / لسّة / ارتباط

تفتكر إيه معنى العنوان ده؟ إيه علاقة العنوان بالارتباط العائلي؟

مصطفى و سامر أصحاب من زمان . . بقالهم كتير ماشافوش بعض . . اتقابلوا في نيويورك صُدْفة و قعدوا يتكلّموا عن ذكريات الشباب .

اسمع وجاوب

١- سامر حاسس بالأمان؟ ليه؟ ٢- إمتى هيتحسّن ابنه؟

٣- مرات مصطفى بتعمل إيه دلوقتي؟

٦

سامر	ياه . . ماتتصوّرش قدّ إيه أنا مبسوط و سعيد يامصطفى إنّي قابلتك . . إنت بقالك كتير في نيويورك؟ و هتقعد قدّ إيه؟
مصطفى	أنا بقالي هنا حوالي أسبوعين و فاضّلي إنّ شاء الله حوالي أسبوعين تاني علبال ماأخلّص الشغل بتاعي. إيه فينك ياراجل؟ أنا كمان فرحان قوي إنّي شفتك. ده إنت كنت واحشني قوي . . إيه أخبارك و أخبار ماري مراتك و الأولاد؟ زمانهم كبروا طبعاً و بقوا رجّالة.

سامر	آه طبعاً يامصطفى العيال كبرت و بقوا رجّالة . . عندي ماجد بقى مهندس و شريف لسّة بيدرس في كلية الطب . . و ماري بقت مديرة في بنك . . لا الحمد لله كلّنا كويّسين. و إنت إيه أخبارك و أخبار عيلتك؟ زمان زينب بنتك اتجوّزت مش كده؟
مصطفى	آه الحمد لله زينب بنتي اتجوّزت بس لسّة فاطمة بقالها سنين متخرّجة و لسّة لااتجوّزت ولااشتغلت.
سامر	معلش يامصطفى مسيرها تتجوّز و مسيرها تلاقي شغل. دي لسّة صغيّرة والجواز بتاع ربّنا . . لكن قوللي . . حنان مراتك أخدت الدكتوراه؟ وللاعملت إيه؟
مصطفى	آه. الحمد لله . . أخدت الدكتوراه بقالها حوالي سنتين و دلوقتي بتشتغل مدرّسة في الجامعة . . و اليومين دول امتحانات الترم . . و زمانها بتمْتِحن الطلبة وبتصحّح في الامتحانات. زمانها مشغولة قوي . . مسكينة. أيّام الامتحانات بتبقى تعبانة قوي.
سامر	ربّنا معاها . . أنا عارف شغل الجامعة متعب. أنا فاكر كويّس لمّا كنت بادرّس في كلية علوم عين شمس . . كانت أيّام الامتحانات صعبة قوي . . و هنا برضه في الجامعة بتاعتي مش سهلة أبداً. الشغل متعب في كلّ بلد . . لكن اللي كان بيساعدني على التعب هوّ حبّ الزملاء و التعاون بينهم . . الناس عشريين قوي في مصر و بيسألوا على بعض و اجتماعيين. و كمان أنا بافتقد عيلتي قوي. إحنا هنا عايشين بعيد عن البيت الكبير . . و دي أكتر حاجة بتتعبنا في الغربة و أنا كنت متعوّد في أسيوط على العيلة . . و بيت أبويا كان البيت الكبير.
مصطفى	أيوه معاك حقّ . . أنا ماقدرش استغنى عن عيلتي أبداً . . ده يوم العيد لسّه بنقضّيه في بيت جدّي و أبويا في البلد . . كلّنا بنتجمّع و بنطّمّن على بعض و نشوف بعض . . وفيه منّنا اللي بيكون بقاله سنة من العيد اللي فات ماشافش التاني . . و باشوف كلّ اخواتي و بناكل مع بعض . . و العيال بتقعد مع بعض . . القرايب و الأحفاد . . طبعاً مافيش شك وجود البيت الكبير بيخللي فيه ارتباط و شعور بالقوّة و الأمان و المحبّة و الصداقة . . و دي حاجات مش بسهولة تلاقيها. إحنا مانعرفش يعني إيه وحدة و انطوائيّة في أسرتنا.

سامر	يابختك! لأ. هنا طبعاً الوضع مُختلف . . ابني الصغيّر دايماً حاسس إنّه مختلف عشان لونه أسمر. و بيحسّ إنّه وحيد. و هوّ كمان انطوائي شويّة. و حاسس إنّه مالوش قرايب هنا . . فطبعاً الوضع صعب عليه.
مصطفى	معلش ياسامر . . مسيره يتْصاحِب على شباب أكتر. و مسيره يكوّن علاقات بعدما يشتغل. . أُصبر عليه شويّة. و إنّ شاء الله لمّا تنزلوا مصر زيارة تتمتعوا بالعيلة وأصدقاء زمان.

اختار المعنى

١- مسيره يكوّن علاقات و أصحاب. المعنى:

أ - هوّ أكيد كوّن علاقات و أصحاب. ( )

ب - هوّ حتّى و لو بعد وقت طويل هيكوّن علاقات . . بالتأكيد. ( )

٢- زمانها بتمتحن الطلبة دلوقتي. المعني:

أ - أنا متأكّد إنّها في الجامعة و بتمتحن الطلبة دلوقتي. ( )

ب - أنا باخمّن إنّ هيّ لازم تكون في الجامعة و بتمتحن الطلبة دلوقتي. ( )

ج - أنا باخمّن بناءً على معلومات عندي. ( )

٣- زمانه كبر و اتخرّج من الجامعة. المعنى:

أ - أنا متأكّد إنّه اتخرّج من الجامعة. ( )

ب - أنا باخمّن إنّه غالباً خلاص اتخرّج من الجامعة. ( )

ج - أنا باخمّن بناءً على معلومات عندي. ( )

٤- هيركبوا القطر السّاعة ٦ دلوقتي السّاعة ٦ إلا ٥ زمانهم واقفين على المحطّة. المعنى:

أ - أكيد همّ غالباً واقفين على المحطّة دلوقتي. ( )

ب - أنا باخمّن إنّ همّ أكيد واقفين على المحطّة دلوقتي. ( )

ج - أنا باخمّن إنّ همّ لازم واقفين على المحطّة دلوقتي. ( )

لاحظ القواعد

١- للكلام عن التغيير و التطوير في المستقبل

الكلام عن دلوقتي	الكلام عن التغيير في المستقبل
١- الولد حاسس إنّه وحيد	معلش مسيره يكوّن صداقات لمّا يكبر.
٢- البنت لسّه مااتجوزتش	إنّ شاء الله مسيرها تلاقي راجل كويّس
٣- البنت ماعندهاش شغل	معلش إنّ شاء الله مسيرها تدوّر و تلاقي شغل

٧

معنى مسير: حتّى و لو بعد وقت طويل هـ . . . . (تتغيّرحاجة في المستقبل) أكيد.

أنا	إنت	إنتي	هوّ	هيّ	إحنا	إنتو	همّ
مِسيري	مِسيرَك	مِسيرِك	مِسيرُه	مِسيرْها	مِسيرْنا	مِسيرْكُو	مِسيرْهمّ

مسير + ضمير + فعل مضارع من غير ب

٢- للافتراض و التخمين إنّ ناس بيعملوا أحداث دلوقتي

لاحظ الفرق في المعنى : الامتحان السّاعة ٨ و دلوقتي ٨,٣٠

المدرّسة زمانها بتمتحن الطلبة دلوقتي ← أنا باخمّن إنّها بتمتحن الطلبة دلوقتي

المدرّسة بتمتحن الطلبة دلوقتي ← أنا متأكّد إنّها بتمتحن الطلبة دلوقتي

أ - للافتراض و التخمين إنّ الفعل أو الحدث بيحصل دلوقتي

الجملة	التركيب	افتراض الفعل مستمر دلوقتي
١- زمانها بتطبخ	زمان + ضمير + بـ + فعل مضارع	الفعل بيحصل دلوقتي
٢- زمانه مستنيّ	زمان + ضمير + اسم فاعل	الحدث دلوقتي
٣- زمانهم في البيت	زمان + ضمير + حرف جر	الحدث دلوقتي

ب - للافتراض و التخمين إنّ الفعل أو الحدث حصل

١- زمانها طبخت	زمان + ضمير + فعل ماضي	الفعل حصل
٢- زمانهم مشيوا	زمان + ضمير +	الفعل حصل

تدريب (٢ – أ(١))

كلمات مفيدة: غاب / نتلمّ / نتابع /مساوئ / الدنيا مشغوليات

املا الفراغ و (استخدم مِسيرِي – مِسيرُه – زمانه . . . إلخ)

١– ميزة وجود البيت الكبير هيّ إننا بنتلمّ مع بعض في المناسبات حتى لو غاب أو سافر حدّ فينا برضه . . . . يرجع و نشوفه و نتابع أخباره.

٢– أسوأ شيء في وضع الأب و الأمّ هوّ لمّا يغيب حدّ أو يتأخّر عن البيت و تفضل الأمّ أو يقعد الأب يفكّر الواد دلوقتي . . . . راجع أو . . . . لسّه في الشغل و يفضلوا قلقانين لغاية ما الأولاد يدخلوا البيت.

٣– أنا متدّايقة إنّ جوزي بخيل قوي و الدكتور قاللي . . . . يتغير لو إني استمرّيت أتكلّم معاه و أفهمّه مساوئ الطبع و الشخصيّة دي . . لكن ماأعتقدش! البخل عمره ماهيتغيرّ!

٤– أ– ياترى نوال لسّه قاعدة في المطار مستنية طيّارتها؟

ب– لا ماأظنّش . . . . الطيّارة قامت. دي ميعادها السّاعة ١١ و دلوقتي السّاعة ١٢.

٥– إيه ده؟ إنت اتأخرّت كده ليه يابني؟ . . . . المحاضرات ابتدت و إنت لسّة هنا!

٦– أ– ماسمعتيش أخبار عن أصحابنا هناء و جمال من ساعة ماسافروا ياليلى؟

ب– لا ماسمعتش بسّ . . . . لقوا شقّة و اشتغلوا و زمانهم خلّفوا كمان دول بقالهم دلوقتي ٧ سنين مسافرين و إنتي عارفة الدنيا مشغوليات.

٧– أ– أنا مش عارفة أعمل إيه في ابني المراهق ده يادكتور . . مابيذاكرش أبداً و طول النهار قاعد يسمع مزّيكا و يرغي في التليفون.

ب– معلش يامدام هيّ المراهقة كده . . . . يكبر و يتحمّل مسئوليّة.

٨– أ– الواد عمّال يسقط في الثانوية العامّة ياثروت. أنا قلقان قوي أعمل إيه؟

ب– ماتخافش ياهاشم . . بسّ إنت إديله دروس خصوصيّة و إنّ شاء الله . . . . يتخرّج و ينجح.

تدريب (٢ – أ(٢))

طالب (أ) استخدم الجملة الأولى من السؤال ٤– ٨ و قول لزميلك الجملة.

طالب (ب) كوّن إجابة من عندك (كرّروا التدريب بالتبادل).

تدريب (٢ - ب(١))

هنسافر و للا لأ؟

كلمات مفيدة: وَضْعي / شِقيق / شُقَقَة / يستسلم / يقضّي / يتطمّن / مافاضلش غيري / عطاء / رُقَاق / فتّة / نكرم الضيف

نادين و لمياء ساكنين في بيت الطالبات بتاع الجامعة و قاعدين بيتكلّموا عن عائلاتهم و عن السفر.

اسمع و جاوب

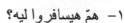

١- همّ هيسافروا ليه؟ ٢- همّ هيسافروا فين؟

اسمع مرّة تانية و جاوب

١ - اوصف عيلة نادين؟ إيه وضعها دلوقتي؟

٢ - إيه رأيك في آراء لمياء؟ هيّ آراء عمليّة؟

٣ - إيه رأيك في اقتراح نادين؟

٤ - لو إنت في موقف لمياء كنت هتعمل زيّها؟ ليه أيوه؟ ليه لأ؟

٥ - اوصف عيلة لمياء. إنت موافق على عادات عيلة لمياء؟

٦ - لو إنت في موقف نادين كنت هتحسّ بإيه؟

٧ - لو إنت في موقف نادين هتوافق على الاقتراح؟ ليه أيوه؟ ليه لأ؟

٨ - إيه هيّ عادات عيلتكم في المناسبات؟ ممكن يعملوا زيّ عيلة لمياء و يقدموا دعوة؟ إيه موقفهم من الغريب - الضيف - الوحيد؟

٩ - إيه موقفك من المحتاجين في عيلتك؟

١٠ - فيه عندك اهتمامات لناس تانية برّه العيلة؟ شارك خبرتك مع الفصل.

تدريب (٢ – ج(١))

كمّل الجملة عن مميزات و عيوب الأوضاع المختلفة في العيلة. قارن برأي زميلك.

اتبادلوا وجهات النظر. ليه كلّ واحد قال الرأي ده؟

١ – ميزة الواحد إنّه يبقى عنده عيلة كبيرة هيّ إنّ ....

٢ – أسوأ حاجة في دور الأب في البيت هيّ إنّ ....

٣ – ميزة إنّ الواحد يبقى عنده عيلة صغيّرة هيّ إنّ ....

٤ – أوحش حاجة لمّا تعيش قريّب من أهلك هيّ إنّك ....

٥ – مشكلة إنّك تكون الابن الأكبر هيّ إنّ ....

٦ – عيب الطفل الوحيد في الأسرة ....

تدريب (٢ – ج(٢))

كوّن جملة واحدة من الجملتين زيّ المثال

١– كان أكتر واحد رغّاي في العيلة. و دي كانت ميزة.........

ابن عمّي كان أكتر واحد رغّاي في العيلة و دي كانت ميزة عشان دايماً كان بيلفت النظر و الناس كانت بتسأل عنه و بتحبّ تقعد معاه .... زمانه اتغيّر و اتشغل.

٢– أنا توأم. في الواقع ده كان دايماً مشكلة و عيب.........

٣– بابا و ماما سنّهم صغير. في الحقيقة دي ميزة.........

٤– أنا باشتغل في شركة والدي. ده طبعاً شئ سئ.........

٥– أختي عايشة لوحدها في الصعيد. دي مشكلة.........

٦– عندنا عيلة كبيرة قوي. و دي مشكلة.........

تدريب (٢ – ج(٣))

١– في مصر الأولاد بعد الثانوية بيضطّروا يسافروا و يعيشوا بعيد عن أهلهم جنب جامعاتهم لكن بيرجعوا البيت تاني بعد الجامعة و أحياناً لأ. ناقش المبدأ ده مع زمايلك في الفصل. اتعرّف على اختلاف الثقافات و رأي و ثقافة كلّ بلد.

٢– اسأل مصريين.

أخ	طالبة	أم	أب	طالب مصري	السؤال
					١- أنهي أفضل للشباب يعيشوا مع أهلهم بعد الجامعة لغاية مايتجوّزوا؟ ٢- أو يسيبوا البيت عشان الوظيفة أو الدراسة و يستقلّوا بحياتهم؟

ثقافة أكتر - دردشة أكتر

١- مع الكاريكاتير

أ - إيه رأيك في موضوع كلّ صورة؟ إيه المشكلة اللي بتوضّحها الصورة؟

ب - إيه الآثار اللي بتسببها المشاكل دي في العيلة و الأولاد؟

٢- من مكتبة الأفلام و الإنترنت

اتفرّج على فيلم الحفيد - و جاوب:

أ - إيه الاختلافات في العادات بين العيلة المصرية و العيلة في بلدك؟

ب - اوصف لزملائك بتعملوا إيه في بلدكم في نفس المناسبات.

ج - إيه رأيك في تدخُّل الأهل؟ دور الأم - دور العيلة؟

د - لغاية فين ممكن الأولاد يشاركوا أهلهم بمشاكلهم و يطلبوا مساعدتهم.

٣- دي آراء بعض الشباب عن عائلاتهم

أ - اكتب (√) على الجمل المطابقة مع عيلتكم أو (×) على الجمل اللي مش مطابقة.

١ - في عيلتنا بنناقش كلّ مشاكلنا مع بعض و بصراحة. (   )

٢ – أبويا و أمي كانوا شداد قوي علينا و احنا صغيرين . ( )

٣ – أنا ماباحكيش أسراري الشخصيّة لإخواتي أبداً . ( )

٤ – أنا مش عايش مع أبويا و أمي من زمان . ( )

٥ – أنا و أخواتي كنا أصحاب قوي و إحنا صغيرين . ( )

٦ – أبويا و أمي طول عمرهم كانوا بيشتغلوا و بيسبونا لوحدنا . ( )

٧ – أنا رحت الحضانة من سن سنتين و بعد كده المدرسة . ( )

٨ – أبويا كان عنده شغل في بلد عربي و أنا رجعت مصر لوحدي . ( )

٩ – أنا دايماً باستشير أهلي لمّا أعمل قرار كبير . ( )

١٠– أنا مش ناوي أعيش بالطريقة اللي عاش بيها أهلي . ( )

ب – إيه ميزة و عيوب كلّ رأي من اللي فاتو؟ اسأل زميلك عن رأيه .

ج – اسأل زملاءك في الفصل نفس السؤال و اسمع آرائهم .

٤– في كلّ بيت فيه قوانين؟ إيه هيّ القوانين اللي كان لازم تطبقها و تعملها وإنت عايش في بيتكم؟ مثلاً إحنا في مصر:

أ – مهمّ جداً المساعدة في البيت (البنات خصوصاً) زيّ: غسيل المواعين – التنضيف – شرا الطلبات – المساعدة في المطبخ – توصيل الإخوات البنات للدرس – نشر الغسيل . . . إلخ .

ب – الرجوع متأخّر بالليل (للشباب – البنات) فيه قوانين و قواعد لكن عموماً مش لازم الأولاد يتأخّروا في الرجوع للبيت .

ج – الفرجة على التليفزيون لها برضه مواعيد قبل أو بعد المذاكرة . لكن فيه فترات طويلة للتليفزيون في الصيف – الأطفال بيتفرّجوا على التليفزيون في سن مُبكّر .

د – الكلام في التليفون (مش في أيّ وقت و لازم الأهل يعرفوا مين اللي بيتكلّم) .

هـ – الخناقات بين الإخوات . عادة الأم بتتدخل إلا إذا كانت حاجة كبيرة فلازم الأب يكون له رأي .

و – الخروج مع الأصحاب . . كلّ عيلة بتحدد مين الأصحاب – نوع الأصحاب و العائلات .

ز – عادات تانية – قوانين تانية (اعرض أفكارك على الفصل) . إيه هيّ الاختلافات بين عادات المصريين و عادات بلادكم في قوانين العائلات . اتكلّم مع زميلك عن الاختلافات دي ميزات و عيوب كلّ عيلة .

نص الاستماع لتدريب (٢ - ب (١))

نادين	هه . . حجزتي تذكرة القطر إمتى يالمياء؟ أنا حجزت بعد الضهر النهاردة. القطر هيقوم السّاعة ٦ و هيوصل ديروط على السّاعة ١١ و بعدين أخويا هيجي ياخدني على قريتنا في صنبو على بُعد حوالي ¼ ساعة من المحطّة. أزور جدّتي و جدّي لماما و بعدين تاني يوم أروح أسيوط عند بيت بابا و جدّي التاني . . البيت الكبير يعني.
لمياء	أنا لسّه ماحجزتش يانادين . . لسّه متردّدة شويّة.
نادين	إيه متردّدة؟ ليه محتارة و متردّدة . . هيّ الحكاية محتاجة تردُّد؟ مش عايزة تسافري و تشوفي أهلك و عيلتك في العيد وللا إيه؟ إيه فيه إيه؟ مش متحمسّة ليه؟
لمياء	أصل أنا وضعي مختلف شويّة يانادين. أنا عمّالة أفكر هاسافر لمين؟ أبويا و أمّي متطلّقين و كلّ واحد اتجوّز تاني و زمانهم مشغولين ببيوتهم. هاروح لمين؟ إحنا كنّا ٤ أولاد . . و هما اتطلّقوا و احنا صغيرّين و احنا اتربّينا في البيت الكبير. جدّي و جدتي همّ اللي ربّونا وكلّ واحد من أهلي اتجوّز و خلّف.
نادين	طيّب إخواتك الشُقَقَة فين؟
لمياء	إخواتي الشُقَقَة إتجوّزوا. أنا أصغر واحدة . . و طبعاً برضه زمانهم مع أولادهم و مراتتهم. مافاضلش غيري . . و جدّتي بقت عجوزة جداً ولا بتسمع ولا بتشوف و جدّي مات . . فطبعاً مافيش حدّ اكلمه ولا أقعد معاه و الأجازة هتبقى مُمِلة.
نادين	لا . . بُصّي . . إنتي طبعاً بتحكي عن ظروف قاسية شويّة . . بسّ أنا مش متفقّة معاكي إنّك تستسلمي للظروف و تبقي شخصيّة مُنطويّة بعد كده. لا . . حوّلي الظروف السلبيّة دي إلى ميزة في حياتك بذكائك. و طوّري من نفسك و استخدمي الصفات الإيجابيّة اللي عندك . . إنتي حنيّنة و عشريّة. روحي اسألي على أولاد إخواتك الشُقَقَة و قضّي معاهم وقت كويّس.

لمياء	بسّ مراتات إخواتي مش ودودين قوي و غيورين.
نادين	معلش مِسيرهم يتغيرّوا لمّا يطّمّنوا إنّك بتحبّي الولاد و مش عاوزة منهم حاجة غير كلّ محبّة واهتمام لأولادهم. كمان دي فرصة إنّك تهتمّي بجدّتك .. إنتي حريصة و دقيقة. تشوفي هيّ بتاخد الأدوية في مواعيدها .. و بيهتمّوا بيها كويّس .. و مواعيد أكلها و حمّامْها .. يعني برضه دي خدمة كويّسة للمسنين و تكوني مَثَل و قُدوة لكلّ عيلتك في العطاء و التضحيّة و عمل الخير.
لمياء	يووه .. طب ده أنا كده هاأقضّي كلّ العيد في تعب و مافيش راحة.
نادين	طبعاً لأ .. أنا لسّه هاقولك .. بعدما تشوفي أهلك أنا عازماكي تيجي عندي يومين .. إحنا جنبك في أسيوط .. مافيش يادوب ½ ساعة بالقطر أو بأي ميكروباص هتكوني عندي .. هناك بيت العيلة و العمارة كلها إحنا و عمامي و عمّاتي و عندنا أكتر من شقّة .. تعالي قضّي معانا آخر يومين العيد و هافرجّك على المدينة و أعرّفك على أصحابي الصعايدة و بنات المدرسة بتاعتي زمان. و هناكل مع بعض مشويّات وأكل العيد رُقَاق و فتّة و كلّ حاجة بسّ إنتي تعالي.
لمياء	إنتي كريمة قوي ياناادين بسّ أنا ماقدرش أعمل كده إنتوا عيلة مع بعض و أنا غريبة .. و إنتوا إخوات كتير و زحمة مش معقولة أنا كمان هازوّد الزحمة دي.
نادين	لا. لأ مالكيش دعوة .. إحنا بنحبّ الضيوف جداً و بعدين دي فرصة إنّنا قريبين من بعض و أصحاب في نفس الوقت. إحنا اتربّينا على إنّنا نساعد الغريب و نقدّم مساعدة للمحتاج و نضايف الوحيد و نكرم الضيف .. ده إنتي هتخلّي للعيد معنى و بابا و ماما هينبسطوا بيكي قوي .. إنت ناسيّة كرم المصريين وللا إيه؟
لمياء	صحيح؟ إنتي متأكدة؟ أنا كمان هاكون سعيدة قوي لو زرتكم في العيد و قضّيت معاكي يومين .. أشكرك جداً على كَرَمِك و صداقتك الحقيقيّة ياناادين .. إنّ الواحدة يبقى عندها صديقة مخلصة زيّك .. دي حاجة نادرة الأيّام دي.

الوحدة التامنة

١

عادات وآداب التصرّف

محتويات الموضوعات في الوحدة الثامنة

- تقديم (١) الكلام عن العيب والمناسب ومايصحّ أو لا يصحّ في المجتمع المصري و الشرق.
  وصف المواقف باستخدام صيغة المبني للمجهول.
  وصف الأشياء باستخدام صيغة المبني للمجهول.
- تقديم (٢) استخدام الصفات المركّبة كتعبيرات للوصف.
  استخدام الأمثال العاميّة للتعبير عن المواقف و الآراء في موضوعات مختلفة.

فهرس الكلمات في الوحدة ٨

تقديم (١)

يدافع - يهدّد - يحذّر - يحمي - يتجاهِل - يتوسّط - يتدخّل - يقاطع - لازق - يلزق - مايصحّش - يوشوش - عيب - مشدودة - كان حقّها - يتأدّب - مصلحة الضرايب - عَلْقة مُحْترمة - أمين الشرطة - اعتبارات كتيرة - افرض - محشور - ألمين - لِمّ نفْسَك - مطوة - دبّوس - أشُكُّه - يبرّر - رازع.

تقديم (٢)

أمثال - عاشق - مخرومة - خُلْقُه - قَرَشانَة - صَرّيخ ابن يومين - خضيّتيني - القِدْرة - عُورَة - الميّه العِكْرة - حِرْباية - نَفَسُه - أعصابُه حديد - ضِلّ - فُمْ - وِشْ - هانِم - بصيرة - تِدبّ - حاجِب - صان / يصون - لِحاف - دار.

ملاحظة:

الأمثال في هذه الوحدة مأخوذة من كتاب الأمثال العاميّة للأستاذ / أحمد تيمور - الطبعة الخامسة - مركز الأهرام للترجمة والنشر بحسب رقم المثل المدّون في الكتاب.

التصرف ده مظبوط؟

تقديم (١أ)

إمتى نتصرّف كده؟

كلمات مفيدة: يدافع / يهدّد / يحذّر / يحمي / يتجاهِل / يتوسّط / يتدخّل / يقاطع

اتفرج مع المدرس على برنامج "رأي الناس".

دردشة حرّة:

١- استعمل الكلمات دي قصاد التعريف المناسب.

أ- نعطّل و نوقّف شخص و هوّ بيتكلّم أو بيعمل حاجة مُعيّنة. (   )

ب- أتصرّف في موضوع مايخصّنيش و ماحدّش طلب منّي المساعدة فيه. (   )

ج- تقول لحدّ إنّك هتعملّه حاجة وحشة لو ماعملش اللي إنت عايزه. (   )

د- تنبه حدّ لخطر ممكن يحصل له عشان ياخد باله. (   )

هـ- تحافظ على نفسك أوعلى حدّ تاني من أيّ خطر أو ضرر. (   )

و- تتصرّف في مشكلة أو مناقشة عشان ماتتطوّرش لحاجة أسوأ. (   )

ز- تردّ على النقد الشديد ليك و تعبرّ عن وجهة نظرك. (   )

ح- ماتهتمّش بكلام الناس و تصرّفاتهم. (   )

٢- إيه هيّ عادات و آداب التصرّف مع الناس؟ دردش مع زميلك و شارك زميلك إمتى بتعمل الحاجات اللي اتكلّمت عنها في الدردشة. وضّح بمواقف حقيقيّة من حياتك.

٣- اسألوا بعض. إمتى الموقف ده يكون هوّ التصرّف الصحّ؟ و إمتى الموقف ده يكون التصرّف الغلط؟

٤- إمتى الأفعال دي تبقى زيّ بعض؟ أو عكس بعض؟ اكتشف العلاقة.

يدافع – يتدخّل	يهدّد – يحذّر
يتوسّط – يتدخّل	يتجاهِل – يقاطع
يتجاهِل – يحامي	يحمي – يقاطع

٥- إيه رأي مجتمعك في كلّ فعل من اللي فاتوا؟ إمتى يكون التصرّف ده مناسب؟ و إمتى يكون سلبي أو مش مناسب لتقاليد المجتمع؟ ناقش مع زميلك . . اسأل باقي الزملاء عن رأيهم.

تقديم (١ب)

إزّاي نتصرّف؟

كلمات مفيدة: لازق / يلزق / مايصحّش / مشدودة / يوشوش / عيب / كان حقّها

بُصّ للصورة و اتكلّم مع زميلك. إيه هوّ الموقف اللي في الصورة بالظبط؟ إيه اللي بيحصل / حصل؟! اقترح ٣ آراء و شارك الفصل.

صورة (١)

صورة (٢)

اسمع تعليق لبعض الناس على الصور دي.

نصّ الاستماع لصورة (١)

٢

اسمع و جاوب رأي ياسمين إيه؟

هاني	تفتكري الرجل ده بيعمل إيه؟ الحقيقة أنا مش فاهم هوّ لازق فيها كده ليه؟
ياسمين	مش عارفة ياهاني لكن عيب و مايصحّش الوقفة دي. يعني خلاص مافيش أيّ مكان في المترو غير كده؟
هاني	طيّب مايمكن همّ أصحاب و واقفين بيتكلّموا و هوّ بيقوللها حاجة دايقتها.
ياسمين	لأ. لأ. مش معقول! حتى لو كانوا أصحاب مش مفروض يقرّب منّها قوي كده. مايصحّش يلزق كده .. وعيب يدايقها ويكلّمها في حاجة مزعجة قدّام الناس.
هاني	طيّب مايمكن واحد غريب و عايز يتعرّف عليها؟

ياسمين	برضه مايصحّش يتعرّف على واحدة لأوّل مرّة في المترو.
هاني	أو يمكن مش عارف المحطّة و بيسألها؟
ياسمين	و هوّ لازم يعني يوشوش في ودنها عشان يسألها .. عيب يسأل واحدة و يقرّب منّها كده! حقّه يسأل من بعيد شويّة أو يسأل راجل زيّه!
هاني	طيّب افرضي إنه جوزها و بيتناقشوا في حاجة مهمّة و أعصابها مشدودة شويّة من الكلام.
ياسمين	ياأخي !! و هوّ ده وقت المناقشة بين الأزواج في موضوعات عائليّة .. عيب يفرّجوا الناس عليهم في المترو. لكن أنا ماأظنّش إنّهم متجوزين .. لو كانوا متجوزين ماكانوش كلّموا بعض ولا حتى بصّوا لبعض لأنّهم بيبقوا زهقانين من بعض في البيت .. كمان هيتكلّموا في المترو؟!
هاني	تعرفي لو كان واحد بيعاكس فعلاً .. و أنا موجود في المترو ده . هابقى متغاظ قوي .. و ماكنتش هاعرف أعمل إيه!
ياسمين	متغاظ بسّ؟ مش هتتصرّف يعني؟ هتسيب البنت كده؟ أمال فين الشهامة يابيه؟ مفروض تتدخّل و تحامي عن البنت وللا إيه؟

نصّ الاستماع لصورة (٢) ٣

اسمع و اوصف الست المقتولة.

سماح	شُفتي يانسرين الجريمة اللي في الجورنال دي؟ بُصّي الست المقتولة دي .. ياي حاجة فظيعة!
نسرين	آه معاكي حقّ حاجة فظيعة! شفتي باب العربيّة مفتوح و الشبّاك مكسور .. تفتكري القاتل قتلها إزّاي؟

سماح	ماعرفش لكن رِجْلها كمان مِتعوّرة و شنطتها مش موجودة .. غالباً مسروقة ياترى عرفوا هيّ مين؟
نسرين	لا .. مافتكرش .. ماكتبوش في الجورنال .. طيّب و الناس واقفة تتفرّج .. تفتكري مش كان حقّهم يشيلوها بسرعة؟ أو كان لازم يكلّموا البوليس ييجي قوام؟
سماح	غالباً ولا حدّ منّهم فكّر يعمل كده .. عشان أنا عارفة إنّه ممنوع .. و مش لازم تتدخّلي في الجرايم اللي زيّ كده لغاية مايوصل البوليس. دول كتبوا إنّها اتقتلت في الفجر.
نسرين	ياحرام .. تلاقيها مالقيتش حدّ يدافع أو يحامي عنها .. تفتكري اتقتلت ليه؟
سماح	مش عارفة لكن كتبوا إنّهم لقوا معاها جواب مكتوب فيه إنّ حدّ كان بيهدّدها إنّه هيقتلها لو مادفعتش مبلغ مُعيّن.
نسرين	آه يعني قصدك تقولي إنّ كان فيه موضوع بينها و بين حدّ؟ و كانت عارفة إنّها متهدّدة بالقتل؟ إم .. كان حقّها تدفع الفلوس و تنقذ حياتها.
سماح	تفتكري لو كنّا موجودين في الشارع ساعة الجريمة كنّا عملنا إيه؟ كنّا اتصرّفنا إزّاي؟

ناقش مع زميلك

١- إيه اللي يصحّ في موقف (١) و إيه اللي مايصحّش أو عيب؟

٢- ناقش موقف (٢) إيه اللي كان مفروض يتعمل؟ و اللي ممنوع يتعمل؟

لاحظ القواعد

٤

في موقف ١

١ - لمّا نتكلّم عن عادات و تقاليد و تصرُّفات يوافق عليها المجتمع أو الدين نستخدم يصحّ أو حق + ضمير

مثال: حقِّك تساعدي ماما شويّة في البيت عشان هيّ تعبانة.

المفروض أو حقَّك (حقّها / حقِّك / حقّكو / حقِّهم إلخ) + فعل مضارع من غير ب.

٢ - لمّا نتكلّم عن عادات و تقاليد مايوافقش عليها المجتمع أو الدين بنستعمل التعبيرات مايصحّش أو عيب

مثال: عيب الراجل يبوس الست في الشارع.

مايصحّش تزور الناس من غير ميعاد.

عيب/ مايصحّش + فعل مضارع من غير ب.

٣ - لمّا نتكلّم عن تصرفات مش لازم تعملها أبداً بنقول:

ممنوع تتدخّل في المشكلة / التحقيق / الخناقّة / المناقشة إلخ . . .

ممنوع + فعل مضارع من غير ب

ممنوع يعني: مش ممكن و مش لازم أبداً.

في موقف ٢

١- لوصف المواقف بنستعمل صفات

أ – صفة (اسم مفعول) من الفعل الثلاثي

الجملة ١	الفعل	نوع الفعل		المبني للمجهول
الباب مكسور	كسر	فعل ثلاثي سالم	مَ ـْـ – وُ –	مَ + فعُول
أختي المحبوبة	حبّ	فعل ثلاثي مضعّف	مَ ـْـ – و –	
الكتاب مَرْمي	رَمى	فعل معتلّ الآخر	مَ ـْـ ـِ ي	مَفْعي

ب – من أفعال في صيغة المبني للمجهول

الكتب مترمِّيّة	اترمّت	فعل معتلّ الآخر	متْ ـَ – يـّـة	متْ + الفعل المبني للمجهول
الكتاب متباع	اتباع	فعل معتلّ الوسط	متْ – ا –	
الزبالة متجمّعَة	اتجَمّع	فعل مضعّف	متْ – ـّـ – ـة	

٢- **وظيفة الصفة في الجملة**

مين الفاعل في الجملة؟	مين الفاعل في الجملة؟
أحمد كسر الباب. الفاعل: أحمد جملة في صيغة المبني للمعلوم	الباب مكسور. الفاعل: مش معروف جملة في صيغة المبني للمجهول

٣- **نفي الصفة**

الباب مكسور؟ لأ الباب مش مكسور

مش + الصفة أو الوصف.

٤- **إيه الفرق في المعنى؟**

الباب مفتوح الباب اتفتح الباب كان مفتوح

٥- **إيه الفرق في المعنى؟**

عيب تعاكس الستات في الشارع.

مايصحّش تسيب ستّ حامل أو كبيرة في السن واقفة في المترو و إنت قاعد.

تدريب (١ - أ(١))

١- غيّر الفعل للصفة المناسبة.

٢- قول تعليق على الجملة: عيب / يصحّ / مايصحّش / ممنوع. و ناقش مع زميلك ليه بتقول الرأي ده؟

أ - الطلبة في المدرسة حطّوا للأستاذ كرسي .... وطبعاً لمّا جه يقعد عليه وقع والأولاد ضحكوا عليه. (كسر)

ب- لمّا تشوف زبالة .... في مكتبك أو فصلك. سيبها عشان فيه حدّ تاني بينضّف. و إنت مالك؟ (يرمي)

ج - إنت ممكن تدخل أيّ أوضة في المبنى حتى لو كان .... الدخول. (ممنوع)

د - لمّا تكون زعلان من مراتك ماتقومش تاكل معاها ولا تسأل فيها حتى و لو كان الغدا .... و عاملة لك أكل بتحبّه .. عشان تتأدّب. (حطّ)

هـ- بعد ما تامر و سامح أكلوا خرجوا بسرعة من المطعم و الجارسون مش واخد باله. و اكتشف صاحب المطعم إنّ حساب ترابيزتهم ماكانش .... (يدفع).

و - إمبارح سليم عمللي مشكلة. كنّا بنخلص ورق في مصلحة الضرايب و كان عايز يقابل المدير و صمّم يدخل أوضة .... (كتب) عليها .... (منع) الدخول. و طبعاً لمّا دخل كان فيه شخص .... (سأل) قاعد مع مدير المصلحة و سبب لي إحراج من المشكلة اللي حصلت و رفضوا يخلّصوا لنا الورق.

ز - سعيد رجع إمبارح .... (ضرب) و......... (يتعوّر) عشان كان بيحاول يكلّم و يعاكس بنات في الشارع. طبعاً البنات اشتكوه لأمين الشرطة و جرّوه على القسم و خَدْ علقة .... (يحترم).

تدريب (١ - أ(٢))

١- ناقش مع زميلك ده تصرُّف كويّس / ملائم / مناسب (يصحّ √) ده عيب؟ أو ده تصرُّف مش كويّس / مش ملائم / مش مناسب (مايصحّش ×):

أ - ممكن نسيب الزبالة مرميّة على الأرض؟ (   )

ب - البنت تسهر لوقت متأخّر برّه البيت و ترجع في نصّ الليل. (   )

ج - الراجل ممكن يعاكس أيّ بنت حلوة تعجبه أو زميلته؟ (   )

د - الراجل لازم يقرّب قوي للبنت و هوّ واقف يتكلّم معاها. (   )

هـ - البنت تكلّم أيّ راجل ماتعرفوش و تخرج معاه. (   )

و - الأولاد في المدارس يشربوا سجاير و خمرة. (   )

ز - الأزواج يناقشوا مشاكلهم قدّام الناس و يسمّعوهم خناقتهم. (   )

ح - الأصحاب يتخانقوا مع بعض في الشارع و يضربوا بعض. (   )

ط - الراجل يقوم من مكانه في الأتوبيس و يقعّد ستّ كبيرة أو حامل. (   )

ي - الواحد لازم يساعد الكبير في السن عشان يعدّي الشارع في الزحمة. (   )

٢- اتناقش مع زميلك ليه اخترت الإجابة دي؟ فيه عادات زيّ كده في بلدك؟

تدريب (١ – ب(١))

٥

استعمل الصورة (أ) في تقديم (١أ):

اسمع و ناقش المشكلة في الموقف (١) مرّة تانية مع زميلك. لاحظ تغيير مواعيد المترو في كلّ حالة.

١– ميعاد المترو السّاعة ٩,٣٠ الصبح:

الراجل ركب القطر و قعد جنب الستّ و هيّ بتقرا. بيحاول يكلّمها. هيّ ماردّتش في الأوّل. لكن لمّا زوّد في الكلام و قرّب قوي ابتدت تبعد. و بان عليها الخوف.

٢– ميعاد المترو السّاعة ٢ الضهر:

الراجل واقف جنبها و بيحاول يقرا في الكتاب أو الجورنال بتاعها و بيقول لها إنّه شافها قبل كده و بيشبّه عليها .. إنّه قابلها في فرح .. هيّ بتبصّ بقرف و بتحاول تبعد عنه .. و تمشي جوّه المترو و كلّ ماتمشي .. هوّ يزق في الناس و يحاول يقف جنبها تاني.

٣– ميعاد المترو السّاعة ١١,٣٠ بالليل:

هيّ واقفة تعبانة غالباً راجعة من شغل يمكن ممرّضة وللا حاجة زيّ كده. هوّ بيقرّب منها جداً و بيقعد جنبها و بيحاول يلمسها .. هيّ بتقوم و شكلها خايف جداً و متدّايقة جداً.

– ناقش مع زميلك: لو كنت راكب في نفس عربيّة المترو كنت عملت إيه أو قلت إيه؟ إيه علاقة ميعاد المترو بتصرّفات الراجل .. أوبالمساعدة أو ردّ فعل الناس؟ أو خطورة الموقف؟

تدريب (١ – ب(٢))

هتعمل إيه لو كنت في موقف زيّ كده؟

كلمات مفيدة: اعتبارات كتيرة / افرض / محشور / ألمين / لِمّ نفسك / مطوة / أشكّه / يبرّر / رازع

دي ردود أفعال واقعيّة لبعض الناس على مواقف زيّ اللي فاتت في تقديم (١ب). اسمع رأي بعض الناس و ناقشوا في مجموعات.

أ – إيه رأيك في كلّ ردّ فعل من اللي سمعتهم؟

ب – إيه رأيك في أسبابهم لتصرّفاتهم و ردود أفعالهم؟

ج – إيه اللي بيحدّد و بيأثّر في طريقة ردّ فعل الناس و تجاوبهم من وجهة نظرك؟

د – إيه اقتراحاتك للبنات و الستّات اللي بيتعاكسوا عشان يساعدوا نفسهم؟

هـ – إيه معنى التعبيرات: دمّي حامي – هنروح بعيد ليه؟ – ماشفتش قدّامي – ماسكه من قفاه –
نزلت فيه ضرب – ضميرنا مرتاح – الأصناف دي ماتستاهلش غير كده. استعمل كلّ تعبير
في جملة توضّح المعنى.

تدريب (١ – ج(١))

بُصّ للموقف في كلّ صورة و قول إيه هيّ العادات في بلدك في المناسبة دي و إمتى يبقى ممنوع /
عيب / يصحّ / مايصحّش اللي يتعمل في المناسبة دي؟

مثال صورة (١)

١– عيب قوي إن واحدة تزور زميلها في المستشفى لوحدها و مراته مش موجودة .. أو جوزها أو
زميلتها مش معاها.

٢– مايصحّش تقدّمله هديّة شخصيّة أو تكتب له كارت فيه كلام و مشاعر شخصيّة . . . إلخ.

٣– ممنوع تزور المريض في غير وقت الزيارة و مايصحّش تقعد مدّة طويلة و تتعب العيّان.

تدريب (١ - ج(٢))

١- اسألوا بعض في مجموعات عن التصرّفات (العيب / ماتصحّش) في المواقف دي .

المناسبة	عيب	مايصحّش	ينفع أو ممكن
حالة وفاة			
وقت الخطوبة			
التعامل مع الأصحاب			
العلاقة بين الأولاد و والديهم			
العلاقة بين الأصحاب في الدراسة			
آداب الهدايا والعزايم			

٢- اسأل عن الاختلاف بين الشعوب المختلفة .

٣- قارن بين أهل المدينة و الريف في بلدك .

دردشة أكتر - ثقافة أكتر

١- مع الكاريكاتير

أ - إيه رأيك في كلّ صورة؟ تفتكر أنهي ممنوع أو مسموح في رأيك .

ب - فيه مواقف زيّ كده بتحصل في مجتمعك؟

ج - إيه موقف القانون و المجتمع من الحالات دي؟

د - ناقشوا في مجموعات اقتراحاتكم لتحسين الأوضاع في المواقف دي .

٢- من مكتبة الأفلام والإنترنت

اتفرّج على "أم العروسة" - "الحفيد"

تأليف: عبد الحميد جوده السحار إخراج: عاطف سالم

إنتاج شركة: السبكي فيلم ١٠٣ ش التحرير - الدقي تليفون ٣٧٤٩٩٥٢٥

و جاوب

١-إيه من العادات دي زيّ بلدك؟ و إيه مختلف؟

٢-ناقشوا في مجموعات . . العادات المختلفة عن مصر و إزّاي اتغيّرت و إيه البديل دلوقتي؟

ملحوظة: يمكن الحصول على هذه الأفلام بالدخول إلى موقع جوجل - أدب و فن.

٣- مهمّة ميدانيّة

اسأل ناس من مختلف الطبقات / و الوظايف / و الأصول في مصر. عن العادات و التقاليد / إيه عيب/ مايصحّش / مناسب أو مقبول في المواقف دي.

الموضوع	وظيفة الشخص و مدينته الأصليّة	المناسب	العيب	مايصحّش
- زيارة عائلات القرايب. - زيارة عائلات النسب. - حدود العلاقة بين الولد و البنت في غير سن الجواز. - حدود العلاقة بين الزملاء في العمل. - المدارس المشتركة و آدابها. - ليلة الدخلة. - يوم الصباحيّة. - حدود العلاقة بين المدير و السكرتيرة. - توقعات الزوج من زوجته لاحترامه. - توقعات الزوجة من الزوج لمحبتها.				

٤ – اتكلّم مع زميلك عن الفرق في العادات و العيب والمناسب في الموضوعات اللي جاية اتكلّم مع زميل من بلد مختلف.

١ – ولادة طفل جديد في الأسرة.

٢ – أعياد الميلاد الشخصيّة.

٣ – أعياد رأس السنة.

٤ – الأعياد الدينيّة.

٥ – حدود التعامل بين الأولاد و أهلهم في البيت الواحد مثلاً في:

المصروف – الانضباط – الكلمة الأخيرة لمين؟ – طُرق العقاب – احترام الأبّ / الأم.

٥ – غيّر الزميل و حاول تتعرف على عادات أكتر من بلد.

٦– آراء عامّة. ناقشوا في مجموعات

أ   – إيه هيّ الفروق في نظرة المجتمع و القوانين من بلد لبلد تانية في الموضوعات دي.

١– ضرب الزوجات و قوانين حمايتهم.

٢– العناية باللقيط و اليتيم و المشاكل اللي بيواجهها؟ و حماية المجتمع له.

٣– المسنين و العناية بيهم في الأسرة / مراكز متخصصة.

٤– المعوقين ذهنياً و حركياً.

ب – عبّر لزميلك عن تأييدك أو رفضك لأوضاع الناس دي في بلدك أو في بلاد زملائك. و قول ليه بتأييد أو بترفض.

ج – عبّر و شارك باقتراحات تساعد في تحسين أوضاع أصحاب المشاكل (١ – ٤). اسمع رأي زملائك التانيين في الفصل.

د – اسأل مصريين عن نفس الموضوعات و حاول تتعرّف إزّاي الأسرة المصريّة بتتعامل مع المشاكل دي و قدّم للفصل نتيجة بحثك.

ه – بعد نهاية بحثك شارك و عبّر للفصل عن إيه اللي استنتجته من تصرفات المجتمعات و إيه عيب / أو مايصحّش / أو مناسب.

نصّ الاستماع لتدريب (١ – ب(٢))

٦

متكلّم (١) في الحقيقة أنا باشوف المواقف دي كتير في المترو أو الأتوبيس . . بس أنا باتردّد إنّي أتدخّل . . عشان اعتبارات كتيرة . . أولاً . . افرض إنّه خطيبها أو بيعرفها. لأنّ أنا مرّة اتدخّلت وقلت عيب كده يافندي. مايصحّش تضايق الهانم . . فرد عليّا وقاللي . . وإنت محشور بينا ليه ياأخي؟ دي خطيبتي . . وأنا باحذّرك تبعد عننا وتلِمّ نفسك أحسن.
ثانياً . . في موقف تاني برضه اتدخّلت عشان أحامي عن البنت وأدافع عنها . . بصّيت لقيت الراجل طلّع لي مطوة . . وبصّ لي بطريقة فيها تهديد لو فتحت بُقي . . طبعاً أنا من ساعتها حسّيت إنّي مش لازم أتدخّل . . وكلّ واحدة مسئولة عن نفسها بقى . . أنا مش ناوي أضيّع نفسي في مشاكل مش بتاعتي.

٧

متكلّمة (٢) أنا في الواقع اتعرّضت للتجربة دي كذا مرّة . . كنت الأوّل باتكسف لكن دلوقتي بقى عندي شويّة حِيَل . . مثلاً أركب المترو وأكون شايلة الشنطة بطريقة مُعيّنة وتبقى محطوطة على ظهري وتفصل بيني وبين اللي ورايا . . أو دايماً أبقى شايلة دبّوس في الطرحة بتاعة الحجاب . . وأوّل ماأحسّ بمدايقة أروح شاكّة اللي بيدايقني بالدبّوس فيبعد . . أو مثلاً أدوس على رجله جامد. لكن ساعات طبعاً أضطر أزعق وأحذّر وبعدين أشتم . . طبعاً معظم الوقت الرجّالة اللي زيّ كده بيخافوا ويهربوا . . لكن أحياناً يردّ ويتهوّر في الكلام ويغلط ويحاول يبرّأ نفسه . . ويورّي إنّ أنا اللي تفكيري غلط وعيب عليّا إنّي أتصرّف كده. ويقلب الموقف ويبقى موقف محرج.

٨

متكلّم (٣) يابيه أنا دمّي حامي وماسكتش على العيب والغلط وده مايرضيش أي حدّ ولا أي دين يقبل كده. دول بنات ناس وزيّ بناتنا برضه . . أنا بسّ أشم ريحة موقف من المواقف دي . . وتلاقي الدم يفور في عروقي وعلى طول أقوم رازع النفر من دول ألمين . . وأدّيله علقة سخنة . . ومهما حاول حدّ يتوسّط وللا يحوش ويدافع. مش ممكن! يحوش مين ياعمّ؟ هيّ العلقة السخنة اللي هتعدله. وهانروح بعيد ليه؟ من يومين حصل موقف زيّ كده وشفت الواد عايز يمدّ إيده ويلمس بلا مؤاخذة ضهر المذمازيل. وأنا ماشفتش قدّامي . . رُحت ماسكه من قفاه ونزلت فيه ضرب . . وفتحنا باب الأتوبيس ورميناه برّه . . وسبناه مرمي على الرصيف متجرّح وبطاقته محطوطة جنبه ومُغم عليه من كتر الضرب . . يمكن ييجي حدّ يساعده بعد كده ويبقى ضميرنا مرتاح. هيّ الأصناف دي ماتستاهلش ومتتأدّبش غير كده. بَلا قانون . . بَلا أقسام . . مش هنخلص.

من التراث

تقديم (٢أ)

أوصاف وأمثال

كلمات مفيدة: أمثال / عاشق / مخرومة / خُلْقُه ضيّق / فظاظة

🖥 اتفرج مع المدرس على برنامج "رأي الناس".

دردشة حرّة:

١– كلّ بلد عندها كلام و أقوال بتستعملها في حياتها العاديّة اسمها أمثال . الأقوال دي بتتكلّم عن موضوعات حقيقيّة في الحياة اليوميّة . و المَثَل: كلام له وزن و سجع (منتظم مع موسيقى في الصوت) لكن له معنى . . و اتقال عن خبرة أو عشان يعلّم اللي بيسمع درس أو حكمة . . أو بيوصف حال أو وضع بطريقة غير مباشرة مثلاً . . اقرا المَثَل ده و ناقش .

أ– المعنى؟ ب– بيتكلّم عن أنهي قضيّة؟

"الأب عاشق و الأم غيرانة و البنت حيرانة". (١)

٢– ناقش الأفكار دي في مجموعات .

أ – الأمثال الشعبيّة مهمّة في حياة و لغة الشعب عشان هيّ بتعكس حقيقة المجتمع و حضارته . بتعلّم دروس أو بتحذّر الناس أو بتصبّرهم .

ب– الأمثال الشعبيّة مالهاش قيمة لإنّها نوع من الفن و الشعر و الزجل و الكلام الموزون اللي بيعكس المهارة اللغوية للفنان .

ج– الأمثال الشعبيّة موضة قديمة و مابنستعملهاش دلوقتي في حياتنا .

د – الأمثال بتوقّف تفكير الشعب و بتعمل له غسيل مخ . . و عشان كده مابيحاولش يغير المفاهيم دي و يتطوّر و يغيّر الحقائق دي .

٣– فيه تعبيرات بنقولها لوصف الناس . . و بنستعملها و نكرّرها بنفس قوّة الأمثال و لكن للوصف مش عشان نتعلّم منها درس . ناقش معنى الأوصاف دي مع زملائك .

إيده طويلة – عينه قويّة – مُخّه تخين – إيده مخرومة – إيده طايلة – إيده ماسكة – راسُه ناشفة – عنيه وحشة – لسانه طويل – عضمه طري – دمّه خفيف – دمّه تقيل – بطنه واسعة – مُخّه كبير – عقله خفيف – عقلُه صغيرّ – خُلْقُه ضيّق .

- دلوقتي حُطّ (√) على المعنى الحقيقي و صحّح مع زميلك .

١- عينيه قويّة يعني:

أ- واحد بيشوف كويّس و نَظَرُه ١٠٠٪ سليم .

ب- عينيه كبيرة .

ج- جرئ و مابيهمّوش حدّ . و بيطلب حقّه بفظاظة .

٢- عينيه وحشة يعني:

أ- عنده مرض في عينيه و لازم يروح للدكتور .

ب- عينُه مش جميلة .

ج- بيبصّ لحاجة الناس و يحسدها و يغير منها .

٣- إيده طويلة يعني:

أ- عنده إيدين طويلة عشان كده بيلعب باسكت كويّس .

ب- بيسرق الناس .

ج- يقدر يطول الحاجات العالية عشان هوّ طويل .

٤- إيده خفيفة يعني:

أ- هوّ رفيّع و عشان كده إيده وزنها خفيف .

ب- بيسلّم على الناس برقّة .

ج- بيسرق الناس .

٥- إيده مخرومة يعني:

أ- اتولد عنده مشكلة و عيب خَلقي في إيده .

ب- اتعوّر في إيده و اتخرمت .

ج- بيصرف كتير .

٦- إيده طايلة يعني:

أ- إيده طويلة .

ب- بيقدر يلمس السقف و فوق الدولاب .

ج- عنده معارف و علاقات على مستوى المسئولين و السياسيين .

٧- إيده ماسكة يعني:

أ- حصلّه حادثة و مابيقدرش يفتح إيده .

ب- بيسلّم على الناس بإيده . . جامد قوي .

ج- بخيل جداً و مابيحبّش يصرف .

٨- مُخّه تخين يعني:

أ- وزنه تقيل قوي و مُخّه كمان تخين زيّه .

ب- مُخّه تخن عشان بياكل نشويات و فول كتير .

ج- غبي و مابيفهمش بسرعة .

٩- عقله كبير يعني:

أ- عمل أشعة و لقى عنده ورم في المخّ .

ب- مابياخدش الحاجات شخصيّة و بيفهم كلّ الظروف و الأسباب .

ج- راسُه كبيرة في الحجم عشان كده عقله كمان كبير في الحجم .

١٠- راسُه ناشفة يعني:

أ- بيشرب لبن وبياخد كالسيوم كتير عشان كده عضمه جامد .

ب- بيستعمل فوطة كويّسة بتنشّف راسُه من الميّه بعد الحمام كويّس .

ج- عنيد وبيصمّم على رأيه و يعمل اللي في مُخّه مهما حاول حدّ يقنعه .

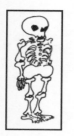

١١- عضمُه طري يعني:

أ- لازم ياخد فيتامين D عشان ضعيف .

ب- بيتكسر عضمُه بسهولة .

ج- ماعندوش خبرة في الحياة .

١٢- لسانه طويل يعني:

أ- اتولد بلسان أطول من كلّ الناس .

ب- لسانه دايماً طالع برّه بقّه .

ج- بيشتم الناس و يقول كلام مش كويّس .

١٣- دمُّه تقيل يعني:

أ- لازم يشرب ميّه كتير عشان دمُّه يتخفف.

ب- لازم ياخد علاج عشان عنده مرض في الدم.

ج- مايعرفش يضحك و لايضحّك الناس و لايبتسم.

١٤- دمُّه خفيف يعني:

أ- لازم ياخد فيتامينات عشان تركيز الدم يتحسّن.

ب- هوّ رُفيّع و وزنه خفيف عشان كده دمُّه خفيف.

ج- لطيف و مرح وبيضحّك الناس و بيحبّ النكت.

١٥- عقله (مُخّه) خفيف يعني:

أ- مابيفكّرش قبل مايتكلّم .. بيتصرّف تصرُّفات مجنونة .. مش عاقل.

ب- رُفيّع و وزنه خفيف عشان كده مُخّه خفيف.

ج- اتولد و عنده مشكلة في المُخّ.

١٦- عقلُه صغيّر يعني:

أ- هوّ قصيّر و حجمه صغيرّ عشان كده مُخّه صغيرّ.

ب- بيزعل من أقلّ حاجة و ياخد المواقف شخصيّة.

ج- عمل أشعة و لقى حجم مُخّه صغيّر و عنده مشكلة في المُخّ.

١٧- بطنه واسعة يعني:

أ- عنده مشكلة في مقاس البطن عشان تخين وضخم.

ب- عنده مرض و بطنه كبرت.

ج- بياخد رشوة عشان يخلّص شُغل الناس.

١٨- خُلْقُه ضيّق يعني:

أ- ساكن في بيت ضيّق.

ب- عصبي و بيتنرفز بسرعة و ماعندوش صبر على أيّ حاجة.

ج- رُفيّع و بيحبّ الهدوم الضيّقة.

تقديم (٢ب)

أنا وأخويا على ابن عمّي وأنا وابن عمّي على الغريب(٢)

كلمات مفيدة: قرشانة / صرّيخ ابن يومين / خضّيتيني / القِذْرة / عُورَة / الميّه العِكْرة / فُمّ

١- اسمع و قول معنى الأمثلة اللي في الكلام و بيقصدوا يتكلّموا عن إيه في كلّ مثل؟
٢- أم زينب زعلت ليه؟
٣- إيه رأيك في اقتراح أم علاء؟
٤- تعمل إيه لو كنت مكان أم زينب؟ تقبل وللا ترفض الاقتراح؟ ليه؟

٩

أم علاء	إزيّك ياأم زينب عاملة إيه ياختي؟ عاش من شافك. إيه فينك؟ وشّك وللا القمر. ده أنا كلّ يوم أقول لنفسي هتفوت وللا تعدّي نشرب القهوة سوا. و أبصّ من البلكونة في ميعاد رجوعك من السوق .. وللا بالليل لمّا تروحي تجيبي العشا مالاقيش حدّ. و الشقة مقفولة و مضّلمة و مافيهاش صرّيخ ابن يومين! إيه؟ فينك ياختي؟ خضيتيني عليكيّ جرالك إيه؟ ماتتكلّمي؟
أم زينب	اسكتي ياأم علاء ياختي ده أنا شفتلي يومين صعبين قوي. أصل البنت زينب بنتي كانت غضبانة من الواد حمادة جوّزها و راح عند أمه .. و الوليّة دخلت في الموضوع و كبرت الحكاية و كانوا هيتطلّقوا من تحت راس الوليّة القرشانة دي .. قال مرات عمّها قال! دي حِربابة و اللي تفتكريه موسى .. يطلع فرعون.(٣)

أم علاء	مش قلتلك يأم زينب الجوازة دي مش نافعة .. أصل ابنك على ماتربيه والواد ده اتربّى مع الست الحِرباية دي .. طبعاً هيطلع زيّها!
أم زينب	فعلاً يأم علاء .. ابنك على ماتربّيه.[٤] طيّب بس أعمل إيه البنت زينب هتطلّق و أنا متدّايقة قوي .. الناس دول .. أكل الحقّ طبع عندهم[٥] مافيش مرّة ينصفوا بنتي .. ولا ابنها يطلع محقوق في حاجة .. و طول الوقت يشتموا فيها و يهينوها و يشتموني .. و يقولوا إنّ أنا السبب في أخلاقها دي .. و طول الوقت حماتها تقولها "ماإنتي ماجبتيش حاجة من برّة و اكفي القِدْرة على فُمها البنت تطلع لأمها[٦]! أعمل إيه يأم علاء؟ و أنا اللي كنت فاكرة إنّها لمّا تتجوّز ابن عمّها هيخاف عليها و يحبّها أحسّن من الغريب. هيكرمها و يعزّزها .. لكن طِلعت غلطانة .. مافيش غير أخوها هوّ اللي بيخاف عليها .. مسكينة زينب! ماحدّش بيحنّ عليها من العيلة أبداً.
أم علاء	ماإنتي عارفة الواد حمادة ده. كان طول عمره واد مش متربّي .. و ماكانش عمره هيحترمها. قال على رأي المثل اللي يقول لمراته ياعُورة تلعب بيها الناس الكورة .. و اللي يقول لمراته ياهانم يقابلوها على السلالم[٧-٨] و أنا قلت لك الواد علاء ابني سِيد الرجّالة .. واد زيّ الجنيه الدهب .. و كان عايزها! إنتي اللي مارضتيش!
أم زينب	أبوها بقى الله يرحمه هوّ اللي قال .. زِيتنا في دقيقنا[٩] .. و نجوّزها ابن عمّها أحسّن من الغريب .. لكن الله يسامحه غلط في حقّ بنته غلطة كبيرة. و هيّ دلوقتي مش عارفة تعمل إيه.
أم علاء	بُصّي يأم زينب إنتي تاخدي بعضك وتروحي تقعدي معاهم .. و خدي معاكي أخوها و كبير من عيلتكم و تقعدوا قعدة رجّالة .. و تشرطي عليهم و اللي أوله شرط آخره نور[١٠] يايحترموا البنت و يعاملوها زيّ بنات الناس .. يايسبوها تروح لحالها على بيت أبوها و يطلّقوها بالمعروف .. و إحنا ياستي رقبتنا سدادة .. نتكفل بيها و ناخدها عروسة لابني علاء و نجهّزها من كلّ حاجة ولا يهمّك إحنا هنلاقي أحسّن منكو يأم زينب؟!

أم زينب	ياساتر يأم علاء . . ده أبغض الحلال عند الله الطلاق . . إنت بتصطادي في الميّه العِكره وللا إيه؟ أعوز بالله . . طيّب سلام عليكم.
أم علاء	استنّي يأم زينب خلّيكي شويّة يوه إنتي زعلتي وللا إيه؟ استنّي بس.

لاحظ المعنى

وصّل عشان تعرف معاني الأمثال و الأقوال دي بتتكلّم عن إيه.

١- أنا و أخويا على ابن عمّي . . و أنا و ابن عمّي على الغريب.	- ينتهز مصايب الناس و يستغلّها.
٢- عاش مِن شافِك.	- اختلاف درجة المحبّة و التعاون في الأسرة.
٣- وِشَّك وللا القمر.	- وضوح الاتفاق.
٤- مافيهاش صرّيخ ابن يومين.	- السعادة و الفرح لمّا نشوف أصحابنا.
٥- اللي تفتكريه موسى يطلع فرعون.	- بنشوفك نادر جداً زيارتك قليلة.
٦- ابنك على ماتربّيه.	- مكان مهجور.
٧- أكْل الحقّ طبْع.	- الكبرياء عكس التواضع.
٨- اكفي القِدْرة على فُمّها تطلع البنت لأمها.	- تأثير التربيّة في الأولاد.
٩- اللي يقول لمراته ياعورة يلعب بيها الناس كورة.	- عدم احترام الزوجة.
١٠-اللي يقول لمراته ياهانم يقابلوها على السلالم.	- احترام الزوجة.
١١-زيتنا في دِقيقْنا.	- الظُلم دايماً في الشخصيّة دي.
١٢-اللي أوّله شرط آخره نور.	- تأثير الأم على الأولاد.
١٣-يصطاد في الميّه العِكْرة.	- كفاية اللي عندنا و مانحتاجش لناس من برّة.

ناقش

١- الأمثال بتعبرّ عن أفكار الناس فعلاً؟

٢- الأمثال بتأثر على طريقة تفكير الناس و بتكوّن المبادئ اللي بيؤمنوا بيها؟ وللا هيّ خطر على تفكير الناس؟

٣- الأمثال اتقالت و اتكتبت بناء على خبرة ناس؟

تدريب (٢ – أ(١))

كلمات مفيدة: نَفَسُه / أعصابه / حديد / ضِلّ

وصّل الصفة بالمعنى الأقرب. اشرح معنى الصفة في جملة.

١ – عينه قويّة	أ – بيقول شتايم و كلام فيه إهانات.
٢ – لسانه طويل	ب – بيستحمل كلّ الناس و مضايقاتهم و مابيزعلش من حدّ.
٣ – إيده مخرومة	ج – مابيتكسفش و يطلب حاجات مش من حقّه – ماعندوش ذوق.
٤ – ضلّه تقيل	د – ماعندوش صبر و بيتعب بسرعة من المسئوليّات و الشغل.
٥ – ريحه خفيف	ﻫ – بيسرق فلوس و حاجات الناس.
٦ – عقله صغيّر	و – مابيخافش بسهولة و بيتحمل الصدمات و المخاطر.
٧ – إيده طويلة	ز – بيزعل من أقلّ حاجة.
٨ – قلبه كبير	ح – شخصيّة مش ظريفة و الناس تبقى عايزاه يمشي بسرعة.
٩ – نَفَسُه قُصيّر	ط – شخصيّة لطيفة وحبّوبَة و تحب تقعد معاه أكتر.
١٠ – أعصابُه حديد	ي – بيصرف كلّ الفلوس اللي معاه بسرعة . . بيحبّ الصرف.

تدريب (٢ – أ(٢))

كلمات مفيدة: رقَبَة / النِفْس

١- وصّل (أ) مع (ب). اشرح معنى الصفات لزميلك و اتناقش إمتى بنستعملها؟

(أ)	(ب)
بيطوّل	القلب
بيرفع	النِفْس
بيفرّح	الرَقبة
بيكسر	الراس
بيفتح	القلب

٢- قول كلّ صفة في جملة من عندك توضّح المعنى.

تدريب (٢ - ب(١))

كلمات مفيدة: وِشّ / ياهانم

١- وصّل (أ) مع (ب) عشان تقول المثل الصحيح. وقول إيه معنى كلّ مثل؟

(أ)	(ب)
أ- وِشّك	يقابلوها على السلالم.
ب- مافيهاش صرّيخ	وللا القمر.
ج- ابنك	مِن شافَك.
د- عاش	تطلع البنت لأمها.
هـ- أنا و أخويا على ابن عمّي	الميّه العِكْرة.
و- اكفي القِدْرَة على فُمّها	ابن يومين.
ز- يصطاد في	يطلع فرعون.
ح- اللي يقول لمراته ياعورة	على ماتربّيه.
ط- اللي تفتكره موسى	تلعب بيها الناس كورة.
ي- اللي يقول لمراته ياهانم	و أنا و ابن عمّي على الغريب.

٢- اسأل مصريين عن معنى الأمثال دي و قارن بين رأيهم و فهمك للمثل؟

تدريب (٢ - ب(٢))

كلمات مفيدة: بصيرة / تِدِبْ / حاجب / صان (يصون) / لحاف / دَار

أ- اقرا الأمثال دي و فكّر و ناقش مع زميلك المعنى في المثل.

١- العين بصيرة و اليدْ قصيرة(١١)

٢- الرِجْل تِدِب مطرح ماتحبّ(١٢)

٣- لسانك حصانك إن صنته صَانك(١٣)

٤- على قدّ لحافك مدّ رجليك(١٤)

٥- اشتري الجار قبل الدار(١٥)

ب- اسمع شرح بعض الأمثال و قول التعليق ده بيوضّح أنهي مَثَل؟

ج- إيه رأيك في فكرة المثل؟ بيتكلّم عن أيّ موضوع؟

د- إنت موافق على الفكرة؟ فيه مثل بيتكلّم عن نفس الموضوع في ثقافة بلدكم؟ اشرح للفصل.

تدريب (٢ – ج(١))

١- اقرا المثل. ناقش معنى المثل مع زميلك.

٢- اسأل باقي الزملاء عن معنى المثل.

٣- اسأل رأي ٣ مصريين عن:

أ – معنى الأمثال دي؟ ب – إمتى بيستعملوا المثل ده؟

ج – همّ موافقين على المعنى؟

المثل	الرأي (١)	الرأي (٢)	الرأي (٣)
١- رجعت الميّه لمجاريها[١٦] ٢- رجعت ريما لعادتها القديمة[١٧] ٣- المال (الرزق) السايب يعلّم السرقة (الحرام)[١٨] ٤- الرزق يحبّ الخِفّية[١٩] ٥- رضينا بالهمّ و الهمّ مش راضي بينا[٢٠] ٦- لاقيني ولا تغدّيني[٢١] ٧- مالاقوش في الورد عيب قالوا ياأحمر الخدّين[٢٢] ٨- مامحبّة إلا من بعد عداوة[٢٣]			

تدريب (٢ – ج(٢))

١- اختار ٣ أمثال من اللي درستها في الوحدة أو تعبيرات عجبتك و قول هيّ عجبتك أو موافق عليها ليه؟

٢- اختار ٣ أمثال تانية إنت مش موافق عليها و قول ليه؟

٣- عبرّ لزميلك عن وجهة نظرك و حاول تقنعه برأيك؟

٤- اعكسوا الأدوار و كرّروا النشاط.

٥- كرّر النشاط مع زملاء تانيين في الفصل.

ثقافة أكتر – دردشة أكتر

١- مع الكاريكاتير

صورة (٢)   صورة (١)

طلع من المولد بلا حمصّ (٢٦)   آخر المعروف ينضرب بالكفوف (٢٥)

صورة (١)

١- إيه معنى المثل؟   ٢- إيه رأيك في المعنى؟ واقعي؟ مش واقعي؟

٣- لو إنت مكان الشخص ده هتستمرّ تعمل معروف؟ لأ. ليه؟ أيوه.. ليه؟

٤- إيه رأيك؟ الناس بتعمل معروف عشان قصاده حاجة؟ وللا عشان بتحبّ تعمل الخير؟ أنهي نوع أفضل في رأيك؟

٥- لحدّ إمتى تستمرّ تعمل معروف؟

٦- اسأل زملاءك في الفصل و اعرف رأيهم؟

٧- اسأل المصريين عن رأيهم في الأسئلة دي .. و اعرض على الفصل نتيجة الاستفتاء في السؤال ليه بتعمل المعروف؟

	عمل الخير و المعروف هدف	عمل المعروف نتيجة و ردّ فعل
نسبة الرأي	%	%

صورة (٢)

١- إيه معنى المثل؟

٢- ناقش مع زميلك

أ - إمتى لازم نطالب بحقوقنا؟ و إمتى لا؟

ب - إمتى ممكن تسيب حقّك؟ و ليه؟

ج - تعمل إيه لمّا حدّ ياخُد حقّك؟

د - أنهي أفضل تاخُد حقّك و لاتخسر الناس أو الموقف؟ إيه و إمتى التصرّف الصحيح؟

٣- مهمّة ميدانيّة

أ - اسأل المصريين عن رأيهم في الأسئلة دي و اكتب النسبة؟

السؤال	نسبة الرأي
لازم كلّ مرّة أطلب حقّي؟	٪
إمتى أسيب حقّيّ؟	٪
آخُد حقّي و لو على حساب خسارة العلاقات؟	٪

ب - بعد مقابلتك مع الناس مين مستعد يسيب حقّه أكتر؟ الرجّالة وللا الستّات وللا مافيش فرق؟

ج - اتقابل مع المصريين في المطاعم و الكافتيريات و حاول تسأل عن ١٠ أمثال بيعرفوها أو بيحبّهوها و اكتبهم.

د - إيه معنى كلّ مثل كتبته؟

هـ - المثل بيتكلّم و بيناقش أنهي قضيّة أو موضوع؟

و - قارن بين الأمثال دي و أمثال تانية لها نفس المعنى من لغتك و أشرح المعنى أو الفرق لزملائك في الفصل.

٤ - من المكتبة

أ- دوّر و ابحث في كتاب الأمثال العاميّة للأستاذ/ أحمد تيمور الطبعة الخامسة مركز الأهرام للترجمة و النشر. عن ٥ أمثال في موضوعات مختلفة.

ب- قدّم الأمثال للفصل و اشرح معنى و موضوع المثل.

"ممكن تطلب مساعدة المصريين في شرح المعنى".

نصّ الاستماع لتدريب (٢ - ب(٢))

استماع (١) ١٠

كلّ مشكلة أحمد إنّه مايعرفش يسكت أبداً . . كلّ مايسمع حاجة يقولها . . بالع راديو . . بيتكلّم كتير و طبعاً الناس بتعرف منه كلّ الأسرار . . و ساعات الناس بتزعل منه عشان بيسبب مشكلات من كتر الكلام و كمان خُلقُه ضيّق و لسانه طويل. إنْ حدّ ضايقه . . يردّ بدل الكلمة عشرة و يتنرفز و يشتم على أيّ حاجة صغيّرة . . و مرّة دخل في خناقة عشان لسانه الطويل و الراجل ضربه. و نام يومين في المستشفى. ليه بسّ كده ياأحمد؟ قال على رأي المثل: لسانك حصانك إنّ صنته صانَك و إن هنته هانك.[١٣]

استماع (٢) ١١

إمبارح منال صاحبتي دي أم عقل خفيف . . جابت لي صُداع . . عشان قعدت تحكي لي إنّها نزلت الأوكازيون و شافت حاجات عجبتها . . و فضلت تقول هااشتري . . و هااشتري . . و هاجيب . . و هااعمل و قَعَدِت ساعة تفهمّني إنّها هتقدر تجيب كلّ الحاجات دي عشان بيتها الجديد . . و بعدين سألتها فجأة طيّب يامنال إنتي مرتّبك كام؟ فقالتلي إنّه يادوب ٥٠٠ج . . فقلت لها ياشيخة حرام عليكي . . عايزة تشتري ميكرويف و تشتري سجادة إيراني أصلي و تشتري صالون بـ ١٠ آلاف جنيه . . و إنتي بتاخدي ٥٠٠ج بسّ . . ياشيخة ده كلام!! طب على رأي المثل "على قد لحافك مِدّ رجليك".[١٤]

استماع (٣) ١٢

ياسلام! إمبارح كنت ماشية أتفرّج على المحلاّت و شفت غسّالة أتوماتيك تجنن . . و حتّة ديب فريزر إنّما إيه كبير قوي وجميل . . و يساع حاجات كتير وللا الميكرويف . . نوع هايل جداً. ياريت كنت أقدر أشتري كلّ الحاجات دي . . عشان الأجهزة دي بتساعد ست البيت و هاأقدر أطبخ . . و أشيل في الفريزر و أسخن الأكل بسرعة . . و مع إنّي حريصة في الصرف لكن مهما عملت . . ده أنا كلّ اللي باقبضه في إيدي آخر الشهر يادوب يكّفي ناكل بسّ . . ياللا! كفاية أبُصّ وأتفرّج بعينيا هاأعمل إيه؟ قال على رأي المثل: "العين بصيرة و اليد قصيرة".[١١]

١٣

استماع (٤)

أمّا أنا إمبارح كنت في سهرة هايلة . . كنت بازور سوزان و مجدي. همّ أصحابي جداً و قضّينا وقت جميل. أصلهم ناس مرحبين جداً . . بيحبّوا الضحك و الفرفشة . . و إحنا قاعدين بندردش فكّروني بنادية صاحبتنا . . و قَعَدوا يسألوني ليه مابازورهاش؟ و ليه بقالي كتير ماباسألش عليها أو أكلّمها في التليفون؟ فأنا حاولت طبعاً أفهمّهم السبب . . و هوّ إنّ . . كلّ ماأزورها تقعد إمّا تشتكي من حياتها و ظروفها و مش عايزة تشوف أيّ حاجة إيجابيّة بتحصل في حياتها . . أو تقعد تنمّ و تتكلّم عن الناس و ماتديش فرصة لأيّ حدّ يتكلّم. رغّاية جداً . . و آخر الزيارة أخرج من عندها مش عارفة قلنا إيه؟ و بعدين كلّ واحد يزور الناس اللي بيرتاح معاهم . . و على رأي المثل: "الرجل تدبّ ماتطرح ماتحبّ". [١٢]

مراجعة من وحدة ٥ - ٨

السؤال الأوّل

١- احكي لزميلك عن أحداث حصلت في حياتك . مثلاً:

أ- أوّل مرّة قابلت فيها شخص مشهور أو حدّ إنت مُعجب بيه جداً .

ب- عملت حاجة جَريئة جداً و محتاجة شجاعة كبيرة .

ج- حاجة شفتها أو حصلت و خلّتك تضحك من قلبك .

٢- غيّر الزميل و اسمع الحكاية من شخص تاني أو قول حكايتك زيّ المثال:

أ- أوّل إمبارح عارف شفت مين؟ عمْرو أديب المذيع المشهور!

ب- صحيح قابلته إزّاي و فين؟ كلّمته؟

أ- شوف ياسيدي ، و أنا قاعد في قهوة الـ . . . .

السؤال التاني

اكتب خبر من عندك يبتدي بالجُمل دي و قول الخبر قدّام الفصل .

١- أطفال مدرسة السلام زاروا مركز المسنين في مدينة نصر و كانت فرحة . . . .

٢- كأس المحافظات لكرة القدم اتلغى بعد خلاف مع مدير نادي الـ . . . .

٣- زحام شديد بأرض المعارض بسبب معرض الكتاب يسبب أزمة مرور في صلاح سالم و . . . .

٤- دواء حديث لمرض فيروس سي . . . .

السؤال التالت

وصّل الجملة بالمعنى:

١- ماتنازلش عن حقّي	- بنسمع عن زلازل و براكين و فيضانات
٢- أنقذ لي الكلب بتاعي	- لازم يخلّوني مبسوط و يدفعوا لي تعويض
٣- لازم يراضوني	- لازم آخد حقّي / ماسيبش حقّي
٤- بنسمع عن كوارث طبيعيّة كتير	- الكلب كان هيموت و هوّ ساعد الكلب

السؤال الرابع (اتنينات)

١- قارن بين شكل المدُن الكبيرة و نوع الحياة فيها مع القري و المدُن الصغيرة:

مباني - شوارع - مواصلات - بيوت - محلات - أنواع خدمات . . . إلخ.
و استعمل لغة المقارنة زيّ: إنمّا - و لكن - بالنسبة لـ - أما - فـ - بالمقارنة مع - في حين إنّ
استعمل: على عكس - بخلاف. في حالة الإختلاف.

٢- قارنوا بين إيه اللي ممكن نتعلّمه من بعض و استعملوا لغة المقارنة؟ (مجموعات)

أ - الأولاد من والديهم - الوالدين من الأولاد
ب - المراهقين من الكبار - الكبار من المراهقين
ج - الموظّفين من المديرين - المديرين من الموظّفين

السؤال الخامس

وصّل التعبير بالمعنى:

(أ)	(ب)
١ - ربنا وفّقنا	- مناسب لمستوانا المادّي
٢ - الدنيا مشغوليّات	- اقتنعت بالفكرة جداً
٣ - لمّ نَفْسَك	- نقابل العريس المناسب
٤ - كِبْرت في دماغي	- فيه تنافس بين الجنسين على الشغل
٥ - يِعمَل حساب كلّ حاجة	- ينهوا المشكلة و يخلّصوا الموضوع بسرعة
٦ - على قدِّنا	- نجحنا في الموضوع ده و كسبنا
٧ - نلاقي قسمتنا	- بيفكّر في كلّ صغيرة و كبيرة في الموضوع ده
٨ - الستّات بيزاحموا الرجّالة	- اتصرّف كويّس أحسّن لك
٩ - يسوّوا الموضوع	- الدنيا فيها مشاكل و مسئوليّات كتيرة

السؤال السادس

قول مثل بيتكلّم عن الموضوعات دي:

١ - إحنا لازم نشتري الحاجة المناسبة لدخل الأسرة و المرتّب.

٢ - لازم نتعامل مع الطبقة الاجتماعيّة المناسبة لنا و خصوصاً في الجواز.

٣ - لازم تاخد بالك من الكلام اللي بتقوله عشان تبقى دايماً محترم.

٤ – الراجل لما يحترم مراته. الناس كمان تحترمها.
٥ – البنت دايماً تشبه أمها في حاجات كتيرة.
٦ – الابن بيطلع بنفس التعاليم و المبادئ اللي شافها في عيلته.
٧ – الناس أحياناً مابتقدّرش الخدمات و المساعدة بتاعتك و ده بيدّايقك.
٨ – المقابلة و الاحترام للشخص أحسّن من تقديم الأكل و الشرب.
٩ – الأمور و العلاقات رجعت زيّ ماكانت.
١٠– الناس لازم تنتقد و تعيّب حتى على الحاجات الجميلة.

السؤال السابع

قول صفة بالمعنى ده: مثال: بيتكلّم كتير ← بالع راديو.

١– حرامي	٢– بيشتم الناس	٣– بيصرف كتير
٤– بخيل جداً	٥– راجل عاقل	٦– بيسامح الناس
٧– غبي جداً	٨– بيزعل بسرعة	٩– جرئ و وقح

السؤال التامن

استخدم التعبيرات: عيب / مايصحّش / ممنوع / حرام / ماينفعش / لازم / ضروري.
و ناقش في مجموعات اقتراحاتك و أفكارك في الموضوعات دي:

١– لمّا تقعد عند حدّ في بيته كام يوم.
٢– لمّا تشوف حدّ قاعد لوحده في حفلة و مش عارف حدّ.
٣– لمّا تسمع حدّ أجنبي بيتكلّم عربي و بيعمل أخطاء كتيرة في الكلام.
٤– إذا شفت أفراد عيلتك أو أصحابك مابيهتمّوش بالكبار في السن.
٥– لو لاحظت إنّ فيه ناس أغنياء في عيلتك و ناس فقرا جداً.
٦– المصانع بترمي الزبالة بتاعتها في البحر و النهر . . و المداخن من غير فلتر.
٧– زحمة المواصلات و مشاكل استعمالها (التأخير – المعاكسات – السرعة – إلخ).

ملاحظة عن الوحدة الثامنة

أرقام الأمثال في هذه الوحدة بالترتيب. و يقابلها أرقامها حسب ورودها في كتاب الأمثال العاميّة لأحمد تيمور باشا (الأهرام الطبعة الخامسة ٢٠٠٧).

رقم المثل في كتاب كلّمني عربي في كلّ حاجة	رقم المثل في كتاب الأمثال لأحمد تيمور	رقم الصفحة في كتاب الأمثال
١-	مثل رقم ٢٠	صفحة ٤
٢-	مثل رقم٥٥٧	صفحة٩١
٣-	مثل رقم ٢٨٠	صفحة ٤٨
٤-	مثل رقم٣٤	صفحة ٦
٥-	مثل رقم ٢١٠	صفحة ٣٦
٦-	مثل رقم ٢٠٨	صفحة ٣٦
٧-	مثل رقم ٥٠١	صفحة ٨٢
٨-	مثل رقم ٥٠٢	صفحة ٨٢
٩-	مثل رقم ١٥٦٤	صفحة ٢٦٥
١٠-	مثل رقم ٢٤٣	صفحة ٤٢
١١-	مثل رقم ٢٠١٤	صفحة ٣٤٠
١٢-	مثل رقم ١٣٠٩	صفحة ٢٢٥
١٣-	مثل رقم٢٥٢٤	صفحة ٤٢٢
١٤-	مثل رقم١٩٣٥	صفحة ٣٢٧
١٥-	مثل رقم ١٢٥	صفحة ٢٣
١٦-	مثل رقم١٣٠٨	صفحة ٢٢٥
١٧-	مثل رقم ١٣٠٧	صفحة ٢٢٥
١٨-	مثل رقم ١٣١٤	صفحة ٢٢٦
١٩-	مثل رقم ١٣١٧	صفحة ٢٢٦
٢٠-	مثل رقم ١٣٢٠	صفحة ٢٢٧
٢١-	مثل رقم٢٥٠٥	صفحة ٤١٩
٢٢-	مثل رقم ٢٦٥٣	صفحة ٤٤٣
٢٣-	مثل رقم٢٦٦٥	صفحة ٤٤٥
٢٤-	مثل رقم ٦	صفحة ٢
٢٥-	مثل رقم ١٧٩٧	صفحة ٣٠٥

برنامج رأي الناس

هذا البرنامج معدّ خصيصاً لمساعدة الطالب على أن يسمع حوارات طبيعية في مواضيع مختلفة تلمس حياته العاديّة من ناس مختلفين في المراكز الاجتماعية و الوظائف، و بهذا يكتشف الطالب كيفية تأثّر اللغة العامية باللغة الفصحى في أوساط المثقفين و كيف تتغير اللكنة العامية من شخص لآخر في الطبقة الواحدة. كما توضّح أهمية تعليم عامية المثقفين للطالب الأجنبي و هذا هو هدف الكتاب الأساسي كحلّ وسط لطلاب العامية و لمن يرغبون في تعلمها من دارسي الفصحى.

للمدرّس:

١- قبل مشاهدة البرنامج مع الطلبة ينصح بمشاهدة المدرّس له أولاً و تحضير الكلمات أو التعبيرات الصعبة لتدريسها أو شرحها للطلبة قبل المشاهدة.

٢- يستخدم المدرّس مقدمة البرنامج لإعداد الطالب و تركه ليستشف و يستنتج موضوع البرنامج.

٣- يعطي المدرّس الطلبة بعض المهمّات للإجابة عليها بعد مشاهدة البرنامج مثال:

- كام سؤال سألت المذيعة؟
- إيه هو السؤال الأوّل؟ إيه كان رأي الناس؟
- إيه رأيك إنت في الموضوع ده؟ موافق مع الناس؟ أيوه ليه؟ لأ ليه؟
- إيه هو السؤال التاني؟ إيه كان رأي الناس؟
- إيه رأيك إنت في الموضوع ده؟ موافق مع الناس؟ أيوه ليه؟ لأ ليه؟
- (تتكرر نفس الطريقة بالنسبة لباقي الأسئلة).

أسئلة اللقاءات لتصوير برنامج رأي الناس

١- الوحدة الأولى

تقديم ١

أ - تفتكر إحنا عندنا أزمة إسكان فعلاً ليه؟

ب - إيه رأيك في حل المشكلة دي؟

ت - هل نزول الأم للعمل فكرة كويّسة؟ إيه إيجابيّات و سلبيّات الفكرة دي؟

ث - ليه اقتصاد دول العالم التالت أضعف من اقتصاد الدول الغنيّة؟ إيه أسباب ضعف اقتصاد الدول عموماً؟

ج - تعرف إيه عن مجهودات الحكومات في تحسين الاقتصاد؟

تقديم ٢

أ – إيه أنسب سن لجواز الشباب بالنسبة للرجال و أنسب سن للشابّات؟

ب – توافق إن الشباب يتجوّز في سن مبكّر قبل الجامعة أو أثناءها؟

ت – إيه أسباب الطلاق بين الأزواج؟ تفتكر إنه أنسب حل للمشاكل الزوجيّة؟

ث – إيه أسباب نجاح الجواز أو فشله؟

٢- الوحدة التانية

تقديم ١

١ – أيه رأيك التعليم العام أفضل وللا التعليم المهني؟

٢ – إيه رأيك هل أنواع و نظم التعليم الحاليّة بتساعد على تخرّج طالب مثقف؟

٣ – إنت بتؤيّد مجانيّة التعليم؟ ليه أيوه؟ ليه لأ؟

٤ – تفتكر نوع الوظيفة مرتبط بالتعليم؟

تقديم ٢

١ – ليه في عنف في المدارس؟ إيه أسبابه؟ إيه اقتراحاتك لعقاب الطلبة أو المدرسين المخالفين؟

٢ – إزاى نقدر نرجّع علاقة الاحترام بين الطلاّب و المدرسين؟

٣ – هل البيت له دور في احترام أو احتقار المدرس؟

الوحدة التالتة

تقديم ١

١ – بتحبّ السفر برّه؟ ليه؟

٢ – بيقولوا المصريين ما بيحبّوش يسافروا كتير أو يعملوا تغيير كبير في حياتهم بسبب البيئة الزراعيّة و حبّهم للنيل. إيه رأيك في الرأي ده؟

٣ – إيه رأيك في الهجرة؟ تعرف كام نوع من الهجرة؟

٤ – ليه الناس بتهاجر و تسيب بلدها؟

٥ – إيه مشاكل الهجرة و إيه مميزاتها؟

تقديم ٢

١ – سافرت برّه قبل كده؟ إيه انطباعك و خبرتك عن رحلتك؟

٢ – إيه رأيك في نظام السياحة – خدمة الفنادق – المطاعم – نظام حجز التذاكر و أسعارها (الأتوبيس – القطر – الطيارة)؟

٣ - إيه أكتر أماكن تحبّ تسافر لها؟ ليه؟

٤ - إيه الحاجات اللي لازم تاخدها لمّا تسافر؟ بتحبّ تاخد شنط كتير؟

٥ - فيه مشاكل قابلتك في رحلاتك؟ إيه هيّ؟

٦ - إيه اقتراحاتك لتحسين السياحة في بلدنا؟

الوحدة الرابعة

تقديم ١

١ - إيه أكتر حاجات بتدايقك من تصرّفات الناس في الشغل مثلاً أو في العيلة؟

٢ - إيه الحاجات اللي بتغيظك في الشارع المصري؟

٣ - عندك اقتراحات لتحسين الأوضاع دي؟

٤ - إزاي بتعبّر عن مدايقتك أو احتجاجك لمّا حاجة تدايقك؟

تقديم ٢

١ - فيه عندك شكاوي من الحي بتاعك؟

٢ - إيه رأيك في سكّان العمارة (جيرانك) إيه الشكوى العامة من الجيران؟

٣ - تفتكر الشكوى مهمة؟ ممكن تعمل فرق؟

٤ - بتتصرف إزاي أو بتعبّر إزاي لما تكون عايز تشتكي واحد من السكان؟

الوحدة الخامسة

تقديم ١

١ - كنت بتحبّ تسمع حكايات أيام الطفولة؟ إيه البرامج اللي كانت بتعجبك؟

٢ - إيه الدور اللي بتلعبه حكايات الأطفال في حياتهم؟

٣ - إيه اكتر حكايات كانت بتعجبك؟ الحكايات العالمية وللا حكايات التراث؟

تقديم ٢

١ - تفتكر إيه هيّ مواصفات الشخص المتخصصّ في قصّ روايات الأطفال؟

٢ - الحكاية المسموعة أفضل وللا المرئيّة؟ بشخصيّات حقيقيّة وللا كارتون؟

٣ - تفتكر الكبار لسّة بيحبّوا الحكايات؟ إيه أشكال حكايات الكبار؟

الوحدة السادسة

تقديم ١

١ – إنت عندك مراهق؟ في بيتكم مراهق؟

٢ – كنت تتمنى تتعامل إزاي أيام ما كنت مراهق؟

٣ – إيه المشاكل اللي بتواجه المراهقين في بلدنا؟

٤ – إيه أكتر حاجه بتدايقك في تصرفات المراهقين؟

تقديم ٢

١ – تفتكر إيه هيّ مشاكل الشباب الحاليّة؟

٢ – تعرف أي حاجة عن مشاكل الشباب في العالم؟

٣ – عندك اقتراحات تقولها لشباب الأيام دي عشان يساعد نفسه؟

الوحدة السابعة

تقديم ١

١ – إيه هيّ الصفات الإيجابيّة و الصفات السلبيّة؟

٢ – إيه المواصفات الشخصيّة للبنت أو الشاب المناسبه للجواز في رأيك؟

٣ – إيه صفات الصديق المخلص؟

٤ – إيه الحاجات اللي بتحبّها و الحاجات اللي بتكرهها في أصحابك؟

تقديم ٢

١ – إنت اتربّيت في عيلة كبيرة ولا صغيّرة؟

٢ – إيه ميزات العيلة الصغيّرة و مساوئها؟

٣ – إيه ميزات العيلة الكبيرة و مساوئها؟

٤ – إيه أنواع التقاليد العائليّة اللي بتعملوها مع بعض كعيلة و إمتى؟

الوحدة التامنة

تقديم ١

١ – لو شفت حدّ بيتضرب في الشارع هتساعده؟ لو شفت واحد بيعاكس واحدة هتعمل إيه؟

٢ – لو شفت راجل بيضرب مراته هتعمل إيه؟

٣ – إيه رأيك في صاحب عمل بيضرب العامل اللي عنده ممكن تتدخّل؟

٤ – إيه رأيك في مبدأ إنك تتدخّل في موضوع أو خناقة؟ ممكن تتدخّل في موضوع مايخصّكش؟

تقديم ٢

١ – تفتكر الأمثال الشعبيّة لها دور في حياة الناس؟ إزاي؟

٢ – تفتكر إن الناس لسّة بتتأثر بيها و بتعمل بمبادئها؟ ليه؟

٣ – تفتكر إن الأمثال اتحوّلت لقانون اجتماعي و مبادئ اجتماعيّة الناس بتؤمن بيها؟

٤ – مثلاً اكفي القدرة على فمّها تتطلع البنت لأمها . . ده مثل الناس بتصدّقه و بتعمل بيه؟

فهرس Glossary

ابتدينا نِتْعِرِف	We started to be known
إبن الحلال	The right husband
أبنية تعليميّة	School buildings
أتاري	No wonder
اتّحاد السكّان	Tenants' union
اتْخَضّ	Got scared
اتْخَضّ	Was startled
ادعّم	Was supported
اتشجّع	Was encouraged
اتّصال	Communication
اتعزم على	Was invited to
اِتفاقيّات	Agreements
أتفه الأسباب	Simplest reasons
اِتْمسح	To be wiped off
اتنشل	Was pickpocketed
اتنفّذ	Was executed
اتّهمْت	Accused
أجازة مَرَضي	Sick leave
إحْباط	Frustration
اِحترام	Respect
احتياطات	Precautions
آخد على الوضع الجديد	Got used to the new situation
أخدت حقّي	I took my rights
آخر العنقود	The last baby
أخرّم	Take a shortcut
إخلاص	Faithfulness
الأخلاق	Ethics
أخلّص دراسة	Finish studying
أداؤه	His performance
ارتباط	Connection

ارتفاع	Increase
اِرتفاع الأسعار	Inflation
إزْعاج	Annoying
أزمة	Crisis
أزمة سياسيّة	Political crises
أساطير	Legends
اِستِثْمارات أجنبيّة	Foreign investment
استحمّي	To bathe
استغنى	To dispense
استفتاء	Referendum
الأشباح	Ghosts
أشُكُّه	To prick somebody
إصابات بدنيّة	Physical injuries
أصرّخ	Shouting
اِضْطِرار الوالدين للنزول للعمل	Both parents are forced to work
اِعْتبار	Consideration
اعتبارات كتيرة	A lot of considerations
إعداد	Preparation
أعصابُه حديد	Has nerves of steel
الإعلام	Media
افتتاح	Inauguration
اِفْتِقاد	Missing
افحص	Examine, check
افرض	Suppose that
أفرفش	To have fun
أكبر قدر ممكن	As much as you can
اِكْتِئاب	Depression
اِكتئبت	I was depressed
أكتب	To write
ألمين	Two slaps

Government-affiliated entities	أماكن تابعة للوزارة
Honesty	أمانة
Proverbs	أمثال
Illiteracy	الأُميّة
Honest	أمين
Policeman	أمين الشرطة
Selfish	أناني
Spread of poverty	انتشار الفقر
Impression	انْطِباع
Population explosion	الانفجار السكّاني
Rescued for him	أنقذله
Nervous breakdown	انهيار عصبي
Insults	إهانات
Negligence	الإهمال
Physical abuse	إيذاء بدني
I am questioning	باتسائل
I'm being insulted	باتْشِتم
I'm playing truant from school	بازوّغ من المدرسة
In addition to	بالإضافة لـ
In installments	بالتقسيط
Free	بالمجّان
Okra	بامية
Is being established	بتأسّس
It be affected	بتِتأثّر
To be built	بتِتْبِني
To raise	بتِتْرفع
Is being developed	بتِتْطوّر
To change	بتِتْغيّر
Is improving	بتِتْقدّم
Is being signed	بتِتْمضي

Worries me	بتشْغلْني
Are you limping?	بتعرجي؟
To spread	بتِنْتشر
Other than	بخلاف
Basement	البدروم
Without	بدون
His daily life to yours	برنامجه بحياتك
Forcibly	بشدّة
To a great extent	بشكل كبير
Foresightful	بصيرة
Faulty merchandise	بضاعة مضروبة
Credit cards	بطاقات إئتمان
Unemployment	البطالة
In a serious way	بطريقة جديّة
Stop envying me	بطّل قَرّ
Some	بعض
To report	بلّغ
Report to the city council	بلّغي الحيّ
Accordingly	بُناءً عليه
Stock market	البورصة
To be executed	بيِتْنَفّذ
To irritate me	بيغيظني
Between you and me	بيني وبينك
To be eligible	تُؤهّل
Establishing	تأسيس
Lost	تايه
Exchange and refund policy	تبديل وترجيع المشتريات
Shopping	تبضُّع
To adopt	تِتْبَنّى
To choose the subjects	تِتْنَقّى المواد
To be shaken	تتهزّ

The wound	الجرح
Crime	الجريمة
NGO	جمعيّات أهليّة
Consumer protection association	جمعية حماية المستهلك
The public, customers	الجمهور
Eyebrow	حاجِب
Decisive	حاسم
Maximum	حدّ أقصى
Minimum	الحدّ الأدني
To warn	حذّر
Weasel	حِرْباية
Careful	حريص
Filling	حشو
Extra lessons	حصص إضافيّة
Reached me	حصّل
Getting a certificate	الحصول على شهادة
Nurseries	الحضانات
Fair	حقّاني
Human rights	حقوق الإنسان
A storyteller	حَكواتي
Family protection	حِمَاية الأسرة
Patient and forbearing	حَمول وصَبُور
Kind	حِنَيِّنَه
Incentives	حوافز
Around it	حواليه
Timid, shy	خجول
Customer services	خدمة العملاء
You startled me	خضيّتيني
Kidnapping	خطف
Temperament	خُلْقُه
Betrayal	خيانة

Hallucinations	تخاريف
Stamp	تِدبّ
Technical education	التدريب المِهَني
Heritage	تراث
Discipline	التربيّة
To estimate the age	تسنين
Finishing	تشطيب
Permission	تصريح
Application	تطبيق
Extremism	تطرُّف
To enlighten	تعريف
Learning	تعلُّم
Compulsory education	تعليم إجباري
Technical education	التعليم الفنّي
Open education	التعليم المفتوح
Home schooling	التعليم بالانتساب
Stimulate appetite, makes you feel good	تفتح النفس
Report	تقرير
Narrow-minded	تقفيل
Traditional	تقليدي
Grade evaluation	تقييم الدرجات
Cost of living	تكاليف المعيشة
Adaptation	التكيُّف
Rebellion	تمرّد
Contact, understanding	تواصُل
To extend	تَوَسُّع
Awareness	توعيّة
Increased awareness	التوعيّة تزيد
Trust	ثِقَة
Sex crimes	جرايم الاغتصاب

Naive	ساذِج
Women are competing with men	الستّات بيزاحموا الرجّالة
Theft	سرقة
Ambassador	سفير
Negative	سلبي
Has a good reputation and guaranteed	سُمْعِته كويّسة ومضمون
Obesity	السِمْنة
Legal age	السن القانوني
Whether . . . or	سواء في . . أو في . .
Fence, wall	سور
Tales of the future	سيرة المستقبل
CV, resumé	سيرة ذاتيّة
The thing that drives you crazy	الشيء اللي يجنّن
Shawl	شال
Worried	شايل الهمّ
Wedding gift	شَبْكة
Courageous	شجاع
Airy	شِرْحَة
A crack	شَرْخ
Police	شُرطة
You worried me	شَغَلْتِني
I have seen a lot	شفت كتير وقليل
Brothers from same parents	شُقَقَة
Brother	شقيق
Group of friends	شِلّة
Certificate	شَهادة
To protect	صان / يصون
Patient	صبورة

Disappointed	خِيبِة أَمَل
Good luck next time	خيرها في غيرها
Home, house	دار
A pin	دبّوس
National income	دخْل قومي
Non-coursework; independent study	الدراسات الحرّة
Post-graduate studies	الدراسات العليا
Head, brain	دماغ
Life is so busy	الدنيا مشغوليّات
Everything went well	الدنيا مشيت كويّس
Debts	ديون
Smart	ذكي
A vision	رُؤية
A head of a sector or department	رئيس قطاع
Earning good money	راجل كَسّيب
I overslept	راحت عليّا نُومة
Slap, throw	رازع
I am determined	راسي وألف سيف
God helped us	ربّنا وفّقنا
mercy	رحمة
A graph	رسم بياني
Egyptian meal (flaky bread)	رُقاق
Attractive to girls, funky	رِوِشْ
Sports classes	رياضة بدنيّة
It has a horrible smell	ريحتُه وحشة
Agricultural	الزراعيّة
Shouted	زعّق
Overpopulation	الزيادة السكانيّة
Cynical	ساخِر

Shock	صَدْمة
Wails of a newborn	صَرّيخ ابن يومين
Difficulty	صعُوبَة
Technical jobs	صنايع
A weak, soft voice	صوت خافِت وضعيف
Hit the brakes quickly	ضَربْت فرامل
Economic recession	الضعف الاقتصادي
A shadow	ضِلّ
Energy	طاقة
Atomic energy	الطاقة النوويّة
Solar energy	طاقَة شمسِية
A student who breaks the rules	طالب مُخالِف
Teaching methodologies	طُرُق التدريس
Methods of education	طُرُق التعليم
Made me so angry	طِلِعْ من نافوخي
He ran after me	طلع يجري ورايا
Ambitious	طموحة
Egyptian customs and traditions	العادات والتقاليد المصريّة
Lover	عاشق
Strength	عافية
Treated	عالج
Strange	عجيب
Lack of discipline	عدم الانضباط
Price offer	عَرض أسعار
The offer stands for one week	العرض ساري لأسبوع
Sociable	عشري
Unplanned housing	العشوائيّات
Nervous	عصبيّة
Bit	عضّ
Giving	عطاء
Great	عظيم
The furniture	العفش
Conviction	العقيدة
In addition to that	علاوة على كده
A strong beating	عَلْقة مُحْترمة
Psychology	علم نفس
Scientists	عُلماء
Within our league	على قدّنا
Mayor, village strongman	العُمْدة
Life is passing quickly	العمر بيجري
Clients	عُملاء
Client	عميل
Violence	عُنف
She has a blind eye	عُورَة
Shameful	عيب
Absent	غاب
Natural gas	غاز طبيعي
Homesickness	الغُرْبَة
Cheating	الغِشّ
Deep	غويطة
Except his income	غير جيبُه
A field	غيط
Jealous	غيور
I missed my appointment	فاتني الميعاد
Egyptian dish (of meat, rice, and bread)	فتّة
Greedy	فَجْعان
Free time, emptiness	فَراغ
Having fun	الفرفشة

Failure	فَشَل
Kept yelling	فضل يزعّق
Mouth	فُمْ
Technician	فنّي
Backlight of the car	الفوانيس الورانيّة
Above all that	فوق كلّ ده
Take care of yourself, face reality	فُوق لِنَفْسَك
Viruses	فيروسات
Long face	قالِب وِشّك
He crashed into my car	قام خابط العربيّة
Acceptance	قُبول
Accepting differences	قبول الاختلاف
Murder	قتل
A large pot	القِدْرة
Wicked and conniving	قَرَاشَنة
Issues	قضايا
Private sector	القطاع الخاص
I stayed, remained, kept	قعدت
Kept running	قَعَدت أجري
Reduced job opportunities	قِلّة فُرص العمل
The material	القماش
To tighten laws	القوانين تِتْشدّد شويّة
Power	قوّة
Value of man	قيمة الإنسان
The cup, vessel	الكاس
She should have	كان حقّها
I had hopes	كان عندي أمل
It would have worked	كان ينفع
I was totally convinced	كِبْرِت في دماغي
His shoulder	كتفه

A potbelly	كِرش
I broke the barrier of fear	كَسَرت حاجز الخوف
The heel	الكَعْب
My heel	كعب رجلي
Faculty of mass communications	كليّة الإعلام
Faculty of arts	كليّة الفنون
As soon as I get a chance	كنت ماباصدّق
Natural disasters	كوارث طبيعيّة
Standing very close	لازق
Must be firm and determined	لازم يكون حازم ومصمّم
Quilt	لِحاف
To his surprise	لدهشته
Until this moment	لغاية اللحظة دي
Earnings	لُقْمة العيش
Behave yourself	لِمّ نفْسَك
Gathering	لمّة
Heaven knows	الله أعلم
Dark-skinned	لونه أسْمَر
Lately	مُؤخّراً
Polite	مؤدّب
Supporter	مؤيّد
I won't give up my rights	مااتنازلش عن حَقّي
I don't utter a word	مابافتحش بُقي
Don't hesitate	ماتترِدْدش
I didn't notice, pay attention	ماخدّتش بالي
Have no shame	ماعندهمش دم
I'm the only one left	مافاضلش غيري

Stuck between	محشور
Fears	مخاوف
Personal fears	مخاوف شخصيّة
Pierced with a hole	مخرومة
The mediator	المُخلّص
Schools	المدارس
Psychological stages	مراحِل نفسيّة
Facilities like bathrooms	مَرَافِق
Related	مرتبطين
Primary school stage	المرحلة الإبتدائيّة
Frightened	مرعوب
A pretty girl	مُزّة أمُورة
Forged, faked	مُزَيّفة
Responsibility	المسئوليّة
Squatter housing	المساكن العشوائيّة
Disadvantage	مساوئ
To be settled	مُسْتَقِرّ
Independent	مُستقِلّ
Registered for a doctorate	مسجّل دكتوراه
Not less than	مش أقلّ من
Not religious	مش متديّن
Not feeling good	مش مظَبّط
Sharing	مُشارْكة
I am missing	مِشْتَاق لـ
Tense	مشدودة
Supervisors	المشْرِفات
Interesting	مُشوّقة
School tuition	المصاريف المدرسيّة
My stomach	مصاريني
Allowance	مصروف

We didn't wait for confirmation	ماكدّبناش خبر
Illegal monies	مال حرام
They have no right to object	مالهمش حقّ اعتراض
It did not go as far as me reporting it	ماوصلِتْش لحدّ إنّي أبلّغ
Improper	مايصحّش
Nothing shames the man	مايعييش الراجل
Wet	مبلول
Reserved	متحفّظ
Enthusiastic	مُتَحَمّس
Religious	مُتديّن
Grumbling	مُتَذمّر
Hesitant	مُتردّد
Balanced	مُتّزِنَة
Pessimistic	مُتشَائم
Similar	متشابهين
Optimistic	متفائل
Unique	مُتفرّد
Sewage system	المجاري
Famine	مجاعة
Hardworking	مجتهد
Just complain	مُجرّد بيشتكوا
City council	مجلس الحيّ
The cabinet	مجلس الوزراء
Extra classes	مجموعات تقويّة
Family affairs lawyer	محامي خُلْع
Love	مَحَبّة
Frustrated	مُحْبِط
Professional	محتَرف

Fighter	مُناضِل
Useless discussion	مناقشة مش جاية تمنها
Syllabuses	مناهج
Critical	مُنْتَقِد
Grants	مِنَح
A position	مَنْصِب
A higher position	منصب أعلى
Introverted	منطوي
Awful, very bad	مِهَبِّبة
Dowry	مَهْر
No matter how I tell you	مهما أوصف لك
Negligent	مُهمل
Preoccupied	مهموم
Arts subjects	مواد أدبيّة
Citizens	مواطنين
A serious situation	موقف جاد
Unclean water	الميّه العِكْرة
To alert	نبّه
To follow up	نتابع
Follow up the complaint	نتابع الشكوى
To gather	نتلمّ
Success	نجاح
Symposium	نَدوة
Care for each other	نِراعي بعض
Advised	نَصَح
Jumped	نطّ
To enforce the law	نطبّق القانون
A system to activate the complaint	نظام لتفعيل الشكوى
Smoking shisha	نَفَس شيشه
His breath	نَفَسُه
My mood	نفسيّتي

Nominal tuition	مصروفات رمزيّة
The antidote	مصل
Income tax office (IRS)	مصلحة الضرايب
His best interest	مصلحته
Disturbed	مُضْطَرِب
Pocket knife	مطوة
Temples	معابد
Early retirement	المعاش المبكّر
Contemporary	مُعاصِر
Laboratories	مَعامِل
Institutes	معاهد تعليميّة
Respectable	مُعْتَبَرَة
Detractor	مُعْتَرِض
Toothpaste	معجون أسنان
Rate	معدّل
Knowledge	مَعْرِفة
Complicated	مُعَقَّدة
Downpayment	مُقَدَّم
Designed syllabus	مُقَرّرات
Not in the mood	مِقَرْيِفَة
playboy	مقطّع السمكة وديلها
Bad scheme	مَقْلب مُحْترم
Conniving	مكّار
Position, a place	مَكانَة
Suitable	مُلائِم
Readymade clothes	ملابس جاهزة
Angel	ملاك
Angels	ملايكة
Make-up exam	مُلْحق
Full of energy	مليانة نشاط
Practice	مُمارْسة
It's his right	من حقّ

To stop talking	يبطّل كلام
To learn how to behave	يتأدّب
To adapt	يِتْأقْلِم
To obey traffic laws	يتْبع المرور
To ignore	يتجاهِل
To take responsibility	يتحَمّل مسئوليّة
To break, take apart	يتْخِلِع
To be stuck with	يِتْدَبّس
To interfere	يتدخّل
To be exported	يتْصَدّر
To reassure	يتْطمّن
To enhance	يتطوّر
To progress	يتْطوّر
To reconsider	يتْعَاد النَظَر فيها
To handle, deal with	يتعامل
To get used to	يتعَوِّد
To pay a fine	يتْغَرّم
To come to an agreement with the Sheikh	يتفاهم مع المَأذون
To advance	يتقدّم
Not given enough time	يتْكرْوت
To rebel	يتمرّد
Escape from education	يتهرّب من التعليم
To mediate	يتوسّط
To frustrate	يخْبط
To warn	يحذّر
Dare not drive again	يحرّم يسوق
To protect	يحمي
To avert his eyes	يحْول عينيه
To fear God	يخاف ربنا
To interfere	يدّاخِل

Was useful to me	نَفَعْني
Criticism	النقد
Culture shock	نَقْلة حضاريّة
We honor guests	نكرم الضيف
To find the right man	نلاقي قسْمِتنا
Casanova	نِمْس
A lady	هانِم
Would go better	هتمشي أحسن
Immigration	الهجرة
Escape	هُروب
Are you a nerd?	هوّ إنت موس؟
He will win	هيفوز
Fast mover	واد حِرِك
Knowledgeable	واسع الاطّلاع
Very resourceful	واسع الحيلة
Epidemic	وباء
Pain and suffering	وَجَع وألَم
God knows	وربنا يعلَم
Workshops	وِرَش عَمَل
Face	وِشْ
Economic situation	الوضع الاقتصادي
My positions	وَضْعي
Cultural awareness	وعْي ثقافي
Leads to	يُؤدّي لـ
To moan	يئنّ
Desperate	يائِس
I wonder	ياترى
Get their income	ياخدوا رزقهم
How narrow-minded you are!	ياساتر على العُقَد
I got desperate	يأَسْت
To justify	يبرّر

Loses his youth	يفقد شبابه
To interrupt a conversation	يقاطع
To be accepted	يقْبَل
To upset me	يقرِّفوني
To spend	يقضّي
To be rude	يقلّ أدَبُه
To get depressed	يكتئب
Very shameful	يكْسِف قوي
To shrink	يكشّ
To reveal	يكْشِف
To establish themselves	يكوّنوا نفسهم
To stand too close	يلزق
To stretch	يمدّ
To stop or forbid	يمنَع
To pay attention to the teacher	ينتبه للمدرّس
To seize the opportunity	ينتهِز الفرصة
To turn it upside down	ينعْكِش
To perform	ينفّذ
To be rewarded	ينوب
To threaten	يهدّد
To have fun	يهيّص
To whisper	يوشوش

To defend	يدافع
To pay me compensation	يدفعولي تعويض
To appease me	يراضوني
To tie	يربط
To refuse education	يرفُض الدراسة
Boring and disgusting	يزهّق و يقرِف
Refund or take back his money	يستَردّ الفلوس
To give up	يستسلم
To provoke me	يستفزّني
To hand him over to the police	يسلّموه للمأمور
To settle the matter	يسوّوا الموضوع
To consult	يشاور
Buy his peace of mind	يشتري دماغُه
To escalate	يصعّد
To apply/enforce the law	يطبّقوا القوانين
To take a vacation	يطلع أجازة
Fix himself up	يظبّط نَفْسُه
Apparently	يظهْر إنّ
Depend on himself	يعتمد على نفسه
Think of all the details	يعمل حساب كلّ حاجة
To lose enthusiasm	يفقِد الحماس